本书系江苏省教育科学"十四五"规划2021年度课题
《"双减"背景下小学数学课堂学习共同体建构的实践研究 》研究成果

批准号为：D/2021/02/821

共学共生：

体悟课堂教学实践创新

马乃骥／著

团结出版社
UNITY PRESS

© 团结出版社，2024 年

图书在版编目（ＣＩＰ）数据

共学共生：体悟课堂教学实践创新／马乃骥著．
—北京：团结出版社，2024.10．—ISBN 978-7-5234
-1083-7

Ⅰ．G622.421

中国国家版本馆 CIP 数据核字第 20240ZT911 号

责任编辑：郭　强
封面设计：书香力扬

出　版：团结出版社
　　　　（北京市东城区东皇城根南街 84 号　邮编：100006）
电　话：（010）65228880　65244790
网　址：http://www.tjpress.com
E-mail：zb65244790@vip.163.com
经　销：全国新华书店
印　装：四川科德彩色数码科技有限公司

开　本：145mm×210mm　　32 开
印　张：9.5　　　　　　　　字　数：195 千字
版　次：2024 年 10 月　第 1 版　　印　次：2024 年 10 月　第 1 次印刷

书　号：978-7-5234-1083-7
定　价：63.00 元
　　　　（版权所属，盗版必究）

前　言

从教三十年，教育对我来说是一种永恒的追求和毕生事业。在教育这片沃土上与学生共成长，我希望孩子们的学习生活像呼吸一样自然。但现实教育生活中总会遇到发展性的困惑：如何有效落实"双减"工作？如何让课堂教学提质增效？如何培养孩子健康的心态？如何让学习真正融入学生的童年生活，成为其生命成长过程中的一部分……

在我苦寻解决问题方法之时，佐藤学教授的"宁静的课堂革命"让我柳暗花明，他推行的课堂由"教师的阵地"转变成"学习的场域"。在这场域内的学习是同客体的相遇与对话，同他人（伙伴和老师）的相遇与对话，也是同自己的相遇与对话。通过同他人的合作，同多样的思维进行碰撞，实现同客体（学材）的再次相遇与对话，从而产生新的思想。这样的课堂是以学生为主体，学生真正成为学习的主人。

基于佐藤学的学习共同体理论的影响，基于学习共同体理论在实践中引起的课堂变革，我们深入学习和实例探究，通过所学、所思、所行、所悟，编写了《共学共生：体悟课堂教学实践创新》。

全书由 5 个专题、20 个主题构成，采用理论与实践相结合，以案例辅助说明方式，从课堂教学现状需求出发，对学习共同体意义、理论基础、内容构建及实践操作进行一一介绍。

专题一："学习共同体"之问题梳理。本章节从对当前课堂教学现状及困境的梳理和反思、对构建学习共同体培养核心素养的认识和理解、构建学习共同体对新课程标准落地生根的价值及对佐藤学提出的学习共同体进一步学习和思考四个主题方面梳理研究，具体分析当前课堂存在的问题和困惑，以及在新课程标准背景下对学习共同体进一步的学习和思考。

专题二："学习共同体"之意义还原。本章节主要是对学习共同体的意义、理论方面的理解及学习共同体的学习模式建构条件、因素研究。

专题三："学习共同体"之内容建构。主要从师生关系、学习空间、生态场域、教学设计四个维度研究探索。

专题四："学习共同体"之主体形成。主要是对真情境大概念重组知识结构、挑战性问题、学习任务单元及学习共同体模式的建构等主题的实践研究。

专题五："学习共同体"之实践诠释。本章节主要从在观察中学会发现、在倾听中学会思辨、在串联中形成结构等方面呈现，在学习共同体模式下，让每一个学生发生真实的学习。

总之，"学习共同体"的实践研究告诉我们：变革课堂就是变革老师；变革老师才能使学校发生变革。这条路虽然不是平坦的，而是需要我们大量的精力与睿智，但研究的阶段成果已证明，这条路是使学校发展通往成功之路。期待我们每一位教育者能共同致力于"学习共同体"的研究实践，创造出一个真正让学生实现深度学习的教育生态环境。

目 录

CONTENTS

第一章 "学习共同体"之问题梳理

第一节 对当前课堂教学的现状及困境的梳理和反思

随着社会发展的需要，课堂教学已经不再是以往的单一教学形式，而是在不断变革中走向多元化、多样化的发展道路。然而，课堂教学仍然面临着诸多困境和不足，如教学效率低、学生主动性不高等。

通过对当前课堂教学的现状及困境的梳理和反思，我们可以：更好地了解目前课堂教学的优点和不足；深入分析导致目前课堂教学困境的原因；探讨改善目前课堂教学现状的可能途径；为未来课堂教学的改进提供建议。最终，通过本节的梳理和反思，我们可以更好地实现学习共同体的理念，提高课堂教学的效率和效果，为学生提供更好的学习体验。

一、当前课堂现状

1. 现行教学方法和实践概述

传统的讲座式教学：这种方法通常涉及教师向一组学生讲

课，但学生的参与度或互动性有限。

小组工作和讨论：这种方法鼓励学生一起工作并参与讨论，促进协作和批判性思维技能。

基于项目的学习：这种方法涉及学生从事一个应用他们所学知识的项目，通常具有现实世界的影响。

技术辅助教学：这种方法将笔记本电脑、平板电脑和教育软件等技术融入课堂，以增强学习体验。

翻转课堂：这种方法涉及学生利用课外时间观看讲座或阅读材料，从而有更多的课堂时间进行动手活动、讨论和互动课程。

这些方法中的每一种都有自己的优点和局限性，最有效的教学方法将取决于学生的具体需求和所教授的主题。此外，一些教师可能会选择在教学中加入几种不同方法的元素，创新教学手段以满足学生的需求并保持课程的吸引力和互动性。

2. 技术进步

在课堂上增加对技术的使用：笔记本电脑、平板电脑和智能手机等技术的广泛普及导致它们在课堂上的使用频率显著增加。

教育软件和应用程序的集成：教师正在将教育软件和应用程序整合到他们的课程中，以增强学习并提高学生的参与度。

在线学习：随着在线学习平台的出现，学生现在可以随时随地查找教育资源，教师可以随时随地开展线上教学，使得教育跨越时空限制，实现更全面深入的普及。

虚拟和增强现实：虚拟和增强现实技术提供新的沉浸式学习体验，让学生用以前无法实现的方式体验学习并且能够更深刻地理解知识。

技术改变了学生、教师和家长之间的沟通和协作方式，使共享信息和资源变得更加容易。但值得注意的是，技术为课堂带来了许多好处的同时，也带来了新的挑战，例如确保是否所有学生都能获得技术以及管理技术的潜在干扰。

3. 课堂教学对学生学习成果的影响

课堂教学的质量对学生的学习成果有着重要的影响。通过使用合适的教学资源和方法，教师可以提高学生的学习兴趣，提升学生的学习效果和学习能力。例如，使用生动形象的课件和视频可以吸引学生的注意力，提高他们的学习兴趣。通过提供充足的练习题目，教师可以提高学生的学习效果。此外，教师还可以通过引导学生自主学习来提升他们的学习能力。

然而，课堂教学也可能给学生带来负担。如果教师使用的教学资源和方法不合适，可能会造成学生的学习兴趣下降，学习效果降低，学习能力下降，甚至导致学生课业负担增加，最终产生不良影响。

因此，课堂教学对学生学习成果的影响是很复杂的。教师需要根据学生的特点和需求，选择合适的教学资源和方法，以确保课堂教学对学生学习成果产生积极影响。

4. 教育理念的转变

强调以学生为中心的学习：越来越强调以学生为中心的学习，重点是满足每个学生的个人需求，并让他们在教育中发挥积极作用。

基于项目的学习：基于项目的学习变得越来越流行，因为它允许学生将他们所学到的知识应用于现实世界的问题。

技术和实践学习的整合：技术和实践学习经验的整合被强调为提高学生参与度并使科目更具相关性和趣味性的一种方式。

协作学习：学生共同努力完成项目或解决问题，正在被推广为提高学生社交和沟通技巧的一种方式。

评估和评价：标准化考试等传统的评估和评价方法正在受到质疑，过程性评价方式应运而生，并受到大力推广，教育也正在探索更好地反映学生学习和进步的新方法。

这种教育理念的转变促进了一种更加动态和灵活的教学方法的生成，更适合满足学生不断变化的需求和他们周围快速发展的世界。

二、当前课堂现状的优点

1. 教学方法直接

课堂教学的教学方法直接，教师可以通过课堂讲解、示范、实验等形式，直接向学生传授知识，使学生更容易理解学习内容。在教学过程中，教师可以及时地直接解答学生疑惑，有效提高学生学习效果。同时，课堂教学也可以通过课堂演示等形式，使学生能够直观地感知学习内容，加深学生对学习内容的理解。

此外，课堂教学的直接性也可以为学生创造良好的学习氛围，使学生在课堂上有更多的积极性和主动性，更好地实现学生的学习目标。通过课堂教学，学生可以直接体验学习内容，对学习内容有更深刻的理解，进而提高学生的学习兴趣。因此，教学方法直接是当前课堂教学现状的重要优点之一。

2. 课堂气氛活跃

通过课堂教学，学生可以在课堂上与教师以及其他学生进行互动，促进学生之间的交流与合作，使课堂气氛更加活跃。在课堂教学中，学生可以发表自己的见解，通过课堂讨论等形式，对学习内容进行深入探究，同时也可以对其他学生的见解进行评价，促进了学生之间的思想交流。

此外，课堂教学的活跃气氛，也有利于增强学生的学习积极性和主动性，提高学生的学习兴趣。在课堂教学中，学生可以感受到课堂气氛的积极性和活跃度，有更强的学习动力，同时也可以感受到学习的乐趣。因此，课堂气氛活跃是当前课堂教学现状的重要优点之一。

3. 可以实现互动式学习

课堂教学可以实现互动式学习，是一种比较有效的学习方式。互动式学习意味着教师和学生之间的互动关系，使得学生能够主动参与课堂教学，并与教师及其他学生进行有效的沟通与交流。

在课堂教学中，教师可以通过课堂讨论、问题回答、模拟情境等形式，让学生主动参与课堂教学，进行有效的互动。通过互动式学习，学生可以更好地理解课堂教学内容，同时也可以发现自己的不足，从而更好地提高学习效果。

此外，互动式学习可以使学生对课堂教学内容更加关注，提高学生的学习兴趣，同时也可以促进学生之间的合作与交流，提高学生的团队合作能力。因此，互动式学习是当前课堂教学现状的重要优点之一。

三、当前课堂现状的困境与不足

1. 教学效率低

当前部分课堂教学会存在教学效率低的问题。这是因为课堂教学需要针对每一位学生的不同水平、兴趣爱好等进行定制，很难一概而论地评估教学效果。

另外，课堂教学受到课堂环境、教室设备、教师个人水平等多种因素的影响，很难保证课堂教学的一致性与稳定性，进而影响课堂教学的效率。

此外，课堂教学的互动式学习也会带来一定的效率问题。例如课堂讨论可能耗费大量时间，学生回答问题的速度可能不一，等等。

因此，课堂教学效率低的问题，需要我们转变教育理念，改变教学方式，来提高课堂教学的效果。

2. 学生主动性不高

课堂教学中学生主动性不高也是问题之一。这是因为课堂教学通常是教师主导，学生只需要听课和回答问题，很难激发学生的学习兴趣和积极性。

学生在课堂上的主动性不高会影响课堂教学的效果，因为学生不主动参与课堂，不能发挥自己的潜力，对于知识的深刻理解和运用也很难。

此外，学生的主动性不高还可能导致课堂气氛不活跃，课堂教学的互动性降低，从而影响课堂教学的效果。

因此，提高学生主动性是课堂教学的重要课题，需要我们不断探索和创新教学方法，以激发学生的学习兴趣和积极性。

3. 教师知识水平不均

教师专业素养不均也是影响课堂效率之一。教师是课堂教学的核心人物，他们的知识水平和教学能力决定了课堂教学的效果。

然而，教师知识水平的差异是不可避免的，一些教师的知识比其他教师要丰富，而一些教师的教学能力比其他教师要强。这种知识水平不均的情况会导致课堂教学效果不一，影响学生的学习效果，阻碍学生的学习进程。

因此，我们需要对教师进行科学的评估和培训，努力提高教师的知识水平和教学能力，以提高课堂教学的效果。

4. 课堂教学管理不足

课堂教学管理是课堂教学的重要组成部分，它影响到课堂教学的效率和效果。

然而，当前课堂教学管理存在诸多困境和不足。一方面，教师缺乏管理能力和经验，不能有效地控制课堂氛围和学生行为。另一方面，课堂管理规则缺乏严格性和统一性，不能有效地遏制学生的不良行为。

因此，我们需要加强课堂教学管理，丰富教师的管理经验，提高其管理能力，制定严格和统一的课堂管理规则，以提高课堂教学的效率和效果。

5. 教学内容与学生需求不匹配

随着社会的发展和教育的改革，学生的需求不断更新，但是课堂教学内容往往滞后于学生需求，这造成了课堂教学效果不佳

的困境。学生对课堂内容的兴趣不高，缺乏学习动力，学习效果
便会受到影响。因此，我们需要对课堂教学内容进行及时调整和
更新，使其与学生的需求相匹配，提高学生的学习兴趣和动力。

四、课堂教学教师面临的挑战

1. 保持学生的注意力和参与度

注意力持续时间短：随着科技发展和媒体的普及，学生的注
意力持续时间变短，使他们更难在课堂上保持专注和参与。

对传统教学方法感到厌倦：一些学生可能会对传统的教学方
法感到厌倦，例如讲座和死记硬背，导致学生无法保持专注度和
参与度。

缺乏动力：一些学生可能缺乏参与课堂或完成作业的动力，
这可能是多种因素造成的，包括主题困难或个人问题等。

学习方式的差异：不同的学生有不同的学习风格，对一个学
生有效的方法可能对另一个学生不起作用，这使得让所有学生保
持参与和兴趣具有挑战性。

为了应对这些挑战，教师需要不断寻找和创造新的方式来吸
引学生并保持他们的注意力，例如结合技术、实践活动和协作学
习体验。教师还需要灵活和适应性强地使用教学方法，同时考虑
到学生的不同需求和学习方式。

2. 学生不同的学习风格和能力

学习速度的差异：有些学生的学习速度可能比其他学生快，
而另一些学生可能需要更多时间来理解某些概念。

不同程度的能力：有些学生可能对某些科目有天赋，而另一

些学生可能会在这些科目上需要付出更多的时间和努力。

多样化的学习方式：有些学生可能是视觉学习者，有些可能是听觉学习者，还有一些学生可能通过动手活动学习得最好。

特殊需要的学生：一些学生可能有特殊需求，例如学习障碍或注意力缺陷障碍，这可能会影响他们在传统课堂环境中的学习能力。

为了应对这些挑战，教师需要在教学方法上保持灵活性和适应性，结合各种教学策略来满足学生的多样化需求。教师还需要了解并响应个别学生的需求，根据需要提供额外的支持和资源。教师还可以结合技术和实践活动，使学习更具吸引力，让具有不同学习风格的学生更容易获得。

3. 平衡传统和现代教学方法

传统方法：如单纯授课讲课和死记硬背，是多年来教育的常态，并且至今仍然在课堂上占有一席之地。

现代方法：如基于项目的学习、技术集成和实践活动，已被证明可以有效地吸引学生并改善学习成果。

教师面临的挑战是平衡传统方法的有效性与现代方法的效率性，为学生找到合适的组合。教师在选择和实施教学方法时，需要考虑学生的个人需求和学习风格，以及他们自己的教学风格。

为了有效地平衡传统和现代教学方法，教师需要不断评估其方法的有效性，并根据需要进行调整。教师还需要灵活和开放，愿意尝试新方法，并在适当的时机有效运用技术。通过这样做，教师可以为学生提供全面的教育，为他们的未来做好准备。

4. 管理课堂行为和纪律

课堂管理是指保持安全和高效的学习环境需要具备的课堂管理技能。在课堂上常会出现一些不可控制的学生行为，如：破坏性行为、说话不合时宜、不听从指示，这对教师来说可能具有挑战性。

制定明确的规则和奖惩制度对维持课堂秩序和纪律至关重要，同时一致执行规则和落实奖惩制度也是促进良好行为和防止破坏性行为的关键，教师要做到言行一致，始终一致地去执行规则，不能朝令夕改。规则在民主产生后要经常反馈，对规则进行正强化，如表扬和奖励，可以用来鼓励良好的行为，提高学生的积极性。教师还需要耐心和理解，帮助学生改善不正确的课堂行为。通过这样做，教师可以为学生创造一个安全高效的学习环境。

五、课堂教学的改革方向

1. 教学方法改革

课堂教学方法的改革需要从多个方面入手，其中之一是增加实际操作性。通过增加实际操作性，可以使学生更好地理解课堂内容，并增强学生对课堂内容的兴趣。例如，在数学课堂上，可以通过实际操作题目，使学生更好地理解数学知识。在低年级数运算阶段借助教具数一数、摆一摆，高年级通过数形结合帮助理解。

提高学生主动性也是课堂教学改革的重要方向之一。学生的主动性对课堂教学效果有着重要的影响。在课堂教学中，可以采取多种方法提高学生主动性。例如，教师可以在课堂上充分调动学生多种感官，通过视听等增强学生对课堂内容的理解。同样，教师也可以在课堂上开展小组活动，让学生通过与他人的交流和合作，增强学生对课堂内容的理解。

推广互动式学习也是课堂教学改革的重要方向之一。互动式学习不仅可以增加学生对课堂内容的理解，还可以提高学生的主动性和学习积极性。在课堂教学中，教师可以引入更多互动式学习的环节。例如，教师可以在课堂上开展问答环节，让学生通过回答问题，对课堂内容有更深入的理解。同样，教师也可以引入课堂游戏，让学生在游戏中学习课堂内容。

2. 课堂环境改革

在改善课堂环境方面，要实行更好的课堂评价体制。这可以通过使用明确的指导方针和规则，定期评比，规范学生的行为，并确保学生了解对自己行为的期望并得以实现。此外，还可以通过提供充足的资源，创造舒适而有条理的环境，并促进学生之间的协作与合作氛围来改善实体课堂环境。

在优化课堂氛围方面，创造一个积极和支持性的环境是关键。这可以通过多种方式实现，包括促进学生的社区意识，培养尊重和包容的氛围，并鼓励学生参与有意义和富有成效的讨论。教师还可以努力与学生建立积极的关系，创造一种重视学生贡献并鼓励学生在自己的学习中发挥积极作用的课堂文化。这可以通过认可学生的成就并为学生提供在安全和支持的环境中分享他们想法的机会来实现。此外，纳入以学生为中心的活动和项目也有助于改善课堂氛围。通过让学生有机会在有意义的项目上一起学习，可以培养学生主人翁感和对工作的自豪感，并可以彼此建立积极的关系。这有助于营造一个更加积极和引人入胜的课堂环境，让学生感到受到重视并有动力参与学习过程。

3. 教师培训改革

提高教师的知识水平对于确保有效和引人入胜的课堂教学至关重要。比如为教师提供持续的专业发展机会。这些机会可以包括研讨会、培训课程和会议，重点关注最新的教学方法和最佳实践。此外，教师还可以参与点对点学习和协作，在那里他们可以相互分享想法和资源，并共同努力提高他们的教学技能。这也可以为教师提供相互学习的机会，并获得新的教学见解和观点。教师还可以通过阅读学术期刊、参加相关会议，以及参加在线论坛和讨论小组，来了解其学科领域的新发展和研究。这可以帮助教师加深对主题的理解和感悟，并将新的和创新的教学策略带入课堂。最终，通过不断提高他们的知识和技能，教师可以更好地满足学生的需求，并提供高质量、引人入胜的教学，促进学生的学习和成功。

提高教师教学能力也是课堂改革的一个重要方面。比如提供持续的教师培训和支持。这可以包括侧重于有效教学策略、课堂管理和学生参与的研讨会和培训课程。提高教师教学能力的另一种方法是通过绩效评估和反馈。这可能涉及学校管理人员的定期课堂观察，以及学生及其家长的定期评估。这种反馈可以帮助教师确定需要改进的领域，并采取措施加强他们的教学实践。此外，教师可以通过为自己设定个人和职业目标，并寻找机会作为教育工作者成长和改进来进行自我反思和专业发展。这可能包括参加会议、参加专业组织，以及寻求指导和辅导机会。最后，为教师提供资源和支持，例如获得技术和材料，也有助于提高他们的教学能力，使他们更容易有效地让学生参与学习过程。通过采取措施提高教师的教学能力，学校和教育工作者可以创造一个支持性和赋权的学习环境，帮助学生充分发挥潜力。

为了更好地将教学内容与学生需求相匹配，应定期评估教师对学生的理解。这将有助于确定学生产生困境的领域，并确保所教授的内容具有相关性和吸引力。教师亦应努力将学生的反馈纳入课程，并调整教学方法，以满足学生的不同需要和兴趣。通过优先考虑学生的需求并做出相应的调整，可以改善教学内容与学生需求之间的一致性，从而实现更有效和引人入胜的课堂教学。

4. 识别个人教学的优势和劣势

自我反思：为了确定个人教学的优势和劣势，教师需要进行自我反思和分析。

寻求反馈：教师还可以向学生、同事和主管寻求反馈，以更好地了解他们的教学效果。

了解教学法：对教学和学习理论的了解，以及对主题的深刻理解，可以帮助教师确定自己的优势和劣势。

要成为一名优秀的教师，必须意识到自己个人的教学优势和劣势。透过自我反省和寻求反馈，教师可以更了解自己的教学成效，并找出需要改进的地方。教师需要在利用优势和解决劣势之间找到平衡。例如，教师可能擅长创造引人入胜的课程，但需要研究课堂管理技巧，有的教师课堂管理十分优秀，但是课堂却非常沉闷。

只有通过不断寻求专业发展机会并将新的想法和策略融入教学中，教师才可以努力提高自己的技能并更好地为学生服务。

5. 采用新的和创新的教学策略

紧跟研究前沿：为了采用新的和创新的教学策略，教师需要随时了解教育领域的当前研究。

结合技术：使用在线资源、虚拟学习工具和教育软件等技术可以帮助教师实施新的和创新的教学策略。

差异化教学：差异化教学可以定制教学体验以满足个别学生的需求，可以成为提高学生参与度和成果的有力工具。

协作学习：鼓励学生以小组活动的形式协作学习，构建学习共同体，可以成为促进主动学习和发展重要的社交和人际交往技能的一种非常有效的方式。

实验和完善：教师需要对新的和创新的教学策略持开放态度，也愿意根据他们取得的成果来完善和调整他们的方法。

采用新的和创新的教学策略可以帮助教师与时俱进，提升学生的参与度和学习效果，并在不断变化的教育领域保持领先地位。

六、对课堂教学未来的思考

为了在未来的课堂教学中取得成功，教师需要灵活并拥抱变化。这包括对新的和创新的教学策略持开放态度，以及适应技术、学生群体和教育理念的变化。个性化学习侧重于满足每个学生的独特需求，正变得越来越重要，并可能在未来的课堂教学中发挥重要作用。

技术在课堂上的整合可能会继续增长，并将在教学和学习中发挥越来越重要的作用。教师需要与技术进步保持同步，并了解如何有效地将技术融入教学中。以学生为中心的方法，即学生积极参与自己的学习，可能会变得越来越重要。教师需要找到吸引学生并能有效培养学生批判性思维和协作学习的形式和方法。

随着教育领域的不断发展，教师需要准备好迎接变化，采用新的和创新的教学策略，并优先考虑学生的需求。通过与技术进步保持同步，采取以学生为中心的方法，并参与持续的专业发展，教师可以确保他们有能力应对未来课堂教学的挑战，并更好地为学生服务。

第二节　对构建学习共同体培养核心素养的认识和理解

在积极构建学习共同体这一大环境下，"核心素养"内涵既要涵盖通过学校学习应该掌握的人类文化工具，也要包括适应 21 世纪信息时代所需的创新；既要关注西方文化下科学认识世界和参与社会的传统，也要继承中华文化明德修身、"止于至善"的精神内核。因此，本次课程改革所采用的"核心素养"及其理论建构，本质上试图回答在当前中国政治、经济、社会状况和发展趋势下"培养什么人"和"怎样培养人"的问题。

一、认识核心素养的价值和意义

1. 对核心素养的理解

核心素养是指个人适应未来社会生活所具备的最基本素养，

它主要是构建一种关于如何提升培养学生知识、技能、情感、态度、价值观品质素养的综合多方面能力培养目标要求之间的一种有效的结合体；其次，它更为注重成果指向教育学习的过程，关注着每位教育学生其自身及在他们受其学校教育或培养学习的实践过程中得到怎样的价值人生的体悟，绝非一种单纯的结果导向型教育方式；同时，核心素养过程也兼具一种相对的稳定性特点与相对动态开放性、发展性特点，是一个真正可以实现伴随中国人终生成长的可持续健康，快速高效发展、与时俱进全面成长目标的一个动态终生学习与优化成长提升学习过程，是我们培养出个体需要的一个能够真正全面发展适应现代和未来人类社会发展、促进我们个体终身学习、实现全面终身发展需要的最基本的物质保障。

在 20 世纪 70 年代初，世界经济开发与研究合作发展组织就提出了成立"核心素养的界定与选择"的研究项目。这个文件进一步指出，核心素养并不仅仅只是一门知识体系和知识技能。所以，我们如今常提到的这些核心素养，不是各门学科里的这些零碎的知识系统和那些固定的技能。

核心素养是一个在某些特定的复杂情境中，个体可以通过调动自身和调动他人各种各样需要的人类心理机制和多种社会资源，包括某种技能方法和社会态度方式来获取满足自身复杂发展需要的基本能力。

2. 核心素养的内容

核心素养，就是培养学生具有核心价值观，顺应信息化时代。核心素养的前提是素质教育。

核心素养主要体现在创新精神，学生必须学会刻苦学习，健康享受生活，有道德责任和有勇气担当。实践精神，就是要求学生具有在合理运用科学技能和文化知识等素质方面所能形成相应的核心价值标准、思维方式、行为和体现。其中又包括培养学生应当具有正确的科学理性思维，对科学事情积极的研究态度以及一种勇于创新探索发展的创新精神。学会学习主要就是学生有学习意识，会根据自己的方法来学习，学生能够主动学习，出现错误会善于总结反思，也会收集一些信息。健康生活就是在生活过程中学生会认识，对生活学习有计划，有健全的人格，调节好自己的心态和情绪。有责任担当就是学生在处理事情时，所持的情感态度及行为。会对自己所做的事情负责，并且会在日常生活中解决问题方面有创新能力、创新意识，以及创新的表现。

以"核心素养"作为基础教育育人目标，并不意味着基础的读写算能力、具体领域的知识和技能就不需要了。核心素养的突出特征在于个体能否应对现实生活中各种具有复杂性、挑战性的真实任务。在这一过程中，离不开个体能否综合运用相关领域的知识技能、思维模式或探究技能，以及态度和价值观等在内的动力系统。产生这种认识的原因是只看到了"核心素养"这一术语的字面意思，而没有理解其培养过程是以学科或跨学科课程的学习为基础的。

我国现阶段基础教育总体目标是应是更多地关注促进学生个性和谐发展，提高与学生社会发展适应之能力，但此种表述也往往太过于具体抽象，其思想内涵界定和理论外延往往缺乏比较明确的界定依据和学理系统的阐述。而对实践能力层面上的各类具体基础学科知识教育，因为受国家应试训练教育特点和基础教育学科与教学体系传统因素的综合影响，则要更多针对性地将全面习得学科具体基础理论知识内容和学科技能、形成基础学科知识体系建构作为素质教育最具主要意义的目标。这种分化现象不仅可能导致义务教育学科核心教育素养目标体系和教育总体目标系统之间长期难以顺畅衔接，还可能造成各个学科体系之间学科壁垒日益森严，滋生各种学科本位思想，难以确保在科学育人理念价值方向上逐步实现科学真正人格的全面统一发展和体系完整。构建一个系统完善的科学核心素养模型，是合理连接好我国未来基础教育总体目标系统和各类学科核心教育素养目标之间的一道关键教学环节。核心素养模型已经作为课程总体目标框架的进一步具体化，成为人们思考评价和科学界定基础教育不同门类学科领域的各种共同基础育人模式价值内涵和自身独特的育人理念价值特质的有效参考模型框架。它一方面为促进各教育学科体系在实现课程目标、内容模式和多样化学习活动机会模式上实现的更深度与融合统一提供明确了学科目标依据，另一方面为实现跨学科共同学习教育主题模式（或课程）内涵的重新确定提供坚实了课程理论基础。此外，核心素养体系的内涵发展必将贯穿在整个世界基础素质教育阶段。

通过研究揭示，人在经历整个中国基础文化教育的阶段变迁中具有不同时期核心素养目标的精神内涵、构成模式与组织结构、表现的特征模式与动力发展、动力机制模型等，可以尝试构建这样一个以人类核心素养标准为主轴特征的、与各个基础素质教育实施阶段学生身心动力发展认知水平高低密切地结合起来的核心教育目标理论。这一目标理论，也是国家制定中小学课程标准、课程教材设计理念和课程管理、教学、评价机制，以及推进教师和专业教师队伍发展等的一种重要实践基础依据和逻辑依据，从而可为我国真正有效贯彻与落实好立德树人等根本育人任务提供制度保障。

3. 培养学生核心素养的重要性

教育就是培养出更多的综合性人才，随着社会的不断发展，不断创新，不断改革，人才也需要不断地顺应社会的需要。老师需要在教学上创新模式，改变教学手段。学生可以学习到更多先进的社会文化知识，并且教师引导鼓励学生，用我们自己学习所能掌握得到的新知识，来独立解决一些学习生活中容易遇到的新的实际问题，强化我们学生动手的初步实践的能力，提高了学生实践的适应性。所以说，培养学生核心素养，是一项极具学术必要意义的任务，并且是意义极其重大。

课程目标、教学目标的学科核心素养既包含了自主创新实践意识、科学发现探究、模型设计认知整合能力训练及科学证据科学推理探究等学习方面，还特别包含了重视培养其社会责任能力及具有科学精神价值观的现代社会要求，利用这些素养方面要求展开综合学科课程教学，一方面将可以快速有效地提高培养学生良好的终身学习能力基础及人文知识素养，另一方面将更能够帮助学生迅速提高终身综合应用能力基础及人文科学综合学科素养水平，对培养学生今后实现经济社会长足跨越式发展已产生深远现实意义。

各专业学科核心素养教育主要任务是指培养学生如何通过综合学习本学科知识，最终可以综合体现出的学生应有的态度情感、知识体系及学科技能、价值观、世界观，以及思考过程模式与行为方法模式等多方面健康的发展。

教育人和文化树人都必须先培养学生自身的这些核心素养，除了道德理想、信念精神和基本道德思想方面之外，儿童心智的健全发展还有其他方面的素养要求。儿童社会在儿童成长教育过程发展当中，在其不同发育的成长年龄段，需要我们设计各种层次、不同功能类型上的成长教育活动，在成长发育过程之中逐步发展形成的一系列适应于个人终身健康发展生活和人类社会全面发展成长所普遍需要培养的人类必备精神品格特质和基本关键发展能力，这也许就是我们经常讲到的所谓儿童核心素养。这些教育核心素养也是教师通过多学科课程形式的合作学习，在对某一个具体领域中或对跨知识领域内容的整合学习，通过培养学生的在持续教育发展过程当中持续地通过社会生存实践、动手应用实践、技术创新实践活动等各种实践创新活动方式中积累逐步而形成下来的。

学生本身在一个学科的学习认知过程当中，形成了一个与自身学科特性高度相关的科学核心素养，我们称之为学科核心素养。我们也在修订教育学课程体系的过程中，提到增加了的一些教育核心素养，比如教师在整个教育和教学体系当中就应该注意培养每个学生应当具备的政治道德认同、理性精神、法制意识、公共教育参与精神这样一些的核心素养。在语文课程当中，就明确提出了培养核心语文课程的基本素养，包括了语言文化的合理建构方法和合理应用、思维活动的协调发展、文化经典传承运用与阅读理解运用这样基本的教学核心素养。在体育课程教学当中，提出重点培养的也是培养运动组织能力、健康意识行为、体育品德意识等的核心素养。

学生能力发展与核心素养建设强调训练的内容是具备跨学科素质的知识综合分析能力，强调各种知识、能力类型和行为态度等的协调综合，具有较高的综合性能力和系统整体性。学生个人发展的核心素养是教师关注到学生能适应自身当今发展与社会未来持续发展需要的最具关键特征的另一种人格素养。

教师个人在继续进行本科教育、本科教学培训的实施过程管理中，应当更加突出注重学生基本理想价值、信念品质和文化核心素养能力的综合培养，关注青少年学生发展的核心生命质量功能和内在价值，突出培养终身自主发展人才的基本核心素养。更加强调关注学校课程内涵建设呈现综合化、主体化方向发展与趋势，强调重视课程整体综合育人的功能定位和价值。更加强调关注对于学生课外学习过程体验、动手和实践意识及科学创新发展意识培养的综合培养，注重研究综合学科实践教育活动课程内涵及其实际包含在内的开放性学科研究性实践创新活动课程、开放性科学综合实践研究活动等在大学课程体系建构中具有的核心地位功能和推动作用，突出其实践与育人并举的教育价值。

核心素养体系建设是教育部实施义务教育新课标积极有效贯彻的重大思想来源，也是各级学校确保如何在实施新课程与教学改革活动中万变不离其宗遵循的"DNA"教育原则。随着学校研究实践探索的工作成果转化的进程逐步发展和不断深入，核心素养体系也将呈现进一步完善为推进我们各级学校教育发展工作带来了的诸多新变化。在充分有效发挥结合于构建体现了大学生终身合作学习及知识共同体模式特征的创新学科合作教育机制的整体教学的实践中优势作用效应后，学生课业负担压力定将会同时进一步地得以大大减轻，课后自主完成课后作业辅导的学习形式或学习方法及教学课时总量结构安排方式也将定会同时发生一些较大的变化。学校课程内容设计方面将被要求得更加全面紧密并贴近我们当下所有孩子自身的社会成长学习生活，应会尽量地提供一切可以同时满足学生当前阶段孩子现实生活、未来自我成长的发展方向特点要求的各种优质培训课程，特别会突出强调关注孩子核心价值观、生涯励志指导、金融投资理财知识的基本素养，突出地强调关注孩子尤其是他们自己未来现实生活过程中遇到的困难等。

二、对学习共同体的认识

1. 学习共同体的性质

学校班级的学习任务共同体一般是一种由共同学习者主体（学生）成员和其他助学者个体（教师）共同协作组成起来的，以协同完成班级共同学习的班级学习活动任务为载体，以有效促进团队成员素质全面协调成长进步为基本目的构建的，强调个体在日常学习实践过程活动中能够以整体相互作用式协同的整体学习实践观做有效指导，通过促进人际有效沟通、交流互动和合作分享其他各种共同学习活动资源成果而能相互产生影响、相互交流促进合作的一个基层集体、学习实践集体。它与一般传统的教学班管理的一个主要特点区别就在于更强调学员人际心理上相容交流与情感沟通，在自主学习氛围中能够发挥一种群体动力作用。

学习共同体是围绕学习活动所建立的共同体，是共同体的延伸，是在一个公共空间内由学习者（包括老师、学生）之间通过对话协商建立共同的目标愿景，遵循一定的规范，通过师生、生生之间相互倾听、多向对话与思维碰撞，共享多样性的学习成果，建立起稳定、和谐、紧密型的合作人际关系，从而在共同参与下完成学习任务、形成良好的人际关系并达成自我的提升。

2. 学习共同体如何帮助师生成长

比如网络读书会这些共同体，我们在网络上和远方的有共同追求的老师们一起学习，一起研讨，一起抱团成长。在这个场域里，大家互相鼓励，互相赋能，互相分享，共同进步。自身和身边的家人和朋友都能受益。在所参与的学习共同体中，教师能够学到先进的教育教学理念和网络技能，和远方的朋友一起抱团成长，互相学习。

学习共同体带来的是，个人通过学习、记录、倾听与交流，在分享的过程中，让大家都有所收获。

在目前所处的环境下，学习共同体其实并没有得到统一的界定，在实际生活中，学习共同体还是比较少，但在网络上，师生能够有更多的机会参与到不同的学习共同体中。

我们能看到如今更多的老师走进了网络公益课程，让更多的乡村孩子能享受到优质的网络资源。使孩子们能够拼尽全力去努力打开自己的人生境遇，全身心地投入，创造自己更精彩的未来。

作为小学教师，我们更多应当注意要学会积极引导鼓励每位学生，在课堂学习中培养和树立一种像"帮助别人就是提高自己"这样新型的班级课堂，树立合作性自主学习的教育的观念。研究的实验数据也充分支撑此观念。课堂学习中对他们思维态度、学习前心理基础、学习能力的训练提高等诸多方面应该适时给予一个系统的有针对性的学习指导。树立学生这种"展示者无错"学习模式的教学新观念，促进每位学困生可以充分主动参与到课堂学习之中。同时为班级所有学生努力营造出宽松和谐安全舒适的一个课堂环境，目的是希望所有学生可以更主动、更勇敢地进行自主发言，积极有效地主动参与，融入课堂中。

教育教学评价方式也对应地发生转变。由过去仅仅关注学生个体水平的单项评价逐步转为主要关注小组的整体性能力评价。在平时学习工作和团队常规协作管理下的学生每个作业环节，都应以作业小组成员为考核单位逐一进行全面评价，个人做出的最好成绩则通常要放在一个组别内集中评价。旨在有效强化激励学生个体的集体团队的合作竞争意识，督促每个学生努力在本小组群体内充分开展团结互助，提高小组整体水平。在整个班级工作和本学校范围内，大力推进开展中小学集体主义传统教育学习和中小学团队精神培养教育，优秀中队学习工作小组活动的开展评选还可以迅速扩展延伸到整个学校范围的评选，为整个班级工作学习提供更广阔、更轻松的思想舆论空间。除此之外，还有着很多其他更好实践的新办法，需要学校教育科研工作者们继续在工作中加以探索实践和不断反思总结。

3. 学习共同体的组织形式及其原则

学习活动共同体小组是由一组成员以本班级群范围内形成的异质分组群为主要的基本活动组成的形式共同构成起来的一个班级间学习的活动共同体。旨在为充分促进学校各级层次不同专业兴趣程度学生们可以在每一个学习小组环境范围内真正实现自主、合作、探究型高效学习，共同发展为实现其终身有效学习之共同的目标，并可以同时考虑以各类学生小组实践中得到的高效学习与整体成绩差异等信息为学生综合能力评价参考尺度依据和学生重要个性激励行为参考尺度依据，全面和系统地为促进全校各类专业学生知识、能力、情感、态度、个性全方位的和谐互动共同健康发展所建设的自主学习类创新型社会组织。

它包含的文化内涵可涉及以下这几个重要层面的：一是建立以能激发到全体学习者达成共同发展愿景为目的一个学习型组织环境；二是组织在学校教师直接指导帮助下完成的并以一个异质式学习活动小组为主体来进行研究的这样一种集体教与学活动模式；三是建立一种在同伴们之间、小组学习者个人之间形成的集体合作或互助性集体学习研究活动，包含着小组学习者自发的一种自主性集体学习、探究性学习行为；四是组织以帮助各小组在各自单位时间区域内共同实现共同目标教学过程环节中师生的课堂教学总有效成绩作为自我评价成绩的客观依据之一；五是教师为帮助实现大家共同确定的班级教学任务目标要求而自愿展开起来的研究性合作型学习辅导活动等；六是那些由全体教师按事先计划设置讨论问题、分配具体学习工作任务目标和预设具体教学活动流程完成的集体学习活动。

作为教师，我们应当本着"组间同质，组内异质，同质结对，异质帮扶"的基本原则对全班学生进行学习小组划分。"组间同质"体现了小组学习的均衡发展，也为公平公正竞争奠定了基础；"组内异质"为互助合作创造了很好的条件；"同质结对"是指在组内实行同层次学生结对，便于开展"对学"；"对子帮扶"体现了分层学习、梯度推进中学生个体间的有效合作和友好互助。类似于分平行班一样，按照认知水平、智力水平、学生性别、性格特点、习惯爱好、家庭背景等将全班同学划分为六至九个小组，一般可按六个小组划分。每个小组就相当于全班的缩影或者截面，成了一个"小班"。需要说明的是这种分层次不是给学生贴上优、良、中、差的"标签"，而是更有利于分层教学，分层学习，分层训练，培优辅弱，整体推进。

三、构建学习共同体对培养核心素养的过程和帮助

1. 学习共同体对培养核心素养的意义

学习创造共同体教育是一种以共同学习创造为主要中心目标的教学创造。在这种教学组织模式框架下，教师主要的社会责任目标不是在进行"好的教学"教学活动，而是必须要确保实现所有学生真正的自由学习和权利，尽可能提高每个学生自身的自主学习质量。

教育工作者应当通过不断地交流和实践以及总结，把所有的恐惧和麻烦都一一克服下来，让每一个学生都处在一个舒适自然

的状态里，同时自己也处在了一种"暖教育"的幸福环境之中，让彼此都处在了一个快乐的共同学习环境里。用心去学习和发现，用爱去播撒和温暖，用智慧去思考和创造，让自己和他人、和父母、和同事以及和学生都能处在一个舒适的共同学习体里，然后一起去不断地遇见、不断地感知、不断地解决和不断地生成。

核心素养是一个滋育了生命个体持续不断自我成长潜力的关键活性的因子，是支撑学生未来在个人学习、生活成长及人格发展活动中持续不断仰赖于其生长力量的一个重要心理基石，也是判断生命个体未来成长质量的一条重要评价标尺与重要内在认知特征。那么我们理想生活中，每个学生又应怎样努力拥有这些生命核心素养呢？这至少取决于这样三个关键要素：一是出于承续着人类文明千百年来我们对崇高理想的人类形象文化的不断努力追求继承与创新完善中沉淀积累下成的精神文化传统基因；二是基于要适应我国现代国际社会现实及适应未来我国社会发展新的国际趋势需要；三则是主要基于我们对中华民族核心素养的"根本性、生长性、贯通性、综合性、弥漫性"特征的考量。康德很早就在对其儿童教育学的讲演文章中明确提过："对于儿童思想的教育月的不单应当是单纯为了使之适应我们人类思想目前存在的种种状况，而是应为了使之得以适应人类将来一切可能被改善的种种状况，即适应人类儿童的一切思想活动及其全部使命。"核心素养就是为个体生命的整个人生发展奠基，为未来社会培养新人。华东师范大学教授袁振国还从多角度提出或阐释出了西方大学核心素养课程体系的最本质内涵，教授解释认为，以前大学教育里我们往往都比较强调双科的基训体系（基础知识、基本技能）等，后来的则更强调为三维体系（知识能力、情感态度、过程和方法）体系等，核心素养课程教育里强调与表达知识的最核心内容，则基本都是人们能够运用由其本身所学的来获得的一切具体的知识、观念、思想、方法技巧等作为解决其他一些人类真实工作生活问题时所想的和表现出的各种关键个人能力素养和培养一种优秀的个人品格。如何教育能够逐步把一项知识能力转化为一种知识智慧，把每一种具体知识转化为一套思想方法，把某一套知识体系逐步转化为一个完整人格，这恐怕又应当是人们当今思想教育应面对的这样一大新理论命题。

2. 在学习共同体中培养核心素养的过程

现在，我们每每提到教学和课堂，脑子里不由自主地想到的第一个概念就是"以学生为中心"。所谓学生的"学习"的对话，就是一个学生同一本教科书本上的（客观世界）的人物间的相遇与对话，同在一个教室走廊里的伙伴们之间的相遇与对话，与个体自己之间的相遇与对话。学习的过程则是几乎完全由上述这三种对话理论与对话实践共同构成了——或由同我们整个的客观生活和现实世界之间发生的各种对话、同伙伴间的种种对话、同你我之间发生的各种对话等所构成的。而既然是对话，不仅要表达，还有一个更重要的环节是倾听。即教师的活动追求的核心是"倾听"。在学习共同体关系中，我们的课堂也将渐渐从一个互相倾听的关系而发展成长为一种交响关系。这样的教学系统是完全由学生每个学习个体相互之间的学习互动关系所自然形成起来的意义链和关系链来构成。

学会主动倾听，给了学生更加充分有效的语言表达自由和表达时间，让学生们在这种相互地交流理解和沟通理解中慢慢碰撞产生出语言思维碰撞的思想火花。不断地充实完善着自己心中的各种想法，不断地学习吸取其他同伴们先进的管理思想，在成长这个过程中，必然会慢慢达到一个全员发展最优化的完美状态。

在课堂中，完全可以在听说或者阅读课上，给孩子更多的讨论环节，让学生们在互相讨论倾听的过程中，一步步地解决这些问题，并且生成课本以外的新的东西。

做好倾听这一环节，要注意以下几点：围绕主题进行讨论，别人在说的时候，仔细倾听是否正确，并且可以补充完整；每个人都要发言，每个人在别人发言时都要仔细听，必须让别人把话说完。

共同与学习间的紧密关系同样可以说通过教师参与的"串联"探究活动中得以真正实现。教师自己的科学探究活动支持起学生自身的研究性学习，教师用自身的对同一个课题进行的多次探究活动串联起了学生们丰富多样的生命意象感知和生命思考。教师应当是如何把学生们与"好的发言"串联起来的组织与教学，如果老师不能以"任何孩子的发言都很精彩"为教学前提来设计组织的教学，学习与共同体间的紧密关系也就更不可能自然生成，核心素养的培养上也可能会出现种种漏洞和种种残缺。

教师要让学生倾听同学们的发言，并将这些串联起来，也要将自己的课堂中预设的问题串联起来。通过这些串联，来逐步解决问题或者说是完成课堂的学习。在课堂教学这个互动过程环节中，还会伴随有这样一些随机生成的互动问题，这就更加需要教师如何发挥他自己本身在互动课堂设计中起到的独特作用和基于这种即兴式互动应对能力来去追求有创造性思维的互动式教学。以写作课堂为例，串联必不可少。课程开始，教师给出一个写作的话题，让学生们就这个话题充分讨论。随后让每组成员分别发言，并将这些发言联系在一起，最后生成一篇写作的框架。之后再进一步讨论，讨论出语言和表达。经过这样组织的写作课堂，学生们应该会真正地学习到该如何写一篇文章。

串联这一环节要做好，要注意以下几点：引导学生去文本中找答案，完成学生与文本的串联；引导学生将知识与生活实际串联；将不同学生的回答用适当的语言串联。

在串联的过程中，总会出现离题、停滞不前的状况。在这个时候，教师切不可为了教学进度直接将课程进行下去，这个时候的课堂，一定要停下来，反刍必不可少。反刍，顾名思义就是将之前学过的东西再次拿出来消化，目的就是充分理解新的知识，为了让学习可以重新出发。反刍能力被分为三种，一种类型是互动式的反刍，一种类型是停留式的反刍，一种类型是深入式反刍。

互动式反刍，就是合作学习。可以围绕一个话题，让学生提出疑问，组织学习小组，展开合作学习。

停留式反刍，是将课程停下来，留出时间让学生当堂巩固内化。

深入式反刍，就是指深入到文本当中，去细品文章的遣词造句，加深对文本的理解。

反观现代课堂，在知识点的讲解讲授课上，反刍是不可或缺的。因为这些都是知识点，相对比较固定，需要理解并且记忆，因此可在课堂上给出足够的时间反刍，以达到最大的效果。

在今后的课堂中，教育工作者应当将这些理论付诸实践。培养每位学生要学会倾听，不停地去串联教师与学生、学生与学生、学生文本与日常文本、学生和老师日常生活，并且学会在实际教学工作过程中，适当反刍。我认为这样的课堂环境一定是能够让学生真正学会学习，并且是越学越快乐的课堂。

3. 学习共同体下培养核心素养的优势

结合对袁振国教授群体的基本理解，立足学生现实，汲取中华民族传统的智慧，瞻望人生未来，从努力促进每位学生人格的健全自由及全面身心和谐的发展方向出发，均应具备或至少同时拥有如下核心素养：

价值观。价值观其实就是指生命和个体之间对世界自然、社会、人生以及诸多社会事情产生的自我价值之认识、判断、情感、追求与道德践行。价值观涉及我们对周围世界、对社会他人、对个体自我发展的价值态度认知与道德情感。

思维力。思维能力的正确培养还蕴含着如下几方面：一是充分尊重理性思维，学会思考。二是理解思维活动的内在过程。三是掌握基本的思维方法。四是提升思维的品质。五是培养批判思维及创新思维。

生命力。生命力首先也意味着生活力，有无限生机活力，拥有了感受生活、创造生活和享受生活乐趣的内在能力。富有现代生活中的高雅情趣与浪漫情调，生命的第一重要精神使命则是努力使自己生活变得更精致美好。其次意味着有情感力。万物本有魂灵，众生亦有情，人情人性，有人便能有情感与有性情，或者说是有了有情感与有性情，人才能成其为一种真正懂得文明意义和更有文化意义的人。再次，生命力意味着有心灵体验力。最后，生命力意味着具有拥有幸福的能力。

学习力。学力即能力，学养即素养。学习力包括以下方面内容：学习的兴趣，学习的专注力，学习策略与学习方法，学习的乐趣与成就。

合作力。合作是个体生命及人类文明进化的结晶，正如诗人泰戈尔所说，唯有合作才能创造文明的天性，人就是在合群合作关系与活动中不断成长的。

创造力。通过创造得到的生活会更具有价值性。

审美力。审美意味着通过个体生命将属于自己的心灵自由舒卷展开而来，用整个身心来拥抱从自然社会、人生、艺术领域中能引发人心灵的自由生长与率性自由翱翔的各部分生命，获得一种超越任何物质与精神功利的情感上的愉悦，沐浴阳光般温暖的心灵洁净和明亮的内心宁静。或致一种"泯我物之限，超人我之阻"的生命体验，臻于一种"天人合一，万物有灵，众生有情，自由自在，其乐融融"的境地。

结合学习知识共同体学习的学科优势，培养体现出学生的人文核心素养是一个学生将在终身接受学校相应专业学段内容的专业教育培训过程体系中，逐步所形成出的具有适应他个人终身成长发展环境和整个社会生存发展生存需要素质的个人必备优良品格特质和核心关键能力。

第三节　构建学习共同体对新课程标准落地生根的价值

在 2022 年版本的课标中，我们将"数学教学标准"理解为一个体系概念，即包括数学的教学理念、教学的提示、教学的建议还有教学的案例等内容体系。在 2022 年版本的课标中第一次将"实施促进学生发展的教学活动"作为数学的教学概念加以说明。即数学教学的指向性要求，是数学教学实践的根本方向和价值追求。然后，将数学的教学提示摆在"课程内容"之内，指明了具体的内容。这便具备了是可实际操作性的教学要求，不仅为教学的设计、教学的评价和教材的编写提供了依据，同时也是为老师将数学课程内容要求转变为学生的学习内涵、学习活动提供了指向。最后，把数学的教学意见摆在"课程实施"之内。即对数学课程教学的总要求，也是数学教学改革的基本原则和关键步骤，更是老师开展课程教学的纲领。

数学教学意见具体说明了体现了《关于深化教育教学改革全面提高义务教育质量的意见》和义务教育课程方案（2022 年版）的基本内涵，突出了数学课程教学的特殊性。总之，数学教学事例既穿位于"课程内容""学业质量""课程实施"的有关内容中，又集中编制在附录中，为老师开展教学提供了引领。2022 年版的课标通过对教学理念、教学提示、教学建议和教学案例等的要求，从"朝哪个方向做""做什么""怎么做""用什么做"等方面，为老师提供了可实际操作的教学途径及实操，确保了"为什么做"与"为什么学"的统一、"教哪些"与"怎么教"的相得益彰。

而在落实新课程标准的过程中，要想实现有效的数学课堂教学，应建立一个有效的课堂学习共同体，以传统教学课堂管理观念为基础，让学生通过学习共同体掌握学习数学的策略。学习共同体是新型学习模式，标志着教学的发展及进步。通过建立学习共同体，学生能够一起学习、自由思考、实践操作，学生的思想会充分碰撞，学生能够自主学习，能够进行交流探讨，进一步完善知识体系，了解数学的基础知识。从小学数学教学的方向出发，探讨构建学习共同体来实现小学数学课堂教学质量的提升以及对学生学习能力的培养，从而实现新课程标准的落地生根。

第一点，应该了解为什么要建设"学习共同体"。首先，传统现实课堂存在一定的问题和弊端。目前来看课堂教学中主要有以下三个方面的问题：第一是老师讲授得多，学生自主学得少，学生不能形成主动学习的习惯和自主学习的学习方法；第二是有很多的假装学习和浅层次的学习，造成了教学上"课堂神游者"的存在，随着年级增高和学习内容的深入，学习质量不断地下降；第三是教学效率较低，教学的目标达成度低，老师的教学方案没有为了"提升学生的学习积极性"而开展，对于学生的学习方式欠缺。而解决上述问题，需要在学生的学习方面进行研究和探索。

第二点，来源于未来学生生存的需要。学生在大学学习期间乃至走入社会后，保证其生活的"卓越性"来自是否建立起自己的"学习系统"，是否了解和敏锐地感觉到，自己要学什么和怎么学。在教师要求的学习系统内（学校的课程体系）的基础上，还要有什么作为补充，应该在什么样的时间段怎样去完成学习目标，甚至对于某一个阶段、某一天的学习任务的把握。在生活中也是如此，学习是未来生存的基础，人的学习在于提升自身的综合素质，达到触类旁通的效果。教师所经历的专业学习，看似在为了"做一名好老师"，其实对于自身学习和发展、对于培养和教育子女、对于与人交往和交流，甚至对于阅读自己和阅读生命都会产生最大的帮助。

第三点，这也是新课程改革规定的目标任务。基础教育课程改革的六大具体目标中，有两个方面对学习方式的改革进行说明，一是改变教学过多对于知识传导的倾向，要求形成主动积极的学习态度，从而让得到基本知识与技能的过程也让学生学会学习和形成正确价值观的过程。二是改变过多要求被动学习、死记硬背、生搬硬套的状况，提倡学生们积极主动参与、乐于探讨、勤于思考，培养学生捕捉和完善信息的能力，获得新知识的技能，分析和解决问题的能力和沟通与协作的技能。以上的要求指明了学习方式的变化，从原先的被动学习变成为发现学习、探索学习、思考学习，老师也要时刻关心学生怎么学习，即学习的态度、学习的习惯、学习的方式以及学生表现出来的时间观念、对待未知问题的态度、学习效率等。

在数学教学中，建设学习共同体会有怎么样的效果呢？主要有以下几方面：

一是有利于培养集体意识。为构建学习共同体，需要根据学生的特性组成学习小组。组员个人是独立的个体，每一个个体都是平等的，彼此尊重，尊重其他组员所表达的见解，不存在强调个人意志和自我中心的情况。作为共同体的成员，需要具备集体意识和协作精神，也只有依靠这种方式，学习共同体的组员才能以团队为中心，尊重别人，共同建设友善的团队氛围。此外，还可以增强与他人相处的能力。由此可见，通过在小学数学课堂教学中构建学习共同体的育人模式，能够让同学在参加课程学习的过程中渐渐培养优秀良的学习方式，还能够让学生在学习的过程中培养优秀的学习态度，这样对减少学习的难度、提高学生课堂学习的爱好具有较高的意义。学习共同体的成员应发挥自己在小组内的作用，知晓自己的任务分工，认真踏实地完成学习任务。开展学习活动时，组长负责制定学习计划，副组长负责准备工具，记录人员负责记录实习活动的相关资料，而负责人要负责监督活动是否按要求顺利开展。在学习共同体中，只有成员完成自己的任务，发挥各自的长处，成员之间相互合作和帮助，才能有序地进行学习活动。因此，教师要本着以人为本的教学态度构建小学数学学习共同体，以此作为推动学生成长和发展的有效路径，避免学生在学习的过程中出现注意力不集中的问题。基于学习共同体构建全新的课堂教学环境，能够为教师深入开展教学活动提供有效的帮助和支持，而且可以让教师在教学的过程中为学生提供优质的教学服务和引导，对于促进学生之间的共同思考、共同探索和共同学习具有重要的意义。因此，开展学习共同体相关教育教学活动，也是学生个人成长和发展以及学习能力提升的关键因素。对此，教师要立足培养学生协作能力和团队意识的观念设计教学路径与教学模式，以此作为推动学生深度学习数学知识的手段。

二是有利于帮助学生巩固知识。学习数学知识时，学生在课堂需要认真听讲，下课后及时巩固复习，形成收获知识闭环，老师在课堂中要充分发挥学生的积极主动性，运好学习共同体的学习方式，开展数学知识的研究活动。学生在共同体中还要相互帮助，相互监督，通过讨论和交流等环节对数学知识进行研究及整合。因此，构建小学数学课堂学习共同体显得尤为重要，特别是在学生之间的配合下，学习共同体的构建可以实现学生之间的有效沟通和交流，同时还能实现学生之间的有效监督和服务，这对于改变传统模式下学生独自学习的状态具有一定的帮助，而且对于提升学生学习的质量以及完善课堂教学模式也有一定的促进作用。因此，在构建学习共同体的背景下，教师要懂得应用小组合作的模式实现对学生的有效培养和引导。

三是有助于学生进行沟通交流。数学具有较强的逻辑性，数学学得好不好主要在于学生是否拥有发散性思维。学习共同体刚好就是这样一个平台，学生可以尽情地发挥自己的才能，说出本人的想法，学生的言语水平能够得到提升，在与别的同学交流的过程中，不仅仅可以学到知识，而且也对自己所学的知识有了深层次的理解。通过这个过程，学生不仅可以锻炼语言组织能力和表达能力，还能培养在别人表达意见时倾听他人的好习惯，提升学生数学思维能力水平。数学思想上的交流是思想与思想融合的过程，会引发深度的集体思考。当然，学生对知识点的理解肯定是有区别的，都有自己的独特见解，把自己的想法明确地告诉团队成员，在这个过程中了解别人的处理方式，进行全面的比较，可以达成理念上的一致，然后由此产生新的见解。这是一个知识的持续更新和重组的过程，是一个能动地思考变化的过程，是一个能促进学习活动深入开展的过程。

四是有助于进行数学实训。数学具有很强的现实性，许多知识都是来源于生活之中，能够在生活中应用。数学学习与实际应用有着密不可分的关系，因此，开展数学教学课程尤其重要。在课堂上，老师需要在教学中提升学习共同体的优势，发挥学生的自主性，使其对学习和应用数学知识逐渐产生兴趣。实践活动可以训练学生严谨的学习态度和严谨的思维习惯，因此，在学习共同体的学习活动中，学生遇到问题第一时间不是向教师求助，而是通过在学习共同体中讨论和分析来解决问题。在此过程中，各成员可以共享自己的经验，发现自己的缺点，并持续加深对数学知识的理解。

建立学习共同体不仅能让学生独立探索，还能与团队成员合作沟通，让学生形成团队精神和提升自主学习的能力。在构建学习共同体的背景下，教师要重点发挥同伴之间的教育功能和教育作用，不断提升同伴教育的有效性，这样学生的学习效率会在同伴的影响下得到显著提升，同时课堂教学的良好氛围也会得到进一步增强，这对于端正学生的数学知识学习态度以及提升课堂教学的整体效果有着重要的作用。总之，建立学习共同体符合现代教育的发展要求和学生的学习要求，是开展现代教学的新路径。老师是学习共同体的辅导者，要指导学生学习，做好实践教学，进一步提高学生的数学素养。

说完课堂学习共同体的构建，也需要思考在教学中起主要作用的老师，如何提升教师的专业水平，更好地促进数学课堂的教学，也是教育教学的重大问题。随着新课改的颁布，学科核心素养的提升，目前中国的课程改革已经进入了"核心素养时代"。新时代，不仅仅需要增加新的课程、新的教材，也还需要"新教师"。所谓的"新教师"，并不是年轻教师，而是能够适应时代进行自我变革的教师。核心素养时代，激发了很多教育教学理念的变化，核心素养的提出，说明了目前课程改革迎合信息化、全球化与知识经济社会对人才培养需求变化而进行的一次华丽转身，不仅从对教学内容的关注转向对学习结果的关注，还从对课本、体系的关注转向对"培养怎样的人""怎样培养人""为谁培养人"的需求的关心。

很多新词概念成了教育目标领域的热点，如关键能力、品格素养、建设性思维、认识水平能力、学习习惯等；大篇幅的教学、网课线下课的多方面学习、场景学习、深层次学习、标准化学习、跨专业的学习、专项学习及过程性评价、表现性评价等，正引导教学和评估的转型。需要老师必须具备很高的学习热情去适应课程和教学的变革与发展。

而目前教师发展主要面临以下三个问题：

第一，如何撬动教师专业发展的内在动机。当前教师研修活动不少，无论是线上还是线下的活动，都非常丰富，但是在整个研修活动中，我们发现教师无问题意识、无内在需求、利益化思想严重。怎样激活老师进一步提升参加的热情，加强老师的责任感，做有热情、有使命感的优秀教师，提升教师研修的实效性，这其实是教师自主学习的过程。我们想撬动的是教师自主学习的能力，如果教师有了自主学习的意识和内在需求，有了去功利化的场景。那么，我相信教师的专业发展就走向了一个自然之路。

第二，如何改变教师研训研修模式单一现象。当前教师研修活动，大多采用"讲授—听讲"模式，如专家报告、名师课堂教学展示，是当前教师研修活动中常见的、常用的研修方式。这种研修方式中，授课者和学习者之间的平等交流与互动非常少，学习者之间的经验分享及教学同行之间的深入讨论也比较缺乏，从而导致教师研修的实效性不高。

第三，如何建立教师发展实践导向课程体系。中小学教师的专业发展不是为教育理论服务，也不是为了今后的学术素养服务，而是为教育实践改变服务。在当前教师研修中，以讲授者主题讲授为主的方式，往往忽视教师自身的实践经验。教师自身所具有的实践经验就是课程资源，如何把教师的经验开发成课程资源，是我们需要考虑的。教师的专业发展靠教师的自主学习，而非听讲式的学习。如何让教师基于经验、实践开展学习，也是有待解决的一大问题。

目前来看，老师需要在不断的学习中进行自我变换、自我提高、自我完善。当教育改革进入深水区，只有那些以向上的心态去学习、去尝试、去挑战的老师，才能真正成为课改的"火车头"。

基于以上问题，我们可以建成各种类型的学习共同体，以知识提升加实践探索的形式，不断提升老师的学习水平和发展意识，共同研究老师水平提升的方面。促进教师可持续发展，从而使教育教学整体获得提升，从而发生根本性变化。可以从以下几点着手：

1. 建立群体成员间的吸引力

建立学习型组织，每个人承担相应的职责，自我学习与协作学习并行，采用全方位的学习模式，形成学习核心力，促进组员的共同进步。

2. 设立群体共同目标和任务

在共同体学习中，结合每一个老师的教学目标，制定适合教学组进步和发展的共同目标，对实际工作中的问题进行探讨并提出指导性意见，通过教研组集体解决问题，助力教师树立向上的职业观，提升教师组员的内聚力。

3. 树立群体权威

通过制定制度，条目化教师学习共同体成员的日常工作，对教师的行为进行相应的奖惩，包括物质性和精神性的奖励，满足教师的内在需要，调动教师积极性，扩大团队吸引力和影响力，树立威信。

4. 创设合作的学习氛围

一是为教师提供各种形式的活动。有组织地开展交流活动，主动积极地构建教师学习共同体，让教师日常活动中以更平和的心态与同事、前辈展开交流，形成共同体文化。

二是教师之间相互信任和尊重。有经验的教师为新手教师答疑解惑，帮助其适应教师这一新角色；新手教师思维灵活，可以为有经验的教师拓宽教学思路。老师们之间相互学习，共同促进提高。

三是团队中各成员应努力共同维护在学习共同体下形成的新思想、新理念和新成果。这是学习共同体持续充满活力的关键所在。

教师的提升贵在思想转变、行动自觉、目标清晰及方法引领。水不激不跃，人不激不奋，团队的"共享共生共成长"更能帮助教师明确一个发展目标，掌握一个发展原理，明晰一条发展路径，在团队中迅速成长。而学习共同体围绕特定任务或发展目标组成互为资源的专业学习与实践团队，是具有专业追求和情感归属性质的群体，大家相互学习、共谋发展。

在新课改的浪潮中，教师不仅要成为学习者，更要成为善学者。譬如在整本阅读和群文阅读大行其道的同时，教师要学会平衡好它们与单篇之间的关系；关于表现性评价强调学习目标和结果"可视"时，教师能反思"评估之眼"的局限性，理解并尊重教育的某些结果不可见或难以表现的隐性特征。如此，才能在一系列热词和热望的冲击与裹挟之下，始终坚守教育最本质的东西。也就是说教师要通过新的学习方式并在此过程中成为热情又不失理性的反思性实践者。构建教师学习共同体，统一思想，提高认识，以学科组建设、课题研究、教学风格凝练为抓手，共享愿景与学习资源，共筑责任观，形成相互支持、相互提升的教师团队，促进全体教师专业成长。如可实行新老教师师徒结对工作，借助青年教师研修会、名师工作室、成长共同体、导师制等各种方式、途径，以老带新，发挥骨干教师的引领作用，加强对青年教师的指导。导师辅助青年教师完成备课、说课、观课和议课等环节反思教学，积极寻求有效教学的策略。同时，一个开放性共享性的学校，可以将学科以往积攒下来的或者说总结出来的一些经验和其他学校共享，学科组、年级组、学校间资源共享，建立教学资料共享云盘，真正实现全员共享、全科共享、共同学习、共同成长。又如优秀骨干教师也可多多分享在班主任学习共同体中的个人沉淀与成长经验。学校领导在班主任学习共同体中可起到引领作用，同级班主任有着类似的教学节奏、教学观念、教学热情等先天的教学优势，而这些优势有助于打造高精尖的"智慧集群"团体。加之领袖级的骨干班主任的指导和帮助，新班主任们不仅仅能够迅速地进行班级学生文化、学习、生活、德育等诸多方面的日常班主任工作，还能够为个人带班风格提供借鉴。

基于以上，通过协作构建的学业知识共同体将有助于进一步让教师们充分拥有合作的热忱意识与学科专业技能。我国的《教师专业标准》把"与同事合作交流，分享经验和资源，共同发展"作为"沟通与合作"的重要能力项。美洲国家老师专业教学标准委员及洲际新教师评估与支援联盟则把老师在行业中的合作学习能力视为教师标准的一级指标，提出"教师应该是学习共同体中的成员"，并建议将其视为教师专业化素质和团队领导力素质的一项主要的表征。同行教师之间深入的横向互动交流评价和合作研究是促进教师专业成长发展提升的最为重要途径形式之一。譬如，在此过程中教师之间可以通过小组专业阅读来开展合作，形成学习共同体。专业实践阅读课既能帮助我们教师时时保持自身对自己学校工作内部知识与教学外部实践的双重关注，也能及时建立起校内外实践的密切关联。专业阅读让教学理论知识学习和实践经验总结之间也架起了这么一座桥梁，从而让每个教师对其自身专业的专业实践有了更加真实细腻的整体观照，形成主动反思自我的强烈自觉性和主动积极性，唤醒潜在的能力。同时专业实践阅读也自然会激起教师对当代教育发展变革潮流的深刻敏感、对课程实践理论的理性反思以及充分倾吐见解的探索欲望，无形中也促进了专业同行之间的交流合作以及学习成果交流传播的更强更大的内前驱力性和专业自信力，让大家得以摆脱专业经验的泛泛之空谈，转而积极走向学术火花活力四射的专业观点的交锋、成就感十足的学术问题的解决以及更加富有创新魅力的课程实践性理论创造。学习生命共同体结构的科学构建不仅能大大促进学科教师群体之间专业的合作，还会极大带动师生跨学科合作，促进专业教学协同相长。一个始终不断持续学习的教师，对学生的发展将产生巨大的正面影响，远远超过了仅仅传道或授业和解惑的学科边界，甚至更能进一步延展影响到诸如个性、意志、情操、品德修养等学习生命共同体的其他各个维度。一个学习型社会的教师，也终将要以他们自身的实际行动去向所有学生充分展示自己坚毅的品格及无与伦比的人格魅力。

总之，构建学习共同体机制的教育意义，不仅是在于可以让所有教师能通过持续学习从而获得渊博精深的文化知识或高超灵活的语言教学运用技能，更重要的意义在于获得知识生长之力。这两股的生长张力和生命力，不仅要能真正穿透每一个班级的学生，还能真正穿透整栋间的教室，穿透整个校园，从现在到未来，让新课标教学的教学理念真正地做到落地与生根。

新时代的新老师，要做到：第一，具有"突破原有边界，重塑格局"的大视野。能通过聚焦教育核心素养追踪教育学科研究最前沿的研究动态热点与创新方向，理解当代课程、教学、学习、评价规律与影响教师自身专业成长发展创新方向中的若干新概念、新观念，更新巩固自己已有的基础教育学科和教学理论知识基础能力与教学理论成果储备。第二，具有在日常教学现场、教研实践现场中主动实践学习的"现场学习力"。能主动依托学院各级学科教研创新团队组织与打造学习型组织，积极广泛参与学校课题实验研究、项目实践学习、课堂实践展示课等教研各项教学活动，创新探索课堂研究型教学模式实践。第三，具有立德树人、为民族文化伟大的复兴中国作出重要贡献的博大情怀。让教师们有当课教改事业先行者和实际参与者必备的历史使命感与现实责任感，以更为积极而乐观的学习态度全面投身参与到学科专业教育发展事业中，最终逐步实现从传统"教书先生"到新时代"四有"教师的崭新角色转型。如果说课堂仅仅是认识社会协商的场所，是未来社会生活中的实习场，那么教师就不再会是所谓"客观真理"或"固有现实"的知识代言人，而是必须要真正和这些孩子形成一种学习共同体，在课堂的这个空间庞大的"实习场"空间中，面对校外社会生活环境中所能够经历的一切真实存在的学习问题，充分发挥首席研究者的参与、商讨和构建的功能。

总之，新课标的落地生根需要新教学来支撑，新教学需要新教师来支撑，新教师则需要新学习来支撑。

第四节 对佐藤学提出的共同体进一步学习和思考

佐藤学认为，创造以学为中心的教学、以学为中心的课程，进而将学校发展成为一个学习的共同体。不仅学生之间相互学习、成长，而且为了促进学生相互学习，教师也必须相互学习和提高，教育行政人员、家长、市民等也都要学习和提高。要把学校变成"学习共同体"，使学生、教师、家长在这个"学习共同体"里共同成长。

随着课改的不断深入，小组合作学习成为一个重要的探索方向，但是随着时间推移，人们渐渐发现，课堂教学中的小组合作学习存在注重形式、看起来热闹却缺乏实效的现象。比如在合作学习时，小组成员间不具备合作的能力基础和心理倾向，无法进行有效的互动交流，小组合作学习最终沦为少数优秀学生的独奏。再比如，有些小组缺乏必要的准备就匆忙展开讨论，导致小组合作秩序混乱，没有中心。

一、学习共同体是一个互相关联、共同进步的整体，以便更有效地学习

学习团体重视的是学员间的紧密关联、共享目标、集体意识及认可度。这种团体的两大核心观念便是平权和平等聆听，这正是它们相异于常规团队协作教学的关键所在。在这个群体里，个体之间都是对等的关系，大家携手协助、相互信任、彼此尊敬，

为实现共同的学习目标而不懈奋斗。构建学习团体的方式与建立学习小队有一定的相似处，但更加注重的是连接所有成员的精神纽带及其共同的目的，也就是所有的参与者都需具备持久一致的学习意向。另外，该团体的活动范围也有所扩大，除了成员间的学习互动外，还包括了他们内心的思考和生活状况。每一个人都可以发现他人的优点，并且可以通过多种途径去向他人学习，与此同时，每个成员本身也是对外界敞开的，成为了别人借鉴的对象。

二、构建学习共同体是对学习团队的提升和革新

学习共同体进一步强化了学生的主导角色。相较于学习团队的多元化及层次划分，学习共同体中的每位参与者都保持着平等的关系并互相学习。对比起集体协作的学习方式，学习共同体强调的是个性化的学习过程，其中并不再设定固定的主导者，而是期待每个人的多样的学习经验产生互动影响。尽管建设学习共同体能够极大地激发学习者的潜力，给每个人提供健康的成长环境，然而我们也知道，学习并非孩子的唯一需求。为了实现立德树人这一核心使命，我们不仅需要提升他们的科学文化和技能，还应致力于塑造他们坚定的信仰、深厚的国家情感、良好的品质修养、丰富的知识视野、拼搏的精神力量，以及整体素养的发展。孩子们所渴望的不只是学习，还有身心健康的全面发展。虽然学习共同体理念已经开始涉及学生的心理层面，但仍显零散且混乱，缺少系统的考虑和全面的视角。根据生长的观念，人类本性即自由，人们应当以道德的方式高效地自我发展。教育的终极

目的是促进个体的生长，包括知识、能力和智力、文化、身体、品行和人格等各个方面的全面生长。只有那些注重个体知识、能力、智慧、文化、体质、品格、人格发展的教育，才称得上真正的好教育。

目前的小组活动主要关注的是获取知识与提升技能，但忽略了人性与人格的发展，这也是现行教育的最大问题所在。因此，我们在此基础上提出"成长社区"这一理念。所谓的学习共同体是指一种全体参与者都能以道义为导向并高效发展的紧密联结的团体结构。它注重人的本质、真实性、日常生活的体验及基本常识的重要性。它主张追求真切的生活经历中健康的成长方式，并在基于生活常识和知识常识的基础上实现有效的成长，这是真正意义上高效率的成长。

学习共同体的活动涵盖了许多领域，包括基础的学习进步、身体的运动和健康、个人喜好与激情、思维理解和价值观塑造、梦想追求和国民情感等都可作为其活动的主题。此外，它的活动方式也相当多元化，例如：民主会议、互相学习的团体、问题的讨论小组、团队用餐、社区调查团、项目的执行队、分享梦想的小组、任务协作队伍、援助弱势群体的组织、娱乐活动群、设定目标的团队、心理咨询小组、研究旅行的团队等，都是可以被采用为成长共同体的活动模式。

三、"互相学"才是小组合作的最终目标

佐藤学指出，中国的小组学习主要存在的问题在于过分强调"相互谈论"，而非真正的"相互学习"。他解释道，学习的本质

是在探寻未知的领域，但过于关注"相互谈论"可能导致小组成员过多地分享他们已经掌握的信息。当我们深入研究那些过度依赖于"相互谈论"的团队时，我们会发现在每个成员表达完他们的观点后，并没有继续深思熟虑，也没有达到高水平的学习效果。相反，"相互学习"是一种基于彼此关爱和尊重的关系，它鼓励每一个学生都能积极参与到一起学习、一同进步的过程中来。"相互学习的关系"是以对话为基石，这意味着每个人都需要认真聆听他人的想法。所以，老师应避免使用"优秀的学生向差生传授知识"的方式，而是提倡"让弱势群体主动提问寻求答案"。回顾我们的教学经历，所谓的团队协作不过是表面上的互动与教授，并未真正触及深度思考的核心部分。

掌握独立思维能力被视为优质教育的顶尖指标。据佐藤学所述，衡量优质课程的关键因素包括学生的愉悦度、学习成果和自主思考能力的提高。然而，曾经一段时间里，我们在评估优秀的课程时，主要关注如何吸引学生并使他们获得知识，却忽视了"学会思考"这一最终目的。对于学生而言，尤其是如此，因此在规划每一节课的时候我们都应充分考虑给予学生充足的空间以供其思考。令人钦佩的是，佐藤学的丰富教育教学经验已经升华为了一种教育观念，我们也应当效仿他的精神，努力做一个真正的热衷于教育事业且致力于研究的教育者。我们需要向他看齐，弯腰低首，脚踏实地，从实际的课堂教学实例及情境出发，展示教学方法与教导模式的变化带来的影响，从而培育更多杰出的精英引领时代的潮流。

四、项目式学习不能忘了学科特性

究竟何为学习呢？如何定义其含义？它的发生机制又是什么？佐藤学强调了三层的交流互动是构成学习的关键因素，包括对现实世界的理解、与人沟通和自我反思。他认为只有通过这三者之间的交互，我们才能真正地实现学习。阅读教材能让我们认识到外部环境；与伙伴们一起讨论则有助于建立社交关系；而自我反省则是塑造自我的过程。正是由于这些不同层次的学习方式，使得我们的学习得以成立。因此，他主张学习应该发生在课堂上的各种对话中。

佐藤学还提醒教师，在实施这类项目式学习的过程中，必须确保学科教学的基本品质。

佐藤学认为，虽然项目型教学中有很多关键环节是在课程开始前完成的，所以仅凭一次授课无法准确评估学生的学习成果，例如他们如何获取和处理信息等。最重要的是，这些过程往往会在预先阶段就已经展开。这个优秀课程的形成离不开其他科目的老师共同努力。

五、高质量学习在共同体中更有实现可能

如何达到深层学习的目的呢？个人自学无法达成此目标，单次课程教学同样难以实现。然而，唯有通过共同体学习方能达至这一愿景。佐藤学表示，一些不同层次的学校正在积极构建学习共同体并取得了显著成果。他强调了其中最重要的因素：每个学生都能安心地参与到学习中来，并且可以大胆地说出自己的困

惑。他还特意提醒大家注意深度学习需要关注的问题。他认为当前的教室里到处都是举起的小手，每个人都想要表达自己，但若未能从"我想说"转变为"我想听"，则有可能阻碍真正探索的过程。"我们的合作学习应该是探究不会的东西，现在有一些课堂现场是一种发表的竞争，展示的竞争。如果合作学习必须要有这种对话，那就必须要重视倾听。"佐藤学如是说道。佐藤学总结道，过去并未如此广泛应用于实践中的学习共同体如今正受到越来越多的关注与研究，原因在于现行的教育变革及倡导的教育理念与其高度契合。学习共同体和深度学习被视为开启未来教育改革的关键路径。

六、学习共同体的实践迷思

学习共同体这个词语是由日本的教育专家佐藤学所提出来的。自20世纪80年代起，一直以来都表现得非常努力和认真的日本学生忽然大量地离开校园和放弃学习，这是佐藤学的研究起点——"逃离学校的孩子们"。他在对传统日本教室进行了深入的研究后，也借鉴了美国、芬兰及意大利等国家的教学模式，试图寻找一种适合日本公共教育的解决方案。通过长时间的研究，佐藤学意识到传统教育中最为缺失的就是"倾听"。在课堂里，老师通常更倾向于教授而非听取学生的基本知识和看法，他们也很少关心学生的经历和情感，并且也不太信任他们的学习潜力。

佐藤学强调了尊重与信赖是所有教育变革的基础理念。在此基础上，他倡导创建一种互相对话的环境，不仅适用于学生，也包括老师。为了实现这一愿景，教师需要创设环境使孩子们能够彼此对话，并降低说话的声音，认真倾听每一个孩子的心声。佐藤学表示："未来学校是一个学习共同体，教师和学生在课堂上应该是平等的，相互倾听、一起学习。"未来学校的定义应是一个学习共同体，教师和学生应该在教室里保持同等地位，通过互动式交流一同学习。课程设计应当围绕学生的需求出发，重点不在于向教师提出何种期望，甚至是让他们离开讲台，而是在于怎样转变学生，让他们能在课堂上自信地发言。教导方式必须基于学习的角度思考，最重要的是鼓励学生去探索知识，提供必要的支持，以便更好地理解他们的学习情况，从而提升其有效性和价值感。教育工作需始终关注人的发展，努力营造富有教育氛围的课堂，核心任务就是让学生能展现自我个性，无论他们的想法是否正确，都能勇敢地追寻个人或团队的目标。

身为一名老师，我会始终牢记让学生的主体地位得到体现，而由老师来引导他们前进的教育原则；同时也会积极参与各种课堂互动的设计中去，其中包括很多的小组协作任务。我还持续追踪最新的研究成果及实际操作经验，并且会毫不吝啬地将其中的优秀策略传授给我的同事们。再者，我很重视同孩子们、家长们保持密切联系，努力营造出一种融洽的学习氛围：老师们互相切磋琢磨，家庭学校也紧密配合着一起进步成长。

构建专注于听倾的教育环境。对于佐藤学来说，我们需要提防那些虚伪的自我主导与独立思考，并非喧闹的学习氛围就能证明学生参与度高且理解深刻，同样的，安静的环境也不能说明他们缺乏学习潜力。因此，应根据每个学生的实际行为、学习风格等方面来详细评估他们的能力和特点，而不是仅仅因某位同学踊跃发表意见便给予赞赏或对另一位沉默寡言的同学施加负面评价。

以往的我总是激励学生踊跃参与讨论，生怕他们的沉默代表着不思考。然而，通过对教育过程中的持续关注及学业表现的评估，我发觉那些不太喜欢说话或较为内敛的同学往往能取得更好的考试成果。因此，现在我不再追求课堂上的活跃气氛，而是采用更为多样的教导方法以激起学生的学习热情。另外，对于每个提出的问题，我会给予学生一定的时间去思考，而不强制他们在第一时间回答。最关键的是，当某个同学开始解答时，我们会特别提醒其他人要仔细聆听。只有等所有人都完成了回应后，我们才会纠正错误或添加新的观点，这是佐藤学教授给我们带来的观念变革。

佐藤学主张，教育过程中能否实现共同体学习的关键在于重视每一个孩子的尊严。他认为，教师的经验和理论知识以及教学技巧只占总量的三分之一。

我对这个观点有着深刻的体会。人类之间的情感联系非常复杂，常常只需要通过一句言语、一次行动或者一瞥目光就能感知到。和学生的互动中，是否能记住他们的姓名并注视着他们的眼眸，保持耐心的聆听还是不在意的态度，这些细节都能够被学生察觉。如果老师尊敬他们，他们就会相信老师，这才是创造美好氛围的关键所在。我的常规方法是站在孩子的角度去考虑问题，用"同理心"和"共鸣"来理解他们的感受和挑战，尽自己最大的能力给予支持。因此，学生也对我充满信任，乐于和我分享内心想法，这也是"亲其师，信其道"的一种体现。

七、教师示范倾听，让学习自然发生

教育专家佐藤学始终坚持推动学习的变化及营造新的气氛。他在多次演讲里反复提道：除却如日韩等亚洲东部区域外，那些主要依靠黑色笔书写白纸或教室前方固定位置摆放桌椅的方式授课，侧重大规模班级的学生统一听课模式（即每个孩子都坐着同一张长条形木制座椅），并且通过测试来评估孩子们掌握老师教授的内容及其技巧的方法已经过时且被淘汰出局——这是自21世纪初以来欧美先进国家的普遍做法。这些方法主要是由单一老师负责管理数十名学生的集体上课情况，同时要求所有人都保持安静有序的状态下完成课程内容的学习任务。然而这并不利于培养孩子的合作精神或者让他们有机会相互交流互动的机会。此外，由于大部分的孩子无法直接接触老师的指导或是其他同学的支持，因此他们的积极性和主动性的发挥受到限制甚至完全丧失动力感。为了打破这一僵化局面，我们需要重新审视传统的单人独占式的传统思维定式下的"秧田式"，转为更具人性化的四个人组成的小组讨论的形式，这样一来不仅能有效缓解因长时间静默带来的压力感和焦虑情绪还能增强彼此间的沟通能力从而提高整体效率水平。不仅孩子的位置发生了变化，还影响到了他们的生理与精神状况，使他们感觉更安全、稳定且放心。同样的，这种调整还对教室内的权力和架构产生了影响，使得老师不再是唯一的发言者，孩子们有了更多交流的机会，彼此间的互相学习得以实现，并且孩子们的自我管理和合作式学习成了一种常规行为。

八、重建教师尊严

佐藤学的定义中，学习的实际过程包括三个方面：学习者的主体性和外部环境的互动，学习者和其他人的交流，以及自我反思的过程。他强调的是通过构建来揭示客观世界的含义，寻找并塑造自己的身份，同时建立起个人和社会之间的联系。基于他的观点，学习的核心在于如何给事物赋予名称以使之具有意义，因此佐藤学主张学习应该包含三种对话，也就是与客体对话，与自我对话，以及与他人对话。

在实际的教育环境里，我们常常忽略了知识背后深厚的文化和历史背景，忽视了其蕴含的感情和价值观，将其简化成了单纯的信息。同时，我们也往往把知识视为独立于个体之外的目标，而非他们构建自身理解的过程中的重要部分。学校的教学模式就像是一条生产线一样，只关注如何快速有效地达到预定的学习成果并给出正确的解答，而不关心学习者的内在体验。此外，学校通常会剥夺学生的时间和空间，使他们的经历变得孤立且缺乏关联。这种情况下，学校更倾向于采用严格的管理方式，限制师生间的交流互动的可能性。然而，佐藤学却能深刻洞察到在校园内寻找学习者个性化表达的重要性。他强调，只有通过对话才能让学习真正发生，因此需要高度重视语言在这个过程中起到的作用。为了推动真正的对话式学习，他在深入研究大量课堂实例的基础上，提倡使用"倾听、反刍和串联"的方法来促进课堂内的对话型学习。其中，串联是实现对话型学习的关键环节，它要求借助教师的力量，引导学生去整合各种资源（如教科书和其他人的观点、过去的知识和现在的认识、不同领域的知识等），并将这些元素相互联结起来，以此来重新塑造个人的经验，建立新的学习意义。这一理念对于教师来说无疑是一种极大的挑战。因为教师不仅需要成为学习共同体的发起者和维持者，还需要充当学生学习的伙伴角色，这意味着他们在自我发展上也需要保持主动性和参与度。他们并不觉得他们的学识和身份可以自动成为真理的主宰者，相反，他们坚信每一个学生对于世界的真实观感和思考都具有独特的含义和价值。在这个过程里，老师会在听取并理解学生的意见时不断修正自身观念，以提升自我认识。为达成这种角色的转变，教育工作者需要由竞争的关系转至相互支持、依赖及寻求卓越的团队合作之中。然而，我们必须面对的是许多地区和学校的教育改革实际上是受权力的控制：在许多地方，绩效薪酬已经演变成职位薪资，不再考虑工作量大小或质量高低；若不符合权威所认同的标准，那么致力于创新教学方法的教师们创建出的独特课程不但无法获得预期的收益，反而可能遭受无情干预等。在此背景下，当教师遵循既定规则，视同僚为对手，且没有主动推动改革的需求和行为也就不足为奇了。根据最为基本的推论，只有让教师重新掌握课程决策权并且从中获取合理的报酬，才能激发更多的人投身于改革事业。

九、课程的重建

佐藤学对经验的认知是基于杜威理论的，然而他尤其关注的是，经验不仅仅是指"同环境的交互作用"。在这个过程中，"经验之经验"，即通过语言和符号实现的人类思想交流和反思。这种观点使得佐藤学更加重视教育中的经验教学法，认为所有的学科课程都应该超越单一的学科知识，而要引领学生去感受和领悟这些学科的"表述结构"，也就是说，每个学科都有其独特的特性；同时，他也主张学校的课程设置应当从社会文化的需求和社会稳定的角度考虑，以此构建出符合公众利益的教育体系。

参考佐藤学的教育理念来看，当前的教育工作者们普遍存在对科目教学内容认知上的重大不足：他们往往认为科目的知识都是独立且客观存在的，却忽略了所有科目设置和知识点选取的过程实际上充满了权力的影响，是一种由权力决定的结果。因此，我们需要追问的是：我们要教授哪些知识？这些知识对哪类人群最有益处呢？我们的科目教学内容主要侧重于知识本身，而忽视了知识背后所蕴含的价值观念、思维方式及学科的历史文化背景等因素。把特定环境中的知识剥离开来，使其变成无感情色彩和思考内涵的冷漠符号。

除去传统的学科教学外，佐藤学大力推崇基于"主题"的教育模式，这种方式旨在让学生通过解决实际问题来获取知识，从而突破传统学科界限，使得学校的教育活动更具社会实用价值。例如，他提倡创建如"环境""和平""劳动"等主题的跨学科课程，以此实现从理论到实践的转变。这一理念对当前主流的课程观念产生了深远的影响：推动打破学科边界，建设整合性的课程体系被视为课程发展的主要趋势；学校并非独立于社会的孤立场所，而是公众生活的重要组成部分；学生的求知过程不仅仅是为未来的职业生涯做准备，他们还需要在在校期间培养参与公共事务的能力。在佐藤学的著作《课程与教师》中，他提出了关键论点：摒弃过去那种"研究—开发—普及"式的课程设计方法，转而采用由每位教师及每个课堂中的个体经验所驱动的创新思维和行动，也就是实施"实践—审议—开发"的方式，视教师为主导角色，用实际行动引领教育改革。然而，佐藤学的课程理念可能忽视了一个重要因素：学生自身的发展需求也是创造课程的基础之一。无论是在选定或制定学科内容还是创建围绕主题的综合课程时，我认为更多的考虑应该是如何满足学生的成长需求，而不是仅仅依赖成人的主观意愿和决定。我认为，无论成年人的选择是否正确且崇高，如果不以学生的发展需求作为课程设计的基础，这就等同于忽视了学生多元化的生活需要和课程权益。

学习共同体的课堂，我们小组之间、师生之间形成了分布式、网状的课堂关系，每个孩子不仅得到老师的支持，还能得到同伴支持和帮助。这样的课堂，绝不是削峰填谷，剥夺一些孩子的机会分配给另外一些孩子，而是为每个孩子创造更多的机会。同时这样的课堂也特别强调以倾听为基础，以教师的倾听最为重要，倾听、理解和接纳每一个孩子。

当然，小组协同学习，不能简单地处理为同学在一起说一说，只是增加的发言的机会，而应该关心协同学习的质量和效果。需要有：高质量的挑战性主题，充分的自主学习和交流讨论的时间，学生倾听、表达能力，课堂平等、安全的学习氛围和学生投入的学习状态等等。

学生沉浸在挑战性的学习任务中，认知能力、思维品质、倾听表达、人际交往能力都得到了发展，实现了深度学习。

第二章 "学习共同体"之意义还原

从"原本""原始"意义说起的"共同体",是一个社会学的基本概念,最早由德国社会学家和哲学家斐迪南·滕尼斯在1881年《共同体与社会》一书中提出。在其最初关于共同体的理解中,共同体具有一种基于某种关系的自然性和封闭性。当代教育管理学家萨乔万尼用社会盟约来隐喻共同体内各成员之间的社会联结性质,将共同体与社会属性区分开来的是忠诚、忠实、善良、身份认同感等共享的观念和价值观。

第一节 学习共同体的意义理解

一、学习共同体的研究缘起

在教育领域,"学习共同体"概念的雏形可以追溯到杜威在《民主主义与教育》中对民主共同体的阐述以及对芝加哥实验学校概念的述说。虽然杜威未曾明确定义学习共同体的概念,但是他对民主共同体和学校教育两者之间关系的诠释，就已经萌发出学习共同体的相关理念。杜威所广泛宣传的共同体，重点体现在打破学科壁垒，加强学习活动与共同体生活的密切联系等方面。在这个共同体中，学生、教师和家长都可以参与到学校的教育活动当中。学生共同活动，相互学习；教师共同研究，探寻学习内容和教学方法，助力于学生的培养和发展；家长则在理解和遵循学校教育的原则上，做好家校合作的工作，共同参与学校教育的民主生活。据此可得，杜威的学校教育是以"学习共同体"为依托进行的，是一种基于学生学习的共同体。正如杜威所说："学校即社会""教育即生活经历，而学校即社会生活的一种形式"。

日益兴起的学习型组织是激起国外许多研究者进一步阐述学习共同体理论的本源。学习型组织由美国研究者彼得·圣吉在《第五项修炼——学习型组织的艺术与实务》一书中提出，学校教育成效差的主要原因是给学生在学校所获得的知识是片段的、零碎的、不成系统的，跟学生的生活实际和个人成长脱节，比较枯燥。在现代社会创立一种新型的学习型组织，可以突破以往由极少数的、关系不大的分量所构成的主观体验。学习型组织包括五项要素：自我超越、改变心智模式、建立共同愿景、团队学习和系统思考。彼得·圣吉对学习型组织的研究为学习共同体提供了理论参考和基本的研究思路。随着研究者们对共同体研究的深入推进，共同体的相关理念逐渐被引入到教育学研究领域当中。1995年，美国教育学家博耶尔发表了被命名为《基础学校：学习的共同体》的报告，首次提出了"学习共同体"的概念，并对这一概念进行了阐释，以及针对该如何把学校看作为"学习共同体"这一问题进行了详细的说明。博耶尔提出，学校教育的首要任务，就是有效建立学习共同体。他将学校描述为"共享愿景、民主平等、开放而自律、充满关心与爱的学习共同体"，并对学习共同体的理想蓝图进行了详尽的描述：在学校里面，所有的个体目标一致，共同努力，朝着目标方向一起奋斗、相互分享和互相促进，并在学习活动和任务中发挥自己的绵薄之力。2004年，迈克·富兰在其著作《变革的力量——透视教育改革》中提到，学校应该从一个管理组织转变为一个蓬勃发展的学习者的共同体。由此，学习共同体渐渐进入大众的视线，成为教育改革理论和实践发展领域中的重要研究议题。

"共同体"虽是由国外翻译过来的词汇，但是我国古已有之。早在《诗经·楚辞》中就涉及这一理念。"如切如磋，如琢如磨"，这个句子的释义被引申为在做学问方面上的商榷，特指在学习或研究问题时大家积极探讨、取长补短和提升修养等，即"共同研究探讨，互相取长补短"。可以说，这一过程便是微观的"学习共同体"。再有《学记》中"故安其学而亲其师，乐其友而信其道，是以虽离师辅而不反""相观而善之谓摩"等诗句，皆强调了教师和同伴对自身学习重要性，学习过程中需注意与他人的合作与交流。儒家的经典著作之一《论语》也特别强调共同体在学习过程中的作用。"敏而好学，不耻下问，是以谓之'文'也""三人行，必有我师焉"等皆注重学习过程中相互交流、探讨的重要性，在合作中切磋琢磨、取长补短，才能实现共同的成长。教育家陶行知先生提出了"生活即教育""社会即学校"的思想，强调教育与人类生活的密不可分、教育内容与社会生活的紧密联系，并高度重视学校共同体的建设。可见，学习共同体的苗头已初见端倪。另外，他提出了"教学做合一"的思想，主张师生都需要通过实践来获取知识，即教师要在"做中教"，学生要在"做中学"，师生之间相互学习，可以说陶行知先生在微观层面上落实了"共同体"的思想。综上而言，古近代虽未明确提出学习共同体的具体理论体系，但并非不存在。

在我国当代，"学习共同体"这个词较早出现在邢克超和顾明远等人的论述中。其中，在1984年，邢克超发表了《法国教育改革拾零》一文，文中对法国勒格朗的教育改革内容进行了简明扼要的介绍，包括：改革班级指导，组成学习成绩优劣不一的学生学习共同体；动态调整编班共同体成员，帮助学生树立集体意识等。日本教育研究者佐藤学教授对滨之乡小学学习共同体建设及其运行的实践经验展开了详尽的介绍，为我国国内关于学习共同体的研究带来了很大的启发。1998年，钟启泉翻译了佐藤学的《教室的困惑》一文，文中提出了教室社会性的观点，阐述了教室社会的三种形态：原始共同体、集合型社会以及学习共同体。其中在学习共同体中，教师既是教育领域的专门研究人员，又是从事学习活动的个体；既是引导教室学习共同体建设的带路人，又是共同体中的一员。随后，钟启泉在《课堂转型：静悄悄的革命》中阐述了学习共同体的概念，认为学习共同体是对课堂转型中存在的问题进行的哲学探讨，是针对近代以来学校教育中的顽瘴痼疾而提出的构想。而当前教育与学生的社会生活相脱离的现象是学校教育的痼疾主要体现，学生的学习由此更容易受到他人的影响或牵制，呈现出千篇一律的行为方式，并尤为强调"为我所用"式的学习等。构建学习共同体旨在恢复学习的社会意义和合作性质。

伴随着我国现代教育信息技术的广泛应用、新课程改革浪潮的推进以及教师专业化的发展，学习共同体逐步走进大众视野，其相关研究总体呈现出不断上升的趋势，包括了以专业学习共同体、网络学习共同体、实践共同体等为对象的研究领域，即学习共同体与教师、学习共同体与网络息息相关。

二、学习共同体的内涵解读

1. 学习共同体的核心理念

学习共同体的概念是共同体内涵的延伸，它集社会学等多学科的内容于一体，具有包容性。原始共同体的基本形式是血缘共同体、地缘共同体和精神共同体。在现代语境中，共同体是个体寻求独立与归属之间紧张关系的产物。可以看出，与传统的共同体内涵相比，现代意义上的共同体不仅是群体发展的产物，而且凸显了个人在共同体中的作用和价值。

"学习共同体"有广义和狭义之分，广义的"学习共同体"，即把学校建设成为一个"学习共同体"，学生、教师和家长都参与到共同体中，为学生的学习创造更多更适合的机会，提升学生的学习质量。

我所确定和思考的是"学习共同体"的狭义的概念，即如何把一个班级及其任课教师，通过科学的方式，建设成一个或若干个"学习共同体"，从根本上转变学生的学习方式。

　　"学习共同体"包含了两个关键词，即"共同体"和"学习"。"共同体"强调人们相互信任、互相尊重、为共同的目标而努力，"学习"是"共同体"形成的途径，也是"共同体"斗争的目标。在"共同体"中，每个人都处于开放的状态，既向其他人学习，也是别人学习的资源和途径，其目的只有一个，就是为每位学生提供高质量的学习机会。

　　当"学习"与"共同体"相遇时，只有当人类对知识建构的社会文化维度的认识积累到一定程度，形成"实践共同体中的意义协商"，才能揭示真正的学习对支持性社会文化语境的需要和依赖，才能发现学习与共同体的内在关系。

　　在这个过程中，有必要指出，基础知识的获得要求学习者浸润在社会实践中，总是与特定的问题或任务的"情景"联系在一起，顺乎这一逻辑，真正的学习必然涉及知识的获得维度，而基础知识的学习是发生在特定情景之下，与学习者所处的社会生活实践密切相关，与此同时，知识是分布的、分散的，只有共享知识才能完成复杂任务和发展认知——这正是"共同体"之于"学习"的重要意义。

　　学习共同体指学习型个体在相互认同的基础上，通过相互配合、相互帮助、相互依存、共同学习、共同建设来实现共同发展。

　　合作学习是活动为本，合作、反思的课堂学习社群的核心概念。协同学习是以维果茨基的最近发展区理论为基础，团队中每一个成员都要学习，而且要互相学习，将学习活动视为经由对话沟通的一种文化的、社会的、伦理的沟通。强调师生、生生"不是合作学习中的合作关系，而是在文化内容的认识和理解，以及意义和关系的建构"，它体现了以学习为中心的教育理念。

我们认识到，合作学习在调团队合作的同时，强调共同解决问题、完成任务、凝聚共识的重要性，即求同存异的重要性，在实践中往往导致优秀学生领导，甚至安排合作，而学困生依赖合作，甚至消极等待现象。这不是真正的学习，不利于所有学生的学习与成长。

2. 课堂里学习共同体的基本要素

（1）认真倾听

课堂学习是师生以文本为载体，以语言为媒介将他人说的话转化成为自己的话语来理解学习内容的过程。这个过程是以倾听为基础的。学习共同体的课堂听力比表达更重要。

首先，教师应认真倾听学生的表达，使其具有意义——分析学生的表达与课文内容或其他同学的表达或自身经历之间的联系，并将其与知识回归联系起来。其次，学生之间也应相互倾听——包括分组或同桌相互倾听，听对方的表达，理解对方的表情，思考自己的启迪，然后为对话和交流打下基础。

（2）悄悄对话

课堂学习中，部分学生在教师提出问题后的踊跃发言、热烈发言，貌似在探讨，但对大多数的学生而言，学习不一定都会发生。而在学习小组讨论交流，轻声细语，安静对话，更注意吸引对方倾听，激发对方的思维，从而产生真正的学习效果。这也包括老师在小组讨论中认真倾听，然后悄悄地交流或启发。

（3）互学互教

课堂中学生间的悄悄对话是进行互学互教的活动，对话的形式可以先是各自表达对教师提出问题的思考，再是学困生主动向学优生求教。如，"这个问题我不懂，请你教我"或"这个问题应该怎么理解，请你说说"等，而后是学优生指导学困生。也可以是同桌配合两人各自表达后相互质疑、解疑甚至追问，从而使学习走向深化，对问题的理解更加深入。这个过程是学生之间相互学习的过程，也是学生之间形成平等关系的过程。改变了传统合作中学优生单纯教学困生的弊端，体现"协同学习"的真谛。

（4）轻声交流

这是一组学生安静的对话，互相授课后面对面的交流课。但合作学习的交流强调同桌沟通，即一组两个学生一起站起来表达。一个学生表达，另一个学生要么补充，要么纠正，要么拓展，要么怀疑，要么评价。教师要在旁边倾听，相机地对表达的内容进行纠正与补充，其他同学也要认真听。而后其他组同桌相继轻声表达各自看法与感受，教师也相机对他们表达的内容之间进行关联。

（5）串联梳理

这是合作学习之后的进步。也就是说，在各组沟通之后，教师会整理出一系列与课堂相关的内容，但整理的方向是先尊重差异，然后回归到学科知识点的共识，即趋同存异，而不是盲目求同，导致"同而不同"。这种串联梳理也可由老师的启发引领下学生共同完成，以利于调动全体学生的学习积极性。

（6）跳跃学习

这是继合作学习之后的第二项提升，即教师至少应有三分之一的时间在知识学习的基础上，提供课堂基础知识以外的内容，这些内容是最新发展的学习领域，并与讲授的内容有一定的联系，以扩充内容，挑战学生，引导学生享受学习成功的喜悦，应付挑战，以及在认知上获得"跳跃摘果"练习。

三、小学课堂学习共同体的基本特征

1. 愿景信念的一致性

"愿景信念的一致性"即是指小学课堂学习共同体的成员有"共同的愿景"。

博耶尔在《基础学校：学习的共同体》中提出，在学校中建立真正意义的学习共同体其首要和必备条件之一即"有共同的愿景"。由此可见，"共同愿景"在课堂学习共同体构建中的基础性地位。"共同愿景"并不是看不见、摸不着的幻象，它是真实存在的图景和目标，它并不是靠外部的权威命令来制定的，而是靠共同体成员之间的平等协商而确定的。

"共同愿景"的实现需要从两方面着手：一方面看，共同目标是构建小学课堂学习共同体的基础。因此在小学构建课堂学习共同体的初期阶段，我们要加强和共同体成员及其家长的交流与沟通，了解共同体成员的基本信息，分享彼此的愿景。在此基础上，明确班级课堂学习共同体的未来发展目标。另一方面而言，共同的信念和价值观是实现课堂学习共同体共同愿景的重要桥梁。就小学阶段而言，学生心智还处于不成熟不健全的发展时期。因此，在构建小学课堂学习共同体时就需要培养学生的价值认同和共同信念。唯有如此，才能帮助小学生们在正确价值观念的引导下，对班集体产生责任和爱；才能激励学生们团结一致为

实现"共同愿景"而努力学习。

2. 课堂氛围的和谐性

"课堂氛围的和谐性"是小学课堂学习共同体的又一重要特征。宽松和谐的课堂氛围指的是在小学课堂中教师从传统的"神坛"走下来，教师与学生之间不再是支配与被支配的关系，也不是服从与被服从的关系，而是一种民主、平等的合作对话关系。

首先，在小学课堂学习共同体中营造民主平等、和谐温馨的课堂氛围是贯彻"以生为本"课程理念的体现，是对学生主体性地位的尊重。在这样的课堂氛围中，教师能够尊重差异，倾听不同学生的声音。学生能够充分发挥自己的主观能动性，吸取不同成员的观点，共同探究发现学习的乐趣。

其次，宽松民主的课堂氛围有利于小学阶段学生自我意识的培养和良好个性的形成。小学阶段是学生身心发展的重要时期，小学阶段的学生处于成长期，其自我意识开始萌芽，因此"敏感脆弱、自尊心强"是大多数孩子的共同特点。只有在宽松、温馨的课堂环境下，学生的心理才会得到健康的成长，学生的潜能才会得到最大程度的激发。

最后，宽松和谐的课堂氛围就像是一个友爱的大家庭，能够给予成长期儿童所需的归属感和安全感。根据马斯洛需要层次理论，个体只有在满足低层次的需要的基础上，才会去追求高层次的需要。小学生对于安全感和归属感的需要就属于马斯洛需要层次理论中的低层次需要，而共同愿景就属于"自我实现的需要"，即马斯洛需要层次中的高层次需要。所以，在小学课堂学习共同体中营造一种愉快轻松、和谐的课堂氛围尤为重要，学生在共同体中相互倾听、友爱互助，共同体成员间相互尊重和信任，从而在班集体中找到归属感和安全感。

3. 群体行为的规范性

"群体行为的规范性"是小学课堂学习共同体的第三个特征。在小学课堂学习共同体中，宽松和谐的课堂氛围强调课堂的民主平等、温馨友爱，保护学生的独特个性和自由成长。但是宽松和谐的课堂氛围并不意味着不需要严格的规章制度对学生群体的行为进行规范和纪律约束。

恰恰相反的是，严格的规章制度和纪律约束是维持宽松和谐课堂氛围的有力保障。其一，由于小学生的自制力和自控力较差，所以课堂需要一定的纪律规则约束，这需要教师和学生共同协商制定，从而为课堂学习共同体的有序运行提供强有力的保障；其二，小学课堂学习共同体的规章制度要想达到实际的约束效用，就必须要将规章制度内化为师生的行为标准。只有这些外在的规章制度内化进师生的心灵时，规章制度才能转化为师生的惯常行为，对小学课堂学习共同体的成员起规范制约作用。而规章制度要想符合师生的实际有其必要的前提条件，即规章制度必须要符合学生和学校的实际情况。

四、小学课堂学习共同体的价值意蕴

1. 传统现实课堂的问题和弊端

在前一章提及的《现实课堂困境的思考与剖析》中，对于课堂教学中存在的主要问题进行了剖析，概括起来主要包括以下三个方面：一是教师讲得多，学生自主学得少，学生不能形成主动学习的习惯，获得自主学习的学习方法。二是存在着大量的虚假学习和浅表学习，造成了课堂上"课堂观光者"的存在，随着年级增高和学习内容的深入，学习质量断崖式下跌。三是课堂教学效率低下，课堂教学目标的达成度不高，教师的教学方案没有为了"学生的好学"而设计，缺少学生学习的路径和支持。解决上述问题，需要在学生的学习方面进行研究和探索。

2. 未来学生生存的需要

我一直认为，学生在大学学习期间乃至走入社会后，保证其生活的"卓越性"来自是否建立起自己的"学习系统"，是否了解和敏锐地感觉到自己要学什么和怎么学。在教师要求的学习系统内课程（学校的课程体系）的基础上，还可以进行哪些学习作为补充，应该在什么样的时间段怎样去完成学习目标，甚至对于某一个阶段、某一天的学习任务的把握。在生活中也是如此，学习是未来生存的基础，人的学习在于提升自身的综合素质，达到触类旁通的效果。教师所经历的专业学习，看似在为了"做一名好老师"，其实对于自身学习和发展、对于培养和教育子女、对于与人交往和交流，甚至对于阅读自己和阅读生命都会产生重要帮助。

3. 新课程改革规定的目标任务

基础教育课程改革的六大具体目标中，有两点指向了学习方式的变革，一是改变课程过于注重知识传授的倾向，强调形成积极主动的学习态度，使获得基础知识与基本技能的过程同时成为学会学习和形成正确价值观的过程；二是改变过于强调接受学习、死记硬背、机械训练的现状，倡导学生主动参与、乐于探究、勤于动手，培养学生搜集和处理信息的能力，获取新知识的能力，分析和解决问题的能力以及交流与合作的能力。上述要求提出了学习方式的转变，从原来的接受学习转变成为发现学习、探究学习、研究学习，教师要关注学生如何学，即学习态度、学习习惯、学习方式以及学生表现出来的时间观念、对待未知问题的态度、学习效率等。

第二节　学习共同体的理论支撑

一、建构主义学习理论

建构主义理论的主要代表人物有皮亚杰、科恩伯格、斯滕伯格、卡茨、维果斯基、凯利等。皮亚杰认为儿童是与周围环境相互作用的过程中，逐步建构起关于外部世界的知识，从而使自身认知结构得到发展。科恩伯格对认知结构的性质与发展条件等方面作了进一步研究。斯腾伯格和卡茨等人强调个体的主动性在建构认知结构过程中的关键作用，并对认知过程中如何发挥个体的主动性作了认真地探索。维果斯基创立的文化历史发展理论则强调认知过程中学习者所处社会文化历史背景的作用，在此基础上以维果斯基为首的维列鲁学派深入地研究了"活动"和"社会交往"在人的高级心理机能发展中的重要作用。

维果斯基的最近发展区理论认为个体发展可以分为实际发展水平和潜在发展水平。实际发展水平即个体独立活动所能达到的水平，潜在的发展水平则是指个体在他人的帮助下所能达到的活动水平。这两种水平之间的区域即最近发展区，将之界定为实际发展水平（独立解决问题）和潜在发展水平（成人引导或与其他能力较强的同学合力解决问题）之间的距离。维果斯基指出：教学的最重要特征是教学创造着最近发展区这一事实，也就是教学引起与推动儿童一系列内部的发展过程，这些内部的发展过程现在对儿童来说只有在与周围人的相互关系以及与同伴们的共同活动的范围内才是可能的，但是由于经过了内部发展进程，后来才成为儿童自身的内部财富。也就是说在最近发展区的概念里，学生的心智、技巧和能力不是一成不变的，会随着他人的辅助和自身的努力而改变。总之，建构主义理论为实际应用于教学过程创造了有利条件。

学校中的学习和实践中的学习关乎知识的建构过程。维果茨基认为，知识的建构首先发生在人与外部环境的互动中，其次才内化到心理结构中。

郭华教授在《深度学习之"深"》一文中讲到的"知识的二次'倒转'"与此有同工之妙。学生的学习直接从认识开始，有目的地指向人类已有认识成果的学习，谓之"第一次倒转"。在第一次倒转的基础上，承认学生与知识间巨大的心理距离，考虑学生的学习感受，把第一次"倒过来"的过程再"倒回去"，既化解学生的学习困难，使学生真正成为教学的主体，又从根本上保证"第一次倒转"的意义与价值得以实现，保证教学真正成为教学。是以，这种外部环境与内部环境的互动过程，在建构和发展着学习者的"认知"，也是将知识由"外显"转为"内隐"

"内化"的过程。

在学术界中，建构主义学习理论通常被认为是以瑞典心理学家皮亚杰为代表的若干建构主义哲学思想在学习理论中的一种体现。建构主义学习理论认为，"情境""协作""会话"和"意义建构"是构成学习环境的四大要素，即学习者置身于一定的社会文化背景中，与教师、同伴交流共享、互帮互助，以学习材料为辅助，通过意义建构的方式获取得到知识，而知识并非由教师直接传授给学习者。

在知识观上，建构主义者强调知识的动态性和主观性，学习者要针对具体问题情境，对原有的知识经验加以创造，使之转化为解决问题所需要的技能。学习者各自的学习经验、能力基础和文化背景不尽相同，在此基础上建构知识，学习者对知识的领悟和理解也因人而异，不尽相同。于学习者而言，获取知识是一种"创造性的理解"。同时，知识是学习者个人与社会共同交织、互动和转化而形成的具有发展性的实体，体现出社会的本质属性。

在学习观上，建构主义学习理论高度重视学习者知识的理解程度及其知识意义建构的过程，同时还关注知识的社会性流动过程。建构主义提倡的学习观主要有以下几个方面：第一，学习是学习者自主生成知识经验的过程。第二，学习是学习者与社会的持续不断交涉与商酌，学习者的知识具有独特的社会性。第三，学习是外部世界交互作用和实践的产物。第四，学习是通过具体的情境，对非良构知识提出质问、考究、建构和商榷的过程。第五，学习是在客观事实的情况下，学习者在不知不觉中受到隐性知识的熏陶，进而产生互动和增长的过程。建构主义的学习观是以学习者自身知识和学习经验为基底，在此基础上主动进行学习活动，为解决新的问题情境对已有的知识经验进行加工和转换，进而完成"同化"和"顺应"的过程，进而使学习者获得新知识。

在教学的思想内容上，建构主义主要提出以下四种观点：第一，在教学中注重以学生为中心，尊重学生的已有知识经验，鼓励和引导学生努力建构知识，并非仅向学生呈现预设的知识，更不能对学生的自主性和发展性置之不理。第二，在教学中通过运用情境，为学生提供相关情境以建构知识和解决具体问题，让学生顺利开展社会性交流活动。第三，在教学中注重师生、生生之间的协作学习，使学生更加深刻而全面地理解问题。第四，在教学中为学生提供丰富的资源，为学生的意义建构提供各种有用的信息材料。

随着新课程改革的日益深化，建构主义学习理论的知识观、学习观及教学观等思想不断被熟知与认可。同时，它在建立小学数学课堂学习共同体方面发挥了重要的指导作用，在提高学生自主学习意识、培养学生核心素养方面有着关键而又深远的意义，是小学课堂学习共同体构的关键理论来源。

二、协同学理论

1971 年，联邦德国斯图加特大学教授赫尔曼·哈肯提出协同的概念，1976 年系统地论述了协同理论。协同学习、合作学习和协作学习的不同点在于：合作学习倾向分工细作、独立完成，所以称作"合作学习"更为妥当；协作学习侧重各司其职、协作完成，个体（部门）之间共享一些资源与成果，应称作"协作学习"；协同学习着眼互动互补、协同完成，具有自组织的运动。所谓自组织就是一个系统自发地按照相互默契的某种规则，各尽其责而又协调地自动地形成有序结构，协同学习正是体现了这个特点。合作学习的理论核心可以表述为当所有的人聚集在一起为了一个共同的目标而工作时，靠的是相互团结的力量。

三者的共同点是都强调实现任务、目标的统一性，属于个体在集体活动中展开学习或工作的方式、方法范畴，都适用于两人或两人以上的群体活动。此外，协同学习呈现出一个开放性的系统动态过程，它包含了合作学习和协作学习的范畴。

在协同学习中，学习者的知识建构可以被整个群体所共享，即由整个群体共同完成对所学知识的意义互补。相对于个体学习，协同学习可有效提高学习者的学习效率。因此协同学习可以理解为课堂中学生以学习共同体的形式进行互动、互助、互补的学习方式，一方面加强学习过程的体验，另一方面为获得个体与群体的学习效率。

三、人本主义心理学

人本主义心理学的兴起是来源于对人性的关怀，该理论认为每个人都有尊严、价值和自我实现，要用爱的情感去理解和关怀他人，反对行为主义学派通过让学习者无意识地反复练习掌握学习的过程，认为学习应该是涉及人的情感的，是一种全人类参与的活动，代表人物有马斯洛和罗杰斯。马斯洛在对人类的各种需要进行了研究和区分，他认为人类的需要程度是从低级到高级逐步发展的，只有低级需要得到满足后才会进入下一个更高级的需要阶段。基于他的需要层次理论，马斯洛认为，人类共有真、善、美、正义、欢乐等内在本性，具有共同的价值感和道德标准，达到人的自我实现关键在于人的"自治"或自我意识，使人认识到自我的内在潜能或价值。罗杰斯作为该理论的另一位代表人物，他从治疗患者的过程中得到启发，认为不管是患者还是正常人都需要情感的关怀，我们要用真诚，富有爱心的情感对待他人，基于此提出了人格的自我理论和心理治疗理论，强调"以人为中心"和"无条件地积极关注"。罗杰斯的这种真诚和无条件的关怀对学习者来说也有积极的影响，它使学习者感受到学习是带有情感的，是一种人性的关怀过程，而这种过程会给学习者带来情感的愉悦，使学习者更加积极地投入到学习之中。总之，这一理论流派的观点对教育的启发是：学习要以"学生为中心"，肯定学生的尊严与价值，重视学生的生活经验，教师要引导学生掌握知识，而不是灌输教育，要充分了解学生的需求，有针对性地教学。

四、合作学习理论

合作学习理论发端于 20 世纪中后期的美国，该理论流派的代表性人物主要有斯莱文等人。该理论是一个融合的产物，有着众多的理论基础，比如目标结构理论、选择理论、动机理论等。该理论流派所持的观点是人与人之间是相互依赖的关系，这种依赖性有利于人们之间的协同合作解决在现实中遇到的问题。可以看出该理论注重学习过程中的合作性，它是比竞争更有价值的一种方式。从学习的角度来说，在课堂中，学生之间的合作学习更值得被肯定，因为合作学习可以带动学习者探究问题的积极性，通过小组合作的形式也可以培养学生的团队精神，提高学生的表达交流能力和合作创新的能力。从学生的心理需要而言，他们在遇到学习困难时需要被其他同伴关注，并通过同伴的帮助自我实现，所以合作学习也是学生学习心理上的一种需求。合作学习理论为构建学习共同体提供了重要理论支持，因为在学习共同体中，学习者主要是通过合作学习来达到共同发展的目的。佐藤学在学习共同体的理论研究与实践考察中，认为"合作学习"带来了"崭新的课堂风景和生动气象"，是对以产业革命社会的大工业效率主义为基础的"同步教学"时代的终结。合作学习理论由于强调合作的重要性，有利于激发学生之间合作探究的积极性。

"独学而无友，则孤陋而寡闻。"学习过程中如果没有与自己沟通的同伴，那自己获得的信息不可能全面，获得的知识也只会局限于某一方面，这句话强调了合作学习的重要性。合作学习对于提高学生学习的效率，激发学生比学赶超的热情，避免学生因为讲解生硬无趣而对数学产生厌恶等方面有着莫大的作用。合作学习理论提出学生的学习不能仅仅是一个人的学习，学生的学习需要通过与同伴合作获得新知，这样知识的保持时间才会长，所以通过学习小组学习是一个好的选择。

合作学习中最为突出的理念是其在课堂学习中的互动观。不仅是师生需要互动，学生与学生之间的沟通也是不可缺少的。当然，共同体之间也需要适时的沟通。教师作为学习共同体的一员，可凭借自己的知识实践阅历适时地提醒学生，帮助学生完成学习目标；学生通过合作将自己获取的信息与同伴进行分享，这不仅增强了学生之间的合作意识，也使信息得到了流通共享，进而提高了学生的学习效率，丰富了学生的知识面。

五、学习型组织理论

美国哈佛大学的佛睿思特提出"学习型组织"的概念，但未正式成为研究领域上的关注点。直至 1990 年，美国著名管理学家彼得·圣吉的著作《第五项修炼》的公之于众，成为"学习型组织"理论正式问世的标志。从此，学习型组织的相关研究日益丰富。彼得·圣吉认为在学习型组织里的成员为了实现共同的目标、价值以及收获成果，会不断磨炼自身的能力，加强自身建设。同时，组织里会涌现出新的思考模式，集体的灵感与智慧的结晶也会供组织里的成员共同参考和学习。在这个团体中，人们脚踏实地，善于积累和学习，心存共同愿景，坚持不懈，不断突破重重障碍，自我超越，并且使自身的思考方式彰显时代性、前瞻性和开阔性，向共同目标全力以赴。也就是说，学习型组织是一个"以人为本"的学习团队和组织形式，里面的全体成员为共同的理想和愿景而不懈奋斗。学习型组织理论是经得起检验的、具有代表性和系统性的管理思想。圣吉提出了构建学习型组织的五项修炼，包括自我超越、心智模式、共同愿景、团队学习、系统思考五个部分。

自我超越是个人实现自我超越的一种理想信念，是为实现追求目标而扩展自己的能力。自我超越是个人在组织中为实现最高愿景而努力的一种学习方式，为了更好实现自我价值，组织应该提供一个良好的支持环境，让成员所有的心声都能够被听到，营造一个相互尊重的和谐氛围。首先，学会自我定位，以目标为驱动力，面对学习路上的障碍要有清晰的认知，树立坚定的目标信念。其次，我们要敏锐而清晰地认清现实。我们的愿景与现实之间存在一定的差距，得以使两者之间的差距减少或是并列的力量就是"创造性张力"，是结合组织内所有的力量，通过不断的学习与实践让组织内部成员保持创造性张力。

心智模式是我们对待事情的一种心理定式，个人对待事物解读、思考、应对的方式是相对固定的，但是最终付诸行动会有很大的差距，这就是心智模式的不同造成的差异。要想改变心智模式，我们就要改变以往的思维模式，综合众多的影响因素，把内心所想与实际行动进行反思总结与探寻。反思实践是心智模式的核心，我们既要可以在反思中提升自己的技能，也可以在反思中生成学习能力。在反思过程中肯定会存在一定的差距，我们要克服内心的焦虑，转化为前进的动力。探寻技能需要宣扬协调一致，相互协作学习，成员之间用开放的态度介绍大家的观点，并能暴露背后的问题，这样才能获得更大的进步。

共同愿景的建设是从个人愿景到组织愿景的过程。愿景不同丁志向目标，是发自内心的更加具体而明确的需求或是渴望，当然，愿景要有对志向目标的领悟。个人愿景包括诸多方面，例如家庭方面、社会方面、机构方面等等。组织建设的关键点在于将个人愿景升华为共同愿景，摒弃传统理念，充分尊重个人意愿，在平等交流的基础上，获得大家的认可才是第一步。其次进行愿景的宣言，组织的成员形成共同的价值观念，有着共同的目标。最后组织内的所有成员真心加入并投入相应的精力是组织建设的核心。

团队学习是建立学习型组织的能力源泉。团队学习的基础是共同愿景的建设，在团队中所有的成员分享自己的心智模式，在相互协作交流的过程中成长进步。团队学习的关键有三个方面。第一，团队成员对问题有着系统的思考与理解，成员只有系统思考才能实现高质量的协商交流。第二，团队有创造性而协调一致的执行力，成员之间彼此信任并愿意为之付出。第三，成员对其他团队有影响力。学习型组织只有不断地进行学习才能生成更多的创造力，实现组织的进步。

系统思考是以一种全局性、综合性的思维进行思考的概念框架或是一个知识体系，系统思考让组织内部的所有成员对于全局问题有了更深的理解。系统思考要回归问题的本质，确定组织的目标及功能的同时多方面协调组织的影响因素，最终找到解决难度较高的问题的方法。

学习型组织理论的应用主要体现在从组织学的角度来构建小学数学学习共同体，共同愿景的建立、评价机制及互动沟通是组织建立的前提和重要保障。共同愿景是让学生明确共同发展目标，激起学生内心为团体努力的期望的"本原力量"。学生学习共同体在本研究中看作是团队组织的建设，有了共同愿景还需要组织规范的约束，而且良好的文化氛围会促进团队组织的发展。良好评价机制的建立能够更好地激励团队成员的积极性。因此，学习型组织理论被视为小学数学学习共同体的理论支柱，它可以对存在的问题进行原因分析。

学习型组织不仅仅在于建立一个学习组织，更注重在这一组织内营造具有凝聚力的组织氛围，这是课堂学习共同体构建的重要源泉。以学习型组织理论作为本研究的理论基础，借鉴其成熟而又先进的理念，例如：树立共同愿景、重视团队学习以及对待成员要一律平等，以此支撑小学数学课堂学习共同体的理论构建、实验探索及构建策略研究等。

六、情境学习理论

情境学习理论是一种关于人类学习本质的理论，1990 年由美国加利福尼亚大学、伯克利加州大学的教授让·莱夫与独立研究者爱丁纳·温格提出。它不仅仅是个体意义建构的心理过程，更是一个具有社会性、实践性以及资源差异性的参与过程。根据情境学习理论，知识具有情境性，学习具有实践性，学习活动具有社会协商性，具体体现在以下方面：第一，知识与活动密不可分。知识产生于活动与情境当中，是通过情境提高认知水平的产物，是通过活动增强认知能力的产物。通过在情境中领悟和应用，知识才能被接受和理解；脱离了具体情境，则导致个体难以准确理解相关内容。情境的变化会引起知识的变化，使知识呈现不同的具体内涵。学习者要善于在具体情境中学以致用，并共同参与到任务的完成过程中，共同探索与解决疑难杂症。第二，学习是个体主动在学习环境中参与实践活动的过程，而实践活动是个体与物理环境、个体与社会环境发生交互的过程。通过互动，个体的知识水平和能力会得到提升，进而促进自身社会化的发展。第三，情境学习理论重点突出个体参与社会实践的重要性，认为个体与其他成员协商合作、沟通交往的过程，其实就是个体知识社会性构建的过程。莱夫等人提出"合法的边缘参与"，这一概念指个体在拥有参与共同体活动机会的基础上，由边际角落的无名之辈逐步演变成为实践共同体的其中一员，再逐渐走向共同体中心位置的过程。第四，根据情境学习理论，师生双方均是学习共同体的成员，师生之间学习共同体保持着共生发展的关系。教师应改变知识传授者的传统角色，更多地指导学生如何有效学习，与学生一同学习，而学生能够与教师和同伴之间相互探索、交流和质疑，不断发展自身的知识和能力。

通过情境学习理论得知：知识与学习者的具体生活情境密不可分。学习者投入到情境当中，在情境的陶冶中领悟知识，感受独特的求知体验，并且把所获所得内化为自身的独到见解，升华自身的经验。通过创设真实的学习情境，为学习者呈现真实、自然、融合的学习任务，学习者在与他人交流和对话中，逐渐参与到完成任务的过程中并成为实践共同体的核心，进而领悟到知识的本质。在情境学习过程中，首先，转换传统迂腐的师生角色，师生之间平等交流、共同合作以及共同发展。其次，教师需充分把握课程内容的结构体系和内在联系，将课堂的知识点与生动形象的场景相结合，让学生仿佛身临其境，在其中随机应变、解决问题。再次，教师需要事先拟定学生的学习目标，通过设置情境化的活动任务，促进学生在学习共同体中的合作与交流。最后，教师需根据学生具体的学习情况做出反应，因势诱导，必要时还需为学生搭建"脚手架"，为他们提供相应反馈与评价，让他们更好、更有效地投入到实践活动当中。

总而言之，根据情境学习理论，学习是一种文化适应，是师生在特定的情境中建构和内化知识的过程，学习者将自身置于特定的物理环境及情感环境中，积极融入共同体活动当中。这无疑为学习共同体的构建带来指导性的意义和价值。

七、关系资本相关理论

关系资本理论是企业与利益相关者为实现其目标而建立的、维持并发展的关系，在此基础上进行投资，并转化为一种资本。关系资本与其他有形资本相比，有其自身隐形性的特点。关系资本理论认为一切经济行为都镶嵌在人际关系网络中，并在社会互动中增加彼此的信任，从而提高企业的收益。关系管理的关键在于实现良好的信息交流，降低交易成本，提高活动效益。企业和社会组织的实践也证明，不良的关系肯定需要耗费额外的时间和精力去处理，相应的投入在其他活动上的时间和精力就会减少，由此造成的资本损失和机会损失也是难以计量的。因此，关系管理应重点强调关系内容、关系强度、关系稳定性和关系主体的管理。将关系资本理论运用在学习共同体的建构中，将师生、生生和家校的关系作为影响组织建设的重要因素。在关系的建立过程中，沟通协作系统起到重要的作用，成员之间在沟通协作过程中提高了对组织的认同感与归属感。

关系资本理论的应用。关系资本理论在本研究中主要是为小学学习共同体的运行及管理提供理论支持。师生之间、生生之间和家校之间的人际关系在学习共同体中也是一种资本，如果主体之间处理不好，会影响彼此的信任并且会造成时间与精力的损失。所以运用关系资本实现主体之间的良好的信息沟通，增强对学习共同体的归属感，从而保障小学数学学习共同体的运行及管理。

第三节　学习共同体的构成因素

学习共同体有着丰富而充足的教育学和心理学理论作为支撑，能保证个体学习的积极性、主动性和参与度，使教学变成一种大家一同探索、一起学习的过程，学习者能够主动地获取知识、掌握知识。因此，学习共同体作为一种最为科学的教育教学形式，对于学生的发展有着很大的帮助。

学习共同体不仅仅只是一种教育的思想和理念，它同时也是一种教育教学的方法，它能帮助教师在课堂教学中最大程度地发挥学生的学习主体性，充分落实学生的主体地位，让每个学生都参与到教学活动中。具体来说，学习共同体这一教育教学方法，它的构成因素应该包括学习主体、学习目标、课程知识、工具及资源等。

一、学习主体

学习主体其实就是学习共同体的主要角色，它既可以指个人，也就是个体的学习者，也可以指群体，也就是学习者共同体。基于学习共同体模式下的课堂，学习活动的主要实施对象就是学习者个体或者学习者群体。学习主体是由学生和老师一起构成的。

1. 学习者个体

学习者个体指的是学习主体首先是以个体的形式存在的，一般指学校中的学生。学习共同体想要发挥出它的作用及意义，必须要有学生的积极参与。而这里的学生，他不仅具备自主性，还具备依附性。他的自主性主要体现在自身的特点中，指的是在学习共同体中，所有的学习者都是独一无二的个体，拥有自己的特性，并且大家都是在发展中的。即使大家都处于同样的教育情境中，每个学习者个体也都是不同的存在，会有不同的表现，大家都会去主动地建构知识。每个人会根据自己已有的知识和经验，把将要学习的内容进行理解和吸收，并且每个人的理解都会是在自己思考的基础之上的。当然，在理解和吸收的过程中，学习者首先需要进行大量的基础工作，例如收集大量的相关资料并进行分析，将旧知和新知联系起来，进行深度的思考。而在这一系列的工作中，学习者也能更好地培养自己自主学习的能力。而所谓依附性，其实是指学习者个体在学习过程中需要和其他的学习者进行一定的交往以及合作，需要寻求一些工具及资源的帮助，在不同的学习情境中，学习者会表现出不同的地位、展现出不同的作用。而在这些学习过程中，学习者在教师和其他同伴的支持和帮助下，形成并发挥了自己的独特性，而教师和其他同伴的支持也不仅仅是指对学习者的指导，也包括大家共同创设的学习环境。

2. 学习者群体

学习者群体，也可以称为学习者共同体，指的是由单个的学习者个体组织而形成的学习团体。这个学习团体包括学习者和助学者，助学者指的是教师、同伴和家长等对学习者有帮助的人员，学习者和助学者是平等的合作关系。

教师在助学者中是最重要的角色，既可以指学校课堂教学中的学科教师，也可以指某一领域的专家或学者。为了促进学生对所学知识的意义构建，为了促进学生社会化自我的形成，为了培养学生终身学习的能力，共同体对教师的能力、对教师的工作要求更高。教师不仅要精通教学内容，更要熟悉学生，掌握学生的认知规律、社会文化背景和经验，掌握现代化的教育技术，对学生的学习给予宏观的引导与具体的帮助，还要，携手学生家长共同参与学生学习成长的过程。教师要定位自己的角色，要有所为又有所不为。他们是学习共同体中的助学者，能够促进、支持学生去建构，同时能开发相关课程，也是群体之间的协作者，还是学生学习的高级合作伙伴，等等。在学习共同体中，学习者需要自主建构课程知识的学习，因此在学生建构的过程中，教师要能够促进学生、支持学生，要能够为学生提供和创设一个有意义的、良好的学习环境，要想培养学生独立的思维能力和自主学习的能力，促进学生在教师指导下，积极主动地、有个人特色地学习。教师要积极创设"三安"（即安全、安心、安静）教学环境，促进学生的学习积极主动性，培养学生学习知识和应用知识的能力，使每个学生的个性特长都能得到充分的发挥。而在我们现实的教室中，可能幼儿园的每个教室里是按照幼儿的年龄特点、喜好来进行环境创设的：除了有娃娃布偶、毛绒玩具可以缓解幼儿离开家人的紧张情绪的"娃娃家"外，还有可供孩子翻看的绘本故事、或温暖或清新的教室环境。但随着孩子年龄的增长，到了小学、中学的教室都是清一色的五列十排或六列十排布置，教师都是站在比学生稍高一点的讲台前，学生全体面向黑板，毫无"创设"可言。我们可以在课前将自己收拾得干净利落，进入教室后，将周围的黑板擦得干干净净、讲台擦得一尘不染；我们可以打乱课堂上井然有序的座次，让后进生不再孤单地坐在教室的最后，让看不清黑板的学生端上凳子移至前列，有时候看似"挪凳子"一个小小的举动，长此以往可以很好地预防后进生被边缘化。如果每位教师能够在自己的一亩三分地里做好环境创设，奏好这一前奏，必定可以磨刀不误砍柴工。

佐藤学的《静悄悄的革命》一书中特别提到了对学习环境的设计，他指出：学习的场所要柔软舒适，让孩子安心、产生联结。"学习共同体"的课堂环境是一个安全、令人放心的"润泽的课堂"，它使每个学生学习权都能得到尊重，每个学生都能安心地袒露自己的心声，每个学生的特点都能得到教师的关注。其实这也很好地体现了"教育的情调"。当然，环境的创设除了教室的陈设、座次的安排外，还包括教师的心情、说话的语气、倾听的态度。在日常的教学中，一般都是由教师来引导学生探究新知、得出结论或方法后再进行变式训练，时间一长，学生对教师的课堂流程非常的清楚、熟悉，导致他们没有机会去发现问题、解决问题、质疑方法。其实教师更应作为一个问题的设计者，做一个很好的倾听者：倾听学生、引导学生与学生互相倾听。构建良好的倾听环境，对课改而言无疑是有益的。引导学生在"三安"的学习环境里学会倾听，要求教师要以身作则，对倾听做示范；听思结合，在倾听的过程中进行"深加工"，提出更为深层次的问题；注意捕捉对方的关键点，逐步形成"倾听—串联—反刍"机制，形成良好的倾听习惯。

除了创设良好的学习环境，教师还要能够设计出与课程相对应的、对学生具有一定的挑战性的学习任务，用这些来反映复杂的生活实践，以此来激发学生的学习兴趣。在学生学习任务的设计上，要想好问题导向和奇趣挑战，要给学生平等学习权和话语权，设计平等学习的机会。除此之外，教师还要和学习者开展一些深入的对话，以此来了解学生已有的知识和经验，引导学生在最近发展区的基础上，顺利找到并且搭建起合适的学习平台，从而促使学生将新知和旧知进行联系和反思，引导并支持学生能够自主合作完成对课程的建构。需要我们注意的是，在学习共同体中，教师不仅仅是助学者，同时也是学习者，是学生学习的高级合作伙伴。教师熟悉教学内容、熟悉学生、掌握学生的认知规律，能充分利用现代化的教育技术。"学习共同体"对学生要求是：做课堂的主人，做课堂学习的探究者、体验者、合作者、表演者。教师要从知识的讲授者变成学生的倾听者，要摒弃"自我中心"，重构以学生为中心的课堂新生态，这是对教师专业的新挑战。要明白：只有在倾听中交流、交流中倾听才能获取和改变，在倾听为主的过程中成为"学"的专家。

同伴，就是同一学习共同体中的其他成员。他们既属于学习者个体，也属于助学者，因为他们是学习者个体能自主学习的主要的社会支持系统。他们和学习者一起学习，合作学习，在突出独特性、强调个体专长的同时，一起为共同的学习目标，一起为其他同伴解决问题提供帮助和支持，并在高级合作伙伴——教师的组织和引导下，一起交流、一起讨论，展开彼此间的合作，将彼此的专长作为可学习的资源，大家共同成长，借助彼此的交往和互动，一起分享整个共同体的成果及智慧。

可以说，在学习共同体中，学习主体之间价值平等，没有高低、强弱和尊卑之分，只存在知识和能力的差异，而这也正是要在共同体的学习中提升的目标。

二、学习目标

无论学习的主体是个体还是群体，都必须要有学习目标。学习共同体作为一种新的教学模式，它的学习目标具有自己的特点。

1. 生成性

学习共同体的学习目标具有生成性，它的生成性体现在学习目标是自然生成的，而不是被教师强加的。学习共同体作为一个教学的新模式，在一定的学习情境下，教师、学生及情境之间有着交互作用，自然生成了学习目标。教师了解学生已有的认知水平及经验，熟悉学生的课程内容，在这些基础上，教师能与学生共同达成学习目标。在这个过程中，教师对学生的学习能力和问题情境进行观察，通过教师在观察过程中的言语和行为来判断、调整，进而生成学习目标。因此，从这个角度来说，学习共同体具有一个不断生成学习目标、不断调整学生和教师双方目标的动态过程。

学习共同体能够生成新的学习目标，是通过学生与教师进行对话而实现的。因为在对话的过程中，教师与学生共同对教学任务进行重新规划，对知识进行再次整合，将教学资源进行重新分配和协调。这个过程可以理解为：当人们面临一个新任务时，他们会有一种不确定感，这时需要重新认识新任务和新工作以及相关活动之间的关系，从而使新旧知识之间产生联系。如果学习者不能形成这种积极参与的意识，就不能很好地进行有效的合作。因此在这个过程中学习者就会产生在"我是为了谁而做什么"与"我能成为谁而做什么"两个不同概念上存在冲突的问题。

在这种情况下，教师就需要通过语言或行为等方式将自己和学生之间出现的冲突问题进行解决。教师只有在这样一种思维模式下才能生成新目标（如教师在这个过程中也会从教学活动中了解学生对知识掌握中存在的问题，因此也会主动寻求解决这些问题的方法和途径）。因此教师要对教学内容做必要的调整，并对学生对知识掌握上存在的问题进行处理。

在学习共同体内学习者会主动去了解别人所做事情及其价值、意义或者他们之间的关系，这一过程不仅体现了学习者个人意识与集体意识之间相互作用影响下产生的变化，也是学习者和他人、和组织之间相互作用、不断改变着自己行为的过程（如学生为了获得教师对自己的理解而做一些不是出于自身目的的事情）。这一变化表明了学生和老师都有着新的认知和情感体验，都在积极地参与着教学活动。

2. 创生性

学习共同体以学习者为中心，立足学习现实条件，依据学生发展特征和学业要求定位学习目标，明确了学习的底线要求，也指出了学习要达到的长远水平，是预设性与生成性的统一。学习过程中的最重要生成是高阶思维。高阶思维是学生在学习中发现问题、分析问题和解决问题的能力，是一个人终身发展所必须具备的能力。学习者需要通过学习来形成高阶思维，通过解决问题来形成高阶心理过程。教师不应只关注某一项学习任务来对学习者的知识与技能掌握进行要求，而是要注重培养学习者发现、分析和解决问题的能力，注重培养学生在合作中建构知识和应用知识的能力。

3. 清晰性

共同体的学习目标应该与学习者共同建构，应该来源于提出的问题和学习活动，因为是学生在进行研究，教师必须清楚学生的需求、兴趣和能力。所以，目标应该反映学生的知识水平，而且有助于建构他们的优势和弱点。教师和学生应该明确地表达他们所追求的目标和他们评判成功的标准，这会使得共同体的所有成员对目标有一个清晰的认识，对评判他们是否达到了目标有一个标准。这样所有的学习者才能施展各自的才能去努力工作。

4. 自我性

我们在达成学习共同体的学习目标时，还可以加快建立一种新的学习的文化。而这一文化，则是以个体和共同体这样一个有机的整体的形式，通过学习特定的学习方式，培养不同的个人特长，获得集体的知识，从而达成学习者的"自我"和共同体的"自我"。这就是学习目标的第四个特点——自我性。具体而言，

"自我"的表现有以下两个方面：

一是学习共同体的主要目的是促进个人的综合发展，并使个人的特长和自我都得到充分的发展。在这个学习共同体中，全体成员乃至学习共同体中的工具、资源，都担负着解决问题的任务，并在共同的学习目标下，为学习共同体中的成员提供恰当的、适时的协助。在此过程中，个人要在学习的同时进行反思，要做一个专业的批评家，能够对问题的成因进行剖析，并能及时地提出问题的解决方案，并与他人分享学习的成果。

二是在实现学习共同体的认识目的的同时，也要让学习者的"自我"能够形成及发展。学习者的"自我"是学习者主体意识的集中反映，学习者只有明确自己的身份，清楚自己在共同体中的作用，了解自己与他人的关系，才能使自己在共同体中慢慢成为核心人员，并能够自由地使用共同体中的各种工具和资源，从而为共同体的目标实现做出更大的贡献，并为共同体的其他成员提供更多的帮助。

5. 主体性

学习目标的自我意识与主体意识是相互依存的，当个体拥有自我性时，他的主体性也随之出现。这是由于学习共同体中的资源分享，使得他们在处理复杂问题时，能够形成一个共同的知识基础和群体的自我，也就是群体的主体性。要培养和发展每位学生的不同特长，就必须建立在这种基础之上，并以分享的方式构建集体知识，并利用集体知识来解决问题，从而形成共同体的"自我"，也就是共同体的知觉。这样，学习共同体的目的就变成了学习者通过学习工具和各种资源实现问题的最终目的，也就是所有参与活动的人都认可的目标。这种共同的目标使所有的人都能把注意力放在共同的工作上，通过这种合作来产生类似的共通性，也就是集体的认识和共同体的认同。总之，学习共同体学习目标的主体性表现在：以支持个人学习的社会交往中，个人自觉增强，集体意识增强，从而形成集体认同，进而形成强烈的归属感。

三、课程知识

课程知识是第三个构成学习共同体的因素。在学习共同体中，因为大家都知道，知识是相对的，所以，学习共同体内的课程知识并不需要共同体内的所有成员都同时掌握，形成同样的技能，而是要引导个人去寻求更多更深的知识，再与他人共享。因此，在学习共同体中，群体知识的增加与个人知识的增加是相互影响、相互支持、相互促进的，从而使课程知识在学习共同体中呈现出生成性的特征。

学习共同体的课程知识通常是建立在个人认知和彼此交流的基础上，并具有生成性。在学习共同体中，知识和认知的活动是分散于个人和群体的，并通过课堂的形式反映，从而使学生的学习成为一种动态的、复杂的、合成性的实践活动。学习者要不断进步，与同伴进行信息互换，才能够超越自己已有的能力，逐步形成更高阶的能力。

从课程知识的生成角度看，学习共同体的课程知识也是一个多元建构的过程，包含着个体和集体两个层面的建构。从这一角度来看，学习共同体的课程知识是由学习者、教师和学校共同创造的。首先，学校与学习者之间以师生关系为纽带而形成了一个相互依赖、相互影响的复杂结构体系。其次，教师与学生之间形成了一个彼此密切合作、相互促进的整体。这一整体就是教师作为知识创造者、文化传承者和学习共同体中不可缺少的一部分而存在。再次，学校与学习者之间还共同构建出一个共同学习空间。这里提到了学习共同体中的学习环境与学校环境是如何结合一起使用于学习过程之中的，即"课堂环境""课堂活动场所"和"学习空间"。在这三个方面中，"课程"是关键要素。在传统教学中，课程被视为教师传授给学生知识技能以及为他们提供获得更多经验和社会联系能力的手段。因此，对于传统教学来说，课程仅仅是一个教学内容罢了。但是在今天的课堂教学中所使用、所开发的课程不仅仅局限于这些内容，而是将教育技术和教育理论作为重要因素来看待和应用于课堂教学之中以提高教学质量和效率。在这里，我们强调学校与学习者之间建立起一种"知识共同体"和"思维共同体"，这两个方面就是在一种复杂多样、相互依存、互为影响且共同建构学习环境以及共享学习空间这三个层面上共同作用下形成的。具体来说，"知识共同体"指的是通过学校与学习者之间共同建构的课程形成的群体知识和智慧。而"思维共同体"则是指通过学校和学习者之间共同建构的空间而形成的群体思维模式，包括思维认知、思维策略等。从课堂教学中学习者的学习过程来看，学生学习主要是在教师主导下进行并在教师、教材、教辅材料以及其他教育技术支持下进行，这种情况就使教师和学生形成了一种彼此依赖关系，而不是简单地把知识、技能等直接传授给学生或者把书本上所涉及的内容直接作为课堂教学内容来使用。这两种情况的出现都是因为我们在课堂教学中过于强调知识技能和技巧，而忽略了学习者学习态度、兴趣以及情感的培养和提升。在学习共同体中由于人与人之间存在着相互影响，因此在课堂教学中教师与学生之间也形成了一个相互影响、相互作用的过程。

从学习者在课堂教学中学习的过程来看，学生学习是在教师引导和各种教育技术手段支持下进行的。这种情况使教师和学生共同建构了一个共享的思维认知空间并为他们提供知识和技能。而教师则通过与学习者建立起的共享意识和交流沟通关系来实现对其知识和技能体系的建构和影响。

从课堂教学中形成群体思维模式这一角度来看，学校与学习者之间也是彼此依存，共同构建起一个共享的思维认知空间。具体来说，学校在这里发挥的重要作用表现在两个方面。首先，在学校教育过程中，课堂教学是以教师为中心展开的，而学习共同体对教师提出了新要求——教师要成为有影响、有创新能力并受人尊敬和爱戴且经验丰富、学识渊博并不断更新知识体系、与时俱进地开展教学实践和研究工作的人。所以在课堂教学中老师必须以学生为中心进行设计并开展教学实践工作，而不是为了完成教学任务而单纯使用教材内容进行教学；其次，在学校教育过程中，学校作为 个教育头体所具有的组织功能（也即"管理"功能）以及管理作用是十分明显并为之付出努力从而形成了一种组织能力较强并被大家认可、接受并且被认同为某种特定形式或规则规范所组成（即"秩序"功能）；最后，在学习共同体中，学习者通过学习共同体获得经验并形成技能而非只是单一地接收知识（也即是"接受"功能）从而使得个体获得了更多知识和技巧（也即"创造"功能）。

而这些功能则是通过学校和学习者之间共同建构的课程体系所形成的。因此，教师和学生在课堂教学中形成共同的认知空间，并且这种认知空间是相互依存、相互影响的，而非只是一个学习单元而已。"知识共同体"和"思维共同体"都建立在"课程"这个关键要素之上。如果我们仅仅用一种简单思维模式来看待课堂教学之中的知识传承过程，那么我们就会陷入一种自我中心主义以及以知识传授为核心而形成的教学模式之中。

在课堂教学中，课程是通过知识技能以及其他要素来进行建构的结果，它是作为一种特殊知识而存在的。但是在今天课堂教学之中，"课程"又成为教师、教材、教辅材料以及其他教育技术支持下所开展课程活动的一个必要要素——我们需要以学习者为中心进行设计，并且要把这些学习活动纳入课程之中去。如果我们仅仅从课程本身角度出发来看待课堂教学，那么教师和学生在其中所表现出来对其所处"情境"或"空间"的理解以及处理，就很容易陷入一种自我中心主义当中。这就会导致他们对自己学习任务和目标的制定缺乏足够的灵活性，不能够依据学习者具体情况以及自身经验来进行设计和调整。此外，在学习共同体中，教师与学生都是通过共同构建起一个共同学习空间来进行互动和交流的。在这个空间里，他们之间相互影响也是互相沟通。所以当我们把学校和学习者之间建立起一个共同学习环境时，也就意味着学校和学习者之间建立起了一种共享性、互连性且相互影响并形成一个群体思维模式，进而成为在这一空间中所产生、发展出来的群体认知形式或知识。从这里我们可以看出在课堂教学当中不仅需要教师与学生之间关系以及学校与学习者之间关系进行调整并进行协调，以形成良好的学习共同体氛围，而且也要求学校通过组织教学活动或者说对学习环境进行设计和改变进而形成新模式并在这一过程中发挥重要作用。

四、工具及资源

工具与资源在学习共同体中同样具有重要的作用。不管使用什么工具、资源，都是为了帮助学生进行自主学习和协作探索。他们要真正融入课程之中，融入学习的过程中，并在学习过程中扮演着重要角色。要知道，在学习共同体里，每个人都有自己的特长和专业知识，而且共同体里的集体知识和技术，也是很重要的一部分。工具和资源也是学习共同体的构成要素。在学习共同体中，无论是何种类型的工具和资源，其功能均是用于支持学生的自主学习和合作探究。它们必须真正融合进课程中，整合进学习的进程中，成为学习共同体的成员实现学习目标的重要助力。要注意的是，在学习共同体中，每一个成员本身具备的知识和专长，以及共同体形成的集体性知识和技能，也是工具和资源的重要组成部分。因此，工具和资源的融合应用和开发至关重要，否则便不能成为学习共同体的构成要素。当然，从目前来看，这种融合还存在一些问题，主要表现在：工具和资源的类型、数量和质量上有待提高；工具和资源是否真正融入学习共同体中，能否支持学生自主学习、合作探究和集体反思。要解决这些问题，还需要我们继续努力。工具和资源是一种外在的表现形式，因此它是一种外在的物质，必须要融入学习共同体中才能发挥其作用。但这并不意味着这种资源只在课程层面才有意义。我们认为，除了通过与其他外部组织合作交流而获得资源外，学习共同体自身也可以从自己的文化传统、生活方式和思维模式中获得某些素材和灵感，从而通过实践来进行运用和开发。在我们的实践过程中主要体现在以下几个方面：

第一是课程层面的融合。由于教育技术在教育领域已经得到了广泛应用，因此很多人认为技术与教育之间会存在着矛盾的关系。事实上，技术和教育的融合是必然趋势。尽管我们不可能完全消除技术与教育之间的矛盾，但我们会尽量在两者之间寻找一个平衡点，使两者可以相互促进和发展。我们主要从以下几个方面来实现：一是在教学设计上实现工具与资源融合；二是在教师培训中，将教学目标、内容、方法等融入技术的运用过程中；三是在课堂教学中利用信息技术手段辅助教学，促进学生自主学习和合作探究。

第二是教师群体的整合。教师既不能仅依靠某一门学科，也不能仅仅依靠某一门学科的教师。因此，要在学校内部整合教师群体，为不同学科教师提供支持。这就要求他们之间进行交流、沟通和协作。而我们的学校也在教师群体整合方面做了大量工作，主要表现在：建立了新教师培训中心，对新教师进行专业培训；建立了"专家引领、同伴互助、自主探究"的教研模式；建立了区域教研组和教学科两级教研制度，通过区域内的教研活动进行交流和学习。

第三是课堂模式的变革。课堂变革是教育变革最重要的方面，也是我们目前面临和需要解决的主要问题。对于课程层面上的融合，主要体现在以下几个方面：一是通过开发和建设基于学习者学习行为数据分析和数据挖掘的学习监测系统来实现对教师教学行为、学生学习行为和学校办学质量等信息数据进行实时监测与分析；二是利用技术工具帮助教师开展教学设计和优化工作；三是开发个性化教学资源库，满足师生需要。

第四是建立"教""学"评价体系。对于教师而言，其评价主要分为课堂教学、作业批改、学生评价三个方面，其中课堂教学评价主要指教师在课堂上为学生讲授内容时所采用的方法和方式（即教师如何讲解）；作业批改指批改学生每天或每周完成的作业时使用的方法及方式（即批改方式）；学生评价指学生在学校学习活动中所进行的活动内容、数量、质量等方面表现出来的情况。因此，为有效促进不同层次学生能力发展，我们将每一位教师在课程中所教授知识或技能与自己以往教学经历和经验相结合而形成自己独特且有针对性、有目标且个性化强的"教""学"评价体系。这些评价体系包括：基于课程内容与任务要求对教师进行分层培训或分层考核；对不同层次之间课堂教学内容及效果进行对比分析并将其纳入教师继续教育阶段；基于单元教学内容及效果进行测评并将结果纳入每一位老师的年度考核中。

第四节　学习共同体的架构条件

学习共同体是一种重要的教学方法，它既能有效地改善学生的学习环境，又能激发他们的主动参与，增强他们的主体性。要实现这种效果，必须在构建学习共同体时，明确架构学习共同体的必要条件，使之能够科学合理地架构学习共同体。

一、打造和谐的师生关系

师生关系的融洽是构建学习共同体的根本。良好的师生关系可以使学生在学习共同体中进行有效的教学活动，也可以促进同学间的交往，使老师更好地发挥自己的作用。为此，要架构一个学习共同体，必须充分尊重学生的知识差异、个性特征，尊重他们的观点，要相信每个学生都是人才、都可以成才。"亲其师，信其道"，只有当教师与学生之间形成一种和谐的关系，才能达到教育的目的。那么，如何形成这种和谐的师生关系呢？

首先，是要教师信任自己的学生。"信任是师生间最好的教育。"信任学生是建立和谐师生关系的基础，没有信任就没有和谐的关系，而一旦形成了信任学生的关系，在教育中教师将会变得轻松和快乐起来。信任学生，也就是信任孩子们能行，而不是对孩子们的失败做出判断。当孩子们犯了错误时，不要立即给他们戴上失败的帽子，而是要从失败中寻找原因，以鼓励代替责备。这种鼓励式教育能使学生从失败中汲取力量，重新振作起来。

一位著名的心理学家说："教育的真正障碍不在孩子的缺点和过失上，而是在他们还没有表现出自己应有的力量和才能时。"如果我们始终用成人固有的眼光来看待他们或要求他们纠正错误，那么不仅不利于问题的解决，还会使他们产生自卑感。

在教学过程中经常出现这样一个现象：有些学生把问题讲得非常清楚了，可就是不听你所讲的内容；有些学生自己已经讲过了，却不愿再来一次；还有一些学生你给他一个机会他都不愿多回答一个问题……这是为什么呢？因为没有人像你一样能耐心地听他讲完整个过程。或许你认为：如果我打断他来进行讲述就是对他所说内容的侮辱；或许他在讲述时并没有提出任何有价值的东西……

正如有人所说："如果我们总是对孩子们说'你错了'或'你不对'，那么当他们真的犯错误时就会变得手足无措。"是啊！教师在教学过程中应该充当"引导者"而不是"主导者"，以平等的心态对待学生。任何一个人都不会否认这样一个事实：每一个学生都有他自己的力量、智慧和优点。

教师要用欣赏的眼光去看待每一位学生，即使是那些基础差、学习态度不好、表现不太好而又特别需要关心、鼓励和帮助的孩子也要给予充分肯定和信任。

其次，要建立和谐的师生关系，就要先建立民主平等的师生关系。师生交往是一种双向的行为，教师和学生是主体与客体间的交流活动，其目的就是为了实现共同学习活动目标。教师如果总是高高在上，学生则会产生逆反心理。教师要公平对待每一位学生，不能对学生有任何偏见，应尊重学生的人格尊严、感情需求和选择权利，做到尊重、理解、关怀和激励每一个不同个性和特长的学生，使他们感到被尊重、被关心和重视，从而激发起学生参与学习活动的兴趣和热情，同时教师要对学生的意见要认真倾听并给予充分的肯定与重视。在教学中应注意发挥学生学习积极性和主动性。

再次，是要树立平等公正原则。平等公正原则强调教师应该以对待朋友而不是对待敌人的心态来对待学生，教师要相信每个学生都有自己独立完整且独一无二、不可复制的人格。同时要让所有同学都能体会到：我尊重你，我在乎你，我理解你……在学习上要尽量避免发生"歧视"学生和其他同学而产生师生间对立情绪，从而影响学习活动正常进行。最后，要树立学生第一的观念，我们应该认识到，学生是学习的主体，是发展中的人。教师应该让学生学会学习，让他们学到主动参与的态度和学习方法，在教学中也要注重激发学生学习兴趣、培养学生主动参与的意识、培养自我教育的能力和创新精神。只有当老师与学生之间建立起和谐的师生关系时，才能激发他们的学习兴趣并使他们快乐地参与到课堂活动中去。

最后，要构建和谐民主师生关系就要注意处理好教学过程中出现师生矛盾及冲突之事。一方面是要注重课堂纪律问题及各种常规教育和管理问题；第二方面是要避免"情感"成为课堂教学中主要的因素之一；第三方面是要正确处理与教材内容相关问题；第四方面是不要以一种高高在上甚至有些冷漠无情的心态来对待某些同学甚至对某些同学进行体罚和辱骂。教师在教学过程中应注意与家长进行沟通，让家长了解教学情况。教师和家长是教学活动中重要的合作伙伴，教师在与家长沟通过程中要及时反映学生在校一天内所表现出来的各种信息，让学生家长知道老师每天的工作情况。最后，老师要注重培养学生的创新精神和实践能力。课堂教学中应加强对学生思维品质、动手能力以及动手实践能力等的培养。同时需要注意培养他们养成良好行为习惯，加强对纪律的约束和思想品德教育以及增强安全意识等等。总之，老师通过各种途径来提高自身素质和教学水平来适应社会需要及发展变化需求、以更高的水平参与到学习共同体建设和学习活动中去。

二、促成有效沟通与交流

学习共同体注重学生个人的交往和互动，所以，架构学习共同体的关键是有效的沟通和交流。只有通过沟通和交流，学习者才能真正理解老师的教导和帮助，并将其转化为积极的行为，才能理解同伴的想法，在和同伴的相互交流和沟通中提高认识、分享资源，在取得个人成长的同时，也能帮助同伴成长，从而达到学习共同体的一起成长，实现学习共同体的学习目标。

沟通与交流是构建学习共同体过程中不可或缺的环节，而良好的沟通与交流则是实现共同学习目标必不可少的条件。在学习共同体这个大背景下，沟通与交流显得尤为重要。"沟通"是一个广泛而又常用的词汇，从字面上理解，它具有"传达、传递、互相交换意见"之意。但是在课堂中，老师与学生交流时，却不是这样的。首先在交流中，我们应该注意教师表达自己意图的方式，即表达自己意图所使用的语言。教师要注意使用恰当的语言来明确目的、引导学生进行思考或回答问题、鼓励学生参与讨论等。在教学过程中，我常常发现有些教师用自己惯用的一些词语或语句来表达某种意图。如"这是个问题""这是个想法"等；

有些教师用一些简单而简短的语言来陈述自己观点；也有的教师以"老师相信……"这样的句式来陈述自己的想法。其次在沟通中，还应该注意交流中不说废话、少用反问句、避免使用一些比较有负面影响的词语等。

那么，我们要如何做好沟通交流呢？

1. 创设良好交流的环境

所谓营造良好的交流环境，就是要让每一个成员在参与学习中得到充分的发展。这需要我们不断地进行探索与研究。在学习共同体中，我们可以通过各种方式对学习者进行引导、指导、支持；可以通过组织集体讨论式教学和开展各种教学实践活动，对学习者进行鼓励支持；可以通过网络等平台与外界加强交流合作；还可以建立共同愿景，如"我们都是最好的""让每个人都成为最好的"。

营造良好交流环境的基本要求是：创设良好的沟通与合作文化。其基本前提是：平等友爱、相互尊重和彼此信任。具体而言，我们可从以下几个方面着手：

①在课堂教学中营造平等友好、相互尊重和彼此信任的环境。

②在课堂教学中让每一个学习者都有发言机会。

③让学生能够畅所欲言；在倾听和表达过程中发展合作精神；创造一个开放、民主、自由和包容的氛围，鼓励学生表达意见并与他人合作沟通；积极讨论问题并发表自己独特观点；培养民主人格和合作意识。

④利用好电子资源进行课堂教学。

2. 营造和谐氛围

营造和谐的氛围，从而更好地进行沟通，有利于达成目标。如：在进行课堂提问时，老师应选择轻松、活跃的气氛。同时应注意学生发言时间不宜过长，避免影响学生思考；注意让学生之间相互讨论，而不是以教师的单方面输出为主；不批评和挖苦学生等。说话时要注意自己的语气、语调和态度，在沟通中要善于运用肢体语言。良好的语气、语调和态度是表达思想、情绪、情感的必要手段，也是获得他人信任的重要条件。在沟通中，可以用"微笑"来表示对他人的友好；用"点头"表示对方话语中所包含内容的认同和肯定；听别人说话时，要微笑着倾听他讲完后再发表自己的意见；说话时要有眼神交流，眼睛直视对方，以示重视等。总之，要让对方感到你在认真倾听他话的同时还带有尊重和肯定。

3. 理解和倾听

在进行沟通交流时，不要急于提出自己观点，倾听学生意见也是一种有效沟通的方法。同时还要考虑到孩子和成年人之间语言表达方式都不一样：小学生喜欢用简单明快而又富有节奏感的语句来表达自己想法，成年人则更倾向于用简练而富有逻辑性的句子来阐述自己观点等。人们往往习惯于将自己的思想、观点或者想法强加给别人，并期望他人也能够接受或赞同自己的看法，却忽视了人是具有社会性的个体。只有在相互理解的基础上才能进行相互合作，因此，"听别人说话"是一种能力，也是一种智慧。而要做到这一点就必须在交流前先了解对方。此外，还要善于听取别人意见。在沟通中，人们往往倾向于把自己放在中心位置，喜欢发表自己对问题的见解，却很少倾听对方所说的话。而正确的做法则是"从对方角度去思考问题"。总之，学习共同体强调沟通，但也强调沟通时不能失去自己原有的立场和观点。而要做到这一点就要做到"听""说"两个方面，只有这样才能保证学习共同体中沟通与交流的顺利进行和良好结果。

4. 注意时间观念

在沟通交流过程中应重视时间观念问题。因为在一定时间内完成沟通交流工作，我们就可以集中精力做好教学活动；但如果不做好时间安排就会导致教学效率低下甚至出现错误现象等。所以沟通交流前，我们要充分做好准备工作，比如：明确目的、问题准备、话题选择等。沟通前教师的准备工作要细致到位、认真负责；在与学生谈话时教师要学会观察分析和判断学生是否有沟通的必要和可能；在与学生谈话时要善于引导学生思考问题、回答问题等等。

5. 及时反馈

在沟通中发现问题也是解决问题的一个重要环节，教师应及时调整教学活动中的一些问题；即使确实有影响完成任务要求的情况，也应该及时反馈并说明原因，以便下次更好地完成任务。而教师的反馈信息，也可以为其他教师提供参考，例如在与其他教师进行交流时，还可以为自己提供信息；对于学生们提出的意见和建议也应该予以重视并及时调整，从而达到最佳交流效果。

6. 让人听得懂和理解他人说话的内容

在沟通时让人听得懂是十分重要的，因为大多数人在沟通时对别人所说的话理解能力是有限的，这就要求我们要学会在沟通交流中尊重对方并且掌握其表达方式等特点，其中最重要的是运用恰当形式进行沟通交流，使沟通双方都能够接受对方所表达的信息，并且能够在思想上达成一致或共识。

三、确立明确的共同愿景

架构学习共同体的动力是要确立明确的共同愿景。要架构学习共同体，必须使共同体中所有的学习者都能一起努力、主动参与、相互帮助，在良好的关系和有效的沟通和交流中，达成同样的想法，拥有相同的学习愿景。只有这样，每个学习共同体的成员，才能在共同愿景的指引下，进行科学合理的规划，不断地努力，形成集体的知识，发挥集体的智慧，在资源共享的前提下，相互鼓励、不断反思，从不同的角度进行全方位的立体诊断，从而实现共同的发展。在教学中，教师要充分利用资源平台，开展学习共同体的活动和研讨，把学校里、班级里发生的各种问题进行梳理，形成共同愿景并让学生参与其中。通过对这些问题的讨论与交流，让学生充分认识到问题所带来的影响和意义，激发学生的学习兴趣与动力。教师也要积极参与、主动研究、提出问题，最后进行诊断和改进。

对小组活动中的共同愿景进行研讨，对学生来说就是一种启发与鼓舞。教师要积极引导学生进行讨论研究，让学生们对学习的过程和学习方法有一个全面深刻的理解和把握，从而促进教学质量和效率的提高。在教学实践中，教师要重视共同愿景的形成过程以及形成结果，过程中积极参与、主动研究、自我反思，并在教学过程中逐步引导学生形成共同愿景，使学生获得全面发展。

共同愿景是合作学习的基础，也是开展合作学习的前提。小组活动不能缺少共同愿景的支撑，小组活动必须建立明确的组织架构，以明确、清晰而有效的目标作为激励。建立良好的沟通交流机制，对学生进行分层指导，对共同愿景和任务目标进行分层辅导和指导，将共同愿景转化为现实行为。

确立明确的共同愿景是合作学习活动开展中不可缺少的一个环节，通过对共同愿景的讨论与交流，可以有效地促进教学质量和效率的提升。共同愿景是对学习目的的诠释，是所有学习者对未来的想象，是人们对未来的一种希望和追求，是实现组织目标的动力和目标。在教学中可以利用学习共同体，对共同愿景进行探讨与研究，使小组成员共同思考自己所追求的学习目标，并确立一个明确而清晰的目标和方向。

在教学中可以采用如下策略来帮助学生确立共同愿景：首先，教师要引导学习者在学习过程中树立远大理想和正确方向。在课堂教学中教师不仅应该关注那些让学生感到新奇、有趣和新颖的知识内容，还应该为学生营造一个开放且平等的学习氛围。教师可以利用各种方式和渠道去培养学生自主探索、合作交流、分析问题及解决问题的能力等。其次，教师要鼓励并引导学生在课堂上展开积极而富有成效的讨论。教师应为学习者创设交流、展示、表达及思维碰撞的机会，积极引导小组成员交流观点、讨论内容。通过合作学习方式来培养和提升学生们独立思考与分析的能力。最后需要教师发挥榜样作用，引领学生在实际学习生活中形成正确且符合实际要求的良好学习习惯；并且要充分发挥好教学评价体系中关于情感态度与价值观方面内容对于促进知识发展所起到作用；更要注重教学评价中对小组成员进行分层指导和评价，以促进学习者养成良好的学习习惯并不断提高他们学习成绩及能力水平。

共同愿景对合作学习具有积极影响。当小组成员在学习过程中将自己所理解并认为正确之处或者不足之处与他人分享时，他们会意识到自己的想法可能存在偏差，因此可能会改变原有认知体系从而更好地进行自我反思。通过对共同愿景进行研讨和讨论，可以将学生的认知体系建立得更加完整、统一、系统；能够使学生明确目标、增强自信；可以使小组成员之间互相帮助、共同提高；更好地培养了学生相互尊重、协作意识和团队精神。

四、树立共同成长与进步的目标

目标是对活动能取得的结果的主观想象，是人自己在大脑中形成的思想意识，也是活动的预定目标，是人们努力的方向。想要构建一个学习共同体，教师必须清楚地认识到：学习共同体的共同目标是使教师和学生一起成长、共同进步，也就是通过学生自身的发展和提高来推动教师的专业发展；通过教师自身的专业发展，引导学生的不断成长和提高。在构建学习共同体的过程中，要营造一个良好的教育与教学环境，让学习共同体成为教师与学生共同成长、共同进步的精神花园。学习共同体的建立需要确定一个共同的学习目标，这个目标可以是一个具体的学习阶段目标或者是一个具体的学科专业研究方向和目标，也可以是一种教学方法或教学思路，还可以是一种对学生发展具有积极影响的学习策略和教学行为。

我们所设定的目标一定要有可操作性，如果教师自身能力不足就会导致课堂上对那些知识点、知识重点把握不准；如果学生掌握得不够就会导致课堂教学效率不高。我们所设定的学科专业研究方向一定是以学生为主体、以学生发展为中心。例如：语文课中要让孩子们掌握基础知识、基本能力和方法技能；数学课中应让孩子们学会解决实际问题、提高实践创新能力和应用能力等。制定了共同成长与进步的目标就要有针对性地组织学习活动。为了促进教师对自己所教领域内所发生事情以及学生学习情况进行分析预测并进行针对性引导和指导，学习共同体还必须有相应的目标设置机制或反馈机制来对自己学习活动进行监控和调节，以便更好地掌握和运用教育规律，使教育教学活动更好地服务于学生发展，更好地促进教师专业成长。

"学习共同体"是一个抽象的概念，要想理解和把握学习共同体的共同目标，我们必须对相关课程的教学内容进行分析研究。通过对学习共同体教学内容进行梳理分析，教师可以明确目标，即为了达到什么目的，要取得什么结果，从而明确"学习共同体"应该达到什么样的目标。教师在教学活动中要时刻关注学生的学习情况，要时刻考虑如何帮助学生成长与进步。教师只有树立起学习共同体的共同目标，才能更好地开展教学活动，实现教学目标。这就需要教师树立起共同的目标，形成一种"学习共同体"，为了共同的目标而努力。教师在实现这个目标的过程中，会发现许多新问题。在这种情况下，就需要教师不断地去反思、去实践，不断地学习和交流，使自己更好地适应教学工作，所以只有共同的目标才能促进教师实现自我发展和成长。在学习共同体当中，每个成员都很重要，因为只有每个成员共同努力才能实现共同目标；也只有大家都想去提升自己才能够促进共同发展。当我们真正地建立起了学习共同体以后，它就不再是一个简单的教学活动了，而是一个真正意义上有"共同进步""互相帮助""共同发展""互相促进"等多种美好愿景在教师和学生之间相互交融在一起形成的一种新的教学模式——学习共同体。

"没有规矩不成方圆"，学习共同体的建设离不开共同目标的确立，教师要明确自己对教育教学工作应当承担的责任与义务、对学生应当担负的期望和要求、对自己专业发展应当具备的能力和素养要求等各项内容，只有教师明确了这些内容，才能制定出符合学习共同体共同目标的内容，为学生树立明确、具体的前进方向。教师在确定学习共同体共同目标时，一定要遵循以下几个原则：

一是要体现整体性。在建立学习共同体的过程中，首先要把各学科的目标进行整合，如语文的整体目标是：通过阅读教学使学生养成良好的文学素养，在此基础上形成自己的写作风格，并提高作文水平。数学、英语等学科则要把整体目标细化为某一单元甚至具体知识点的发展目标。

二是要体现动态性。在建立学习共同体过程中，一定要有一个不断变化、逐渐完善的过程，这就需要把各个学科和知识点进行整合后形成新课程标准和教材体系，并随着新课程改革的不断深入进行完善。

三是追求多样性。教师在学习共同体构建过程中既可以发挥自己特长又可以弥补自己不足之处。例如语文组中有一位老师非常擅长写作，就需要教师在构建学习共同体的过程中发挥她的特长；数学教师具有语言表达能力非常强、文字功底也比较深厚，就需要他能把教学重点、难点和学生容易出现问题以及容易出错的地方讲清楚；英语组有一位老师对词汇记忆与语法讲解都很擅长，就需要她能根据不同水平的学生所出现问题制定相应教学策略。

四是能够促进共同成长与进步。教师建立学习共同体是为了实现共同成长与进步和发展。总之，教师在建立学习共同体过程中要明确自己对教育教学工作所承担的责任和义务；明确学生应当承担的责任和任务；确定自己应当具备的能力和素养；以及在确定目标基础上所提出的具体要求等。这些目标确定后，教师在实施教学过程中一定要有一个循序渐进的过程，不能操之过急。在这个过程中还要注意以下几个方面：一是把握好教学活动的节奏。教师应该把握好教学活动的节奏，在活动过程中教师要适时调整自己的教学进度和方法，并要把学生参与学习活动作为一个重点。二是不断学习，提升专业素养。教师除了加强自身学习外还要通过培训、学习等方式提升自己的专业素养，使自身具备相应的专业知识。三是在教学中注重细节。在课堂上要注重细节处理，因为细节决定成败，因此在进行教学设计时我们一定要注意考虑到不同层次学生的学情和教师授课时所运用的不同方法。此外在讲课过程中不仅要关注学生是否听懂、理解和掌握相关知识，更要关注学生思考问题时是否有新思路、新方法等。四是不断调整自己的教学策略。教师在课堂上应该时刻关注学生学习情况，并根据具体情况及时调整自身教学策略。教师可以根据自己对每个学生了解程度及每个学生所具备的知识水平、学习能力及接受新事物能力等情况制定具体的教学策略，这样就可以保证学生在课堂上能够学有所获、学有所成。

五、多元评价，促进小学课堂学习共同体中学生的全面发展

基础教育课程改革要求评价方式走向多元，小学课堂学习共同体是新课改理念下产生的一种学习共同体，因此，它也要求评价方式多元，并希望通过评价，反馈、调节、监控学生的主观认知过程，对学生的成长与发展施加影响。评价方式和方法多元化，可以综合质性评价与量性评价的优势，采用质性评价与量性评价相结合的评价方式，综合利用测试卷、访谈、档案袋等工具对小学生的课堂学习情况和学习结果进行评价，自评与他评相互补充，不仅关注评价的结果，而且关注评价的过程。

1. 质性评价与量性评价

很长一段时间，我国的教学评价以量化评价为主，质性评价是随着对传统的以量化为特征的评价范式的反思批判而发展起来的，如今的教学评价大多倡导综合利用这两种评价方式的优势，完善对学生学习和教师教学的评价。量化评价具有严谨、客观、简明等特点，但无法对学生的非智力因素及学生的学习过程进行有效的评价。质性评价能比较全面、深入、真实地再现评价对象

的学习过程，但它费时费力、评价结论主观性较强。小学课堂学习共同体中的评价就可以综合这两种教学评价方式的优势，对学生的行为表现和学习结果形成更全面完整的评价，以正确的、发展的眼光看待学生，以评价促发展。

量性评价将复杂的教育现象简化为数字，主要通过测试、量规（量表）等方法进行评价，测试是教师编制试卷对学生的学习效果进行检验，量规具备一套准确的评分标准，能清楚地区分学生学习的质量并提供事实依据。小学课堂学习共同体中的评价，根据不同的主题内容设计和现实需要，选择相应的量性评价方式，目前使用最普遍的量性评价方式是测试卷。

"质性评价力图通过自然的调查，全面、充分地揭示和描述评价对象的各种特质"，质性评价工具包括调查问卷、访谈法、观察记录、核对清单和档案袋等。调查问卷、观察记录、核对清单都属于调查的方法，前者是问卷调查法，观察记录及核对清单是观察法。调查问卷，教师将想要了解的信息编制成问卷，让学生进行书面作答，从学生的答案中获得他们对有关问题的态度、观点和看法。访谈法更加灵活多样，可以用来补充或深入调查问卷中的提问，学生自由表达。观察记录是指，教师可以在课堂中观察并记录学生的行为表现和学习过程，可以根据观察到的现象主观记录，也可以先拟定一个行为观察表，进行核对勾画，这种方法通常用来关注学生学习的过程。在教学过程中运用的各种开放式的题单，也都属于质性的评价方式，如将长方体与正方体的异同点进行整理，以图表的形式进行呈现。

以往的评价比较注重终结性评价而忽视过程性评价，事实上过程性评价非常重要且十分必要，尤其是在小学教学时，应该及时给予学生学习反馈，维持他们的学习热情，规范他们的学习行为。过程性评价最典型的方法就是档案袋评价，档案袋评价是在档案袋中收集学生学习过程的阶段性成果，对评价对象进行客观综合性评价的方式。档案袋中主要收集小学课堂学习共同体中的成员在学习过程中的学习分工、参与程度、活动过程、合作参与、对话交流及学习作品，以此来评价学生学习的努力程度、成长故事和进步状况。档案袋评价也是质性评价的典型代表。

2. 自评与他评

长期以来，课堂评价的权利都控制在教师手中，由教师对学生的学习进行评价；而小学课堂学习共同体的主体性决定，应调动起多元的评价主体，让教师和学生都参与进课堂评价中来。评价不再用来甄别和选拔，要发挥评价的发展性作用。教师评价可以采用量性评价与质性评价相结合，量性评价主要运用测试，质性评价可以是教师对学生的作品进行搜集，采用档案袋的评价方法；也可以用质性的评价语言对学生的课堂行为、学习成果进行评价，教师的评价属于他评。他评还包括小学课堂学习共同体内部其他成员的评价或家长评价，同学间的评价主要采用质性的评价方法，通过主观的评价语言评价其他学生的行为表现和进步状况。自评是让学生自己对自己在小学课堂学习共同体中的活动过程和行为表现进行评价，也多采用质性评价，自我剖析，评述自身优缺点、进步和不足。调动小学生的评价意识同样是发挥学生主动性的体现，小学生喜欢观察和评价他人，要对他人进行准确、客观的评价，就要求学生将注意力紧密地集中在课堂学习中，从而保证了学生的学习参与度及持续性。学生通过自评及他评可以全方位、多角度的审视自己，端正不良的学习行为，培养良好的学习习惯，提高自身学习力。

以我校实际课堂教学为例。在《长方体与正方体》这一课中，教师采用了多种评价方式，首先教师为学生提供了问题明确、导向明确的"长方体的认识"的探究报告单，其次又启发学生完成开放式的"正方体的认识"的探究报告单，还让学生在课外独立思考或相互合作，完成长方体与正方体特征的比较，并且递交一份归纳异同点的表格或关系图，学生进行自主的设计。教师首先进行有效的引导，再给予学生想象及探究的空间。最后，拓展学生的学习领域。教师采用的评价方式是质性评价与量性评价相结合的方式，更加全面地把握学生的发展。在小组合作学习的过程中，又可以发挥学生的自评和小组成员的他评作用，评价方式多元有效。此外，还可以发动家长等其他主体对学生学习的评价，实现评价的多主体、多元、多层次，用评价反馈、调节学生的学习行为，促进学生的发展。

六、软文化和硬制度保障小学课堂学习共同体的运行

宽松和谐的课堂氛围，是小学课堂学习共同体的内涵特征之一，为师生创设良好的学习环境，对小学课堂学习共同体的建构十分必要。纪律约束，是小学课堂学习共同体的内涵特征之二，师生共同协商、订立共同规范，能有效约束小学课堂学习共同体的个体行为。宽松和谐的课堂文化氛围及共同规范构成了小学课堂学习共同体的软环境和硬制度，这两者双管齐下，保障小学课

堂学习共同体的有效运行。

1. 软文化：营造宽松和谐的课堂氛围

宽松和谐是指心理上的宽松和谐，小学课堂学习共同体中宽松和谐的课堂氛围的形成要靠全体成员的共同努力、共同建构，教师是营造宽松和谐氛围的关键人物，学生在教师的指引下相互包容，密切关注。师生在这种共同营造的宽松氛围当中能获得安全及归属、尊重及鼓励、支持及信任。因此，积极阳光、快乐和谐、宽松自在的课堂文化氛围是小学课堂学习共同体存在、发展的软环境，能为每一个共同体成员的学习创造有利条件，从而发挥学生的最大潜能，使其能积极且独立地表达和分享经验，最终保证所有成员保质保量地完成自己在小学课堂学习共同体中的学习任务。

（1）关注学生个体的兴趣

学习内容和学习方式是否符合学生的个体兴趣和内在需要往往是促进小学生学习的最大动力，因此在建构小学课堂学习共同体，为小学课堂学习共同体营造宽松和谐的课堂氛围时，教师要密切关注学生个体的兴趣，以兴趣为指引，设情导学、激趣入学。教师设计的主题内容与学生的生活情趣和生活实际息息相关，使学习过程生动、新颖。同时，小学课堂学习共同体还是一个学生与学生、学生与教师进行人际交往的"社会活动场"，学生的兴趣爱好是交往的重要组成部分，关注学生个体的兴趣能有效地促进学生间、师生间的交往。因此无论在学习上还是在交往上都应该关注学生个体的兴趣，学生的兴趣爱好得到了教师和其他同学的尊重及认可，能极大地提高课堂学习共同体的凝聚力、向心力，个体和个体心与心之间的距离越来越近，彼此靠得更紧，为构建宽松和谐的小学课堂学习共同体奠定了基础。

（2）促进人际关系的和谐

宽松和谐主要是人际关系的宽松和谐，而这种宽松的人际关系又为教师的教和学生的学做准备，因此营造宽松和谐的课堂氛围需要促进人际关系和谐。促进人际关系的和谐可以通过多种多样的形式，如开展丰富多彩的活动，加强学生之间、师生之间的交往和理解，人际关系的和谐及亲密就是在交往中不断形成的，学生间及师生间的误会也会在交往中澄清、冰释。小学课堂学习共同体中个体之间的交流逐渐增多，彼此更加熟络，也能为营造宽松和谐的课堂氛围做充分的准备；人际关系的和谐能加强学生个体对他者的说服力，可以发挥学习主动性较高同学的带头作用，把绝大部分学生"笼络"到课堂中来，从而进一步促进学生的学习。小学课堂学习共同体中保持着一种友爱、宽松、民主、和谐的氛围，共同体成员在这种氛围的作用下相互倾听、交流，无所顾忌，像是置身于一个大家庭中，温馨和谐。和谐、轻松的课堂氛围也利于学习效率的提高及全体成员的身心健康。学生的创新力、想象力、表达力的培养都离不开宽松和谐的课堂氛围作保障。

2. 硬制度：订立课堂共同规范

小学课堂学习共同体中的宽松和谐并不是完全的自由，自由应当以纪律约束为保证。共同规范作为小学课堂学习共同体的纪律约束，是共同体成员要遵守的行为准则，能保障共同体中学习活动的顺利开展。共同规范的订立应该由教师积极组织学生进行共同协商，以便全体成员都能自觉遵守。订立共同规范时应明确哪些行为恰当、哪些行为不当，鼓励正确、恰当的行为，在共同规范中将提倡或避免的行为与奖惩方式一同确定下来。如，在小学数学课堂学习共同体中，做好准备，投入学习；认真听讲，积极思考；主动探索，互帮互助；承担责任，合作交流；突破陈规，创新思维；勇于表达，有序进行等行为应当得到鼓励，我们可以给予这些积极的行为以学生喜欢的奖励。至于哪些奖励是学生喜爱的，也应当鼓励学生自己发声，积极交流讨论。在订立共同规范时要遵循一些准则，这里阐述其中最基本的两条原则：

（1）奖罚分明

奖罚分明是指，给予恰当的行为以明确的奖励，给予不恰当的行为施加明确的处罚。奖励和惩罚是对学生行为的外部强化或弱化的手段。对于促进小学课堂学习共同体学习的行为应当予以奖励，对影响和阻碍小学课堂学习共同体学习的行为应当予以处罚。例如，对于破坏小学课堂学习共同体稳定和谐的行为，根据具体情节的不同，给予不同程度的处罚。在奖惩的过程中，应当多运用教育心理学中的"正强化""负强化"，减少运用"惩罚"。增加一个喜欢的刺激从而增加事件发生的概率是正强化（如给表现好的学生奖小礼品），撤销一个厌恶的刺激而增加事件发生的概率是负强化（如表现好的话就取消"不可以看电视"的限制），而惩罚也包括正惩罚和负惩罚，惩罚是通过是呈现一个厌恶的刺激或撤销一个喜欢的刺激以减少事件发生的概率，如表现不好的学生不可以参加参观少年宫的活动是负惩罚。最终，将奖励和处罚方式以文字或图文并茂的形式固定下来，奖励和处罚方式也由学生自己拟定，更符合成员的实际及需要。这样，全体成员对小学课堂学习共同体鼓励的行为了然于心，有利于全体成员将规范内化为自身自觉的行为。

（2）体现人文关怀

共同规范由教师领导全班学生讨论协商制定，充分尊重小学生的个体话语权，关怀学生个性，这是体现人文关怀的一方面。奖惩的具体方式应该人性化，不应采用体罚等不合理的处罚方式，这是体现人文关怀的第二方面。共同规范的表达应以书面的形式确定下来，可将其印成小册子，人手一本，体现纪律的严肃性，同时让学生可以及时翻看，纠正自己的行为，措辞表达时尽量不使用"务必""禁止"等严苛性话语，多用"可以""请"等具有人文关怀的词，这是人文关怀的第三方面体现。同时，共同规范应该及时的补充、调整、完善。

小学课堂学习共同体的建构需要从以上论述的六个方面着手，这六个方面的建构策略可以帮助共同体的全体成员建构温馨和谐、宽松民主的小学课堂学习共同体。

全体成员在共同规范的约束下，在共同愿景的指引下，围绕教师的主题式内容设计，共同探究，发挥学生的学习主动性。教师作为引导者，在旁帮助学生学习，培养学生学习的热情，发展学生的学习能力，为小学生的终身学习做准备。

第三章 "学习共同体"之内容构建

第一节 构建有益于合作的师生关系

学习共同体的学习方式是以学生为中心的、合作性的、反思式的学习活动。在传统教学中，教师通常是"独白者"，学生是被动接受者。构建学习共同体，必须突破传统的师生关系，建立相互信任、相互尊重的关系。这种新的师生关系是建立在相互尊重和信赖基础上的，是一种平等的交流。它可以使师生之间互相关注、互相支持，在一个和谐的环境下开展教育和教学，学生成为课堂最活跃的主体，而教师则是引导者和服务者。这就要求构建一种"以学习者为中心"的新型师生关系，让学习变得更有效、更有意义。

一、师生关系对学习共同体的影响

在传统的课堂教学中，教师很难考虑到每个学生的兴趣，学生的参与意识较弱，学习积极性较低，对老师的提问缺乏认真的思考，难以产生兴趣，难以形成师生之间的默契。学习共同体是教师和学生共同学习、面对面交流、不分年龄、不分级别，教师和学生都是平等的，学生可以在课堂上自由发言，表达自己的意见，改变师生关系的单向性，消除学生的排斥心理，调动学生的积极性，促进学生积极参与。同时，学习共同体也提倡人文关怀，促进师生的情感共生，从而创造完美的教学环境。

1. 增强师生之间的课堂互动

学习共同体打破了传统的课堂教学模式，它是由师生组成的多个学习团体，师生都是独立的个体，个体之间相互平等。通过学习共同体，学生能够提高自身的存在感。教师应充分挖掘每个学生的特点，制定相适应的、合理的教学计划，激发学生的兴趣，缩短师生距离，转变教师对学生的态度，促进师生关系的和谐发展。课堂教学是师生交往、积极互动、共同发展的过程。建立良好的师生关系，有助于增强学生学习数学的兴趣和动机，激发学生的积极性和主动性，而良好的师生关系可以增强师生之间互动。我们知道，课堂上的效果好坏，很大程度上取决于学生参与课堂活动、与教师进行情感交流的程度和次数。在这方面，学生和教师都应该意识到良好课堂氛围对学习数学至关重要。首先要建立良好、融洽的师生关系。教师应向学生展示积极的一面，让他们感到教师喜欢自己，从而产生亲近感。便于教师与学生之间建立和谐、融洽的师生关系，使学生能够理解和信任教师，并在遇到困惑时主动寻求教师的帮助。其次是学习共同体是教师和学生共同学习、面对面交流、不分年龄、不分级别，在学习共同体中，学生可以自由发言，表达意见，从而激发学生的内驱力，促进学生主动积极参与知识再加工的过程。

2. 完善学生完美人格

人格是一个人的基本品质，包括：知识、能力、气质、性格。要使学生养成健全的人格，就要有科学的教育理念，科学的教育方法。每一位教师都希望自己的学生拥有完美人格，每一位家长也都希望自己的孩子拥有完美人格，事实上，良好的师生关系是可以帮助学生完善人格的。在良好的师生关系中，教师和学生之间既有合作又有竞争。双方为了更好地完成教学任务而相互促进、相互提升，这不仅有利于学生自身发展，而且有利于教师教学水平的提高和教育教学质量的提升。心理学上的人际关系是指人们在交往中所建立起来的人与人之间的心理联系。心理学家认为，一个人能否与他人建立良好的人际关系，是他人格完善与否的重要标志。良好的师生关系就是这样一种在人格上对学生形成良好影响、促使学生不断进步和完善自己人格的教育。"亲其师"就是要关心学生，尊重他们，以平等身份和他们交流，才能使师生关系达到"亲"。

3. 促进学生间互助互联

学生之间互助互联强调了心理健康的重要性，有利于积极心理品质的培养，可以让孩子们在学习中更加自信。学习共同体强调学生合作学习、互惠学习，学生之间需达成互助互联。良好的师生关系，是学生友好沟通的桥梁，是学生构建互助互联的润滑剂。除此之外，学生们还可以自发地互相帮助，互相监督，互相学习，互相评价，共同进步。

4. 提升教学和学习质量

国外研究表明，教师与学生之间关系的亲疏在很大程度上决定着课程的教学质量。很多教学质量评估表格都把师生对话与互动质量作为衡量学校教学质量的一个重要标准。据有关研究发现，师生关系的融洽程度与教学信息传播的效果之间存在着显著的正相关，教师向学生传达着不同的思想和态度，从而影响着他们对外界的认知和理解，以及他们对自身的认知和评估。因此，在学习团体中，教师与学生之间的关系是教学质量高低的关键。在教学团体中，老师既是组织者、指导者，同时也是合作伙伴。在课堂上，教师要和同学一起探索知识、发现问题、解决问题。所以，在教育活动中，教师要充分发挥其领导作用，在整个教学活动中扮演"杠杆"的角色。首先，要制定出一套行之有效的教学策略，以指导学生学会如何运用好教师所传授的学习方式。同时，老师要与同学们一起，对新知识、新问题进行研究。通过这种方式让师生相互尊重，相互信任，相互扶持，成为彼此信赖的伙伴；他们讨论、分析共同关注的问题，从而促进彼此在认知、情感和行为上的不断发展；他们共同分享经验教训与成果等。同时，教师还要从自身做起，为学生树立良好榜样并建立和谐关系；在与其他成员沟通交流中也能充分展示自己好的一面并展现自己对教育工作的热情和奉献精神。

5. 建立沟通和信任的关系

一方面，在学习共同体的形式下，师生双方的时间可变性得到加强，不受时间、地点的限制，师生可以提前预约好时间随时进行交流，从而使教育者和受教育者的角色发生转变，使他们更好地参与到教学中来，提高他们的归属感、参与感和获得感。而学习共同体作为一种教学模式，可以让老师更多地考虑到学生的情感需要，满足他们的发展需要，从而提高自身在学生心中的地位，并建立起一种和谐的师生关系。在这种融洽的师生关系中，学生们积极主动，乐于学习；教师工作热情高，教学效能感强，工作经验丰富。教师与学生共同努力，创造了一个良好的学习环境。高效的学习共同体的建构需要教师与学生之间进行有效的沟通和交流，这是创造学习共同体的关键。这种沟通交流活动不仅仅是简单的一对一交流，还需要建立起与其他成员间的合作关系。通过沟通交流，不仅可以促进教师对特定学生知识掌握情况的了解，同时也有助于教师对学习共同体内其他成员情况的掌控，更可以使教师从中发现自己教育教学方面存在的问题以及应该改进的地方。

二、树立正确的师生观

师生是学校最主要的两个主体，教师与学生的相互依存使得教学永无止境，因此，师生之间的联系也就成了建构学习共同体的一个关键因素。怎样在学习共同体中建立起一种新的"教师与学生"的联系？要建立起良好的师生观，对传统师生观进行扬弃和突破。在当今的时代，老师与学生是相互对等的两个主体，他们的交往是以"学"为核心的，从教室开始，再到教室之外，是课内外互动的有机统一，是线下教学与网络教学的有机结合，是一种相互交流，相互信任，联系紧密，互动频繁，友好和谐的关系。师生之间的这种联系可以促进师生共同进步，共同成长。

树立正确师生观是创建学习共同体、构建新型关系的关键。在当代，教师和学生是两个平等的主体，教师与学生的关系是以学习为核心的，始于课堂超越课堂，是相互交流、信任、联系密切、互动频繁、友好和谐的关系。师生之间的这种联系，使师生共同进步，共同成长。所以，老师应该对自己的学生有同样的尊敬。心理学的相关研究显示，尊敬是与生俱来的，也是彼此互相的。老师对学生的尊敬，使他们自然地尊敬老师，产生一种"爱屋及乌"的正面心理效果，使他们产生乐学、好学的良好心态，消除厌学心理。在这种师生关系中，学习共同体的建立正是自然而然地激发了学生的自主意识，从而使他们开始思考，在思考中为人，在思考中做事。教师是学生学习和成长中的榜样，教师对学生的影响是深远的。教师对学生影响要在积极正面的方向，为人要正直，有正确的价值观，不能总是对学生进行负面评价。作为一名教师，要尊重每一个学生。不要有特权思想，不要有一种"我比你高、我比你强"的优越感。孩子很小的时候，就需要被尊重被肯定，人在社会上难免会有各种矛盾和冲突。孩子也是人，也会有自己做错事和犯错的时候。老师要做他们成长路上的引路人和帮手。教学是师生双方活动的过程。

1. 学生是学习的主体

"学生是学习的主体"，这句话一改传统的"教师是学习的主导"的教育理念，意味着教师和学生都应成为学习活动的主动参与者，教师和学生都要成为学习活动中的主动者。这句话反映了新课改理念中倡导教师和学生之间相互尊重、平等参与、共同发展的理念。当前，课堂教学改革要求我们更加重视培养学生探究问题、解决问题的能力，更加关注其创新精神、实践能力和终身学习能力；在课堂教学改革中要把培养学生核心素养作为根本任务，并落实到课程内容、方式与评价之中。

2. 教师是指导者、帮助者

教师是指导者、帮助者，帮助学生树立正确的学习目的，并在此基础上引导学生自主地参与到学习活动中，而不是代替学生完成学习任务。教师应该教给学生学习方法、知识技能以及发展思维的途径，培养学生的独立能力、创新精神和实践能力等。这就要求教师要具有终身教育意识，不断地提高自身素质和教育教学水平。学校教育中，教师与学生之间是一种双边关系，而不是单向的老师教学生，"听老师的"其实是很危险的。教师和学生不应该是单一的从属关系，更不能把师生关系看作一种单向的管理与被管理关系。而应该把师生当作相互合作、相互支持的伙伴关系，这样教师就可以在教学过程中帮助学生理解并学会运用知识。比如当学生不能很好地理解概念时，教师就可以帮助他们进行相关知识储备的调动；当学生出现错误时教师也要帮助他们找到错误并纠正。

3. 教师与学生之间是合作互动关系

教育是以人为主体的社会活动，教师在学生学习活动中是一个积极的参与者。学生需要教师，教师也需要学生，师生间要建立起一种平等友好的互动关系。让学生主动积极地参与到学习活动中来，充分发挥他们的主动性和积极性。教师不仅要根据自己对教材内容的理解对教学内容进行调整，更重要的是还要根据自己对学生、对教学内容等方面的判断主动地引导学生去思考、探索，使学习活动变得生动活泼而富有生命力。这样有利于提高学生主动学习和参与学习活动的积极性，同时也有利于师生间情感交流，使课堂教学能达到最佳效果。

三、如何构建有效的师生关系

建立一个民主、轻松的学术环境。老师不能在教室里指手画脚，要让孩子有足够的自由，多鼓励，少约束；让同学有更多的时间去怀疑，给予更多的期望、更少的批判。建立合作、友爱、民主、平等、民主的师生交往，营造轻松、愉快、民主的课堂气氛，使师生的主观能动得到最大限度的发展。在课堂上，老师要对学生进行高效的组织和安排，以三五个人为一组，使他们能更好地发挥自己的优势，形成一个互相帮助的、双赢的学习环境。在教学中，要形成民主的、平等的、亲密的、无间的师生联系。构建和谐的师生关系、成为同学的知己、发挥他们的潜力、提升他们的信心、鼓励他们积极地进行讨论、以诚恳的心态与同学们进行沟通、平等地交谈、敞开自己的胸怀、以行动带动他人、以智教人、以德育人，这些皆是营造和谐平等的教育环境来提升教育质量的有效方式。

加强对课堂教学管理的研究。根据学科特点和学生特点，设计不同层次的问题情境、课堂活动和评价方法，引导学生积极主动参与学习。在教学中要多使用激励性语言来激励学生。同时，为学生提供自我评价的机会，使其具备反思能力和自我管理能力。好的课堂教学管理可以让学生更好地吸收知识，感受老师的魅力，对老师敬仰，从而优化学生的学习效果，构建有效的师生关系。

建立积极的师生关系。教师要成为学生学习的促进者，成为学生的好朋友；在课堂上对每个学生都一视同仁，让每个人都感受到教师对自己成长、进步的期待和关注；为每位学生营造一种宽松和谐、民主平等、合作探究的教学氛围。教师与学生之间的互动是学习共同体中最基本、最重要的部分，也是学习共同体形成和发展的基础。教师应在课堂上与学生沟通，能及时了解学生在学习过程中存在的困难，帮助学生解决问题，而不是只注重结果而不管过程，忽视了对学习效果的评价。教师应适时调整教学策略和方法，组织引导学生开展合作探究、动手实践等活动。在合作学习过程中，教师要充分认识到这是一个充满挑战的学习过程，师生必须通力合作才能取得成功。在此过程中学生会遇到许多困难和挑战，要让他们积极参与进来并且很好地解决这些困难和挑战。比如当发现一个学生无法解决问题时应当帮助他；当发现某些小组无法完成任务时应当鼓励他们克服困难、互相帮助；当小组遇到困难需要共同讨论解决时应及时引导；当遇到问题时需要其他小组成员配合解决时应及时沟通、协商等等。通过合作探究、动手实践等活动可以提高学生的信息处理能力、逻辑思维能力和创新能力，形成互助互学、相互尊重和包容开放的集体人格。

认真倾听，倾听学生的意见，充分考虑学生的内在需求，尊重学生的话语权。尊重学生的主体地位，帮助他们解决困难，而不是将自己的思想强加于学生身上。在与学生接触的过程中，要坚持友善、平等的原则，特别是对成绩不佳的学生，要用爱心和耐心去感化他们，让他们发挥出自己的长处。对每一个学生都要关心关爱，尊重学生，根据学生的不同特点和成长规律，有针对性地进行教育管理。对于不同的孩子，要采取不同的教育方法，才能使他们掌握一定的生活技能。

四、树立教育民主思想

在中国，"教育民主"是一个新的概念。从某种意义上说，这是一个经常被人们忽视的问题。教师在师生学习共同体中起着引导作用。在学生的成长过程中，教师也扮演着引导学生发展的角色，既要激发学生的潜能，又要设计学生的教育内容，还要推动教育实践的发展。在学生的自主性中，老师一直是促进和引导学生的主要因素。在课堂中，老师要注意聆听，要尊重和协助学生克服各种问题，不要把自己的想法强行灌输给他们。培养学生的民主观念，形成民主作风，形成民主、平等、亲密无间的师生关系。教育民主是教育发展的需要，也是培养人才的需要。只有实行教育民主，才能实现教育的公正性、科学性、民主性。民主是中国教育改革与发展的必由之路，

1. 要树立"以学生为本，以学生发展为中心"的教育理念

在建构学习共同体的过程中，教师与学生就像是园丁与鲜花的关系。要使幼苗茁壮成长，适时开花结果，必须为幼苗创造一个适合的成长环境。正如园丁要了解不同树种的特性，根据其生长规律进行培育，以学生的全面发展为出发点与归宿，精心策划人才培养计划，营造有利于学生成长成才的良好环境。在教育和教学中，要以"一视同仁""以人为本"的原则，平等看待每一

个学生，教师只是教学活动中的引导者和组织者，学生才是学习活动的主人，而非客人。教师要帮助学生选择学习内容、方法和手段，以求得最佳发展，这就要求我们转变观念。

2. 构建民主的师生关系

民主的师生关系是指教师从传授知识到建构知识，要意识到，在学生看来，学习的过程是师生共同体的知识生成的过程，师生共同体意味着师生关系的人性化，只有如此，才能构建起一个和谐的学习共同体。教师与学生之间的关系是一种平等关系。平等是指相互尊重，即双方人格平等，都有独立存在的价值和意义。教师在教学中，既是传授知识的人，也是引导学生积极主动求知的人；学生在学习过程中，既是接受知识的人，也是发展和完善自己的人。由于双方地位的平等，形成了一种互相尊重、互相信任的关系。因此，教师在教学过程中要时刻注意自己的言行举止和教态风格等方面对学生产生的影响；同时注意发挥教师在教学过程中所具有的权威性作用。当学生在学习和生活上遇到困难时，教师应该给他们提供帮助；当学生表现好时，教师应该给予鼓励；当学生犯错误时，老师也应该善意地批评纠正。只有这样才能建立起良好的师生关系，创造出民主和谐、平等气氛。

3. 给学生独立思考的空间

给学生独立思考的空间，就是要求学生在学习中不要亦步亦趋，不要把教师给他们准备好的知识都学完了才去思考。这也是建构师生共同体的重要意义。教师在教授知识时应少一些说教，多一些启发；少一些灌输，多一些引导；少一些介入，多一些信任。就像爱因斯坦所说："学习科学知识最可靠的途径之一便是自己进行思考。"怎样让学生去独立思考呢？有两种途径可供选择：一是由教师或家长教给他们。当然这种方法显然不可能做到让学生真正地独立思考，因为没有几个学生愿意去独立思考。但可以让他们了解到许多知识都只是一个人或者一部分人所掌握的理论知识而已；二是让学生自己去探索、发现，用自己真正感兴趣的东西去学习。而第二种方法更有利于学生独立思考的培养。

4. 实行教育民主存在的问题

虽然教育民主思想已深入人心，但有些老师在实际工作中，往往只是把它看作是一种政治口号，而不是具体行动。所谓教育民主只是一些人的"专利"，与自己无关。其次，在制度上有缺陷。教育民主思想在我国已经提出十多年了，但还没有真正建立起相应的制度保障体系。比如各级政府如何实行教育民主。再次，在操作上有困难。当前的主要问题在于如何协调各种社会力量参与教育民主建设的积极性和有效操作等方面。我国目前还没有普遍建立起具有操作性的制度保障体系，学校民主管理体制建设问题：学校应该建立起真正意义上的、能够实行校长负责制、全员聘任、竞聘上岗、按岗定编等一系列教育民主管理体制建设内容和运行机制保障制度，而不应该仅仅停留在口头上、文件上和纸面上那么简单。学生民主管理制度建设问题：应该建立起真正意义上的学生参与学校事务和决策实施程序中来并与之相结合而发挥其应有作用的体制机制。

五、关注每一位学生

教师应意识到，建构学习共同体的过程是一个循序渐进的过程。因此，在这个过程中，要注意发现、认识学生，充分发挥每个学生的潜力，使每个学生在学习共同体中都能得到充分的发挥，使每个学生都能在这个学习共同体中健康地生长，使教育与教学真正实现"和而不同、共同发展"。

1. 多鼓励，少批评，及时肯定学生

激励既是一门管理的艺术，又是一种教育调控的工具。要建立一个学习共同体，教师应注重适当的激励，以促进其对自身潜力的认识，提高其自信心。实践表明，运用"激励+期望"的方法来建构学习共同体，取得了很好的成效。学生在教学中得到表扬和鼓励，从而获得成就感，这将极大地提升学生的学习热情，并使其产生积极的学习动机。在对学生进行评估后，学生能够得到充分的成就感和满足感，进而提高他们的积极性。这样的课堂学习能够充分调动和激发学生学习的主动性和学习潜力，促进了课堂的教学。

2. 要满足学生自我实现的需要

为了建构学习共同体，教师必须意识到，在调动学生的学习动力的要素中，最基本的要素就是学生的自我满足。因为每个人心中都有一种内在的自我满足需求。因此，教师应注重从学生的生命活力出发，通过良好的教学手段来唤醒他们，使他们的生命意识能够启发他们的心灵，发掘他们的生命潜力，使他们的个体得到充分的发展，从而使他们在学习共同体中形成一种特殊的生存模式，从而使他们拥有更强的生命力。在教育与教学过程中，提倡"以人为本"，但在不同的智力水平、家庭背景、性格等因素下，教师要针对不同的学生进行有针对性的培养，注重对学生

的学习需要和学习的进程进行实时的反馈和评估，从而在原来的基础上充分发挥其潜能，从而实现其全面、个性化的发展。随着年龄的增长，学生总是希望能得到老师和家长的认可、尊重、信任和喜爱，而当这种需要得不到满足时，他们往往会产生消极情绪，甚至心理疾病。学生的这种需要基本上要通过学校来满足。教育是为了学生，也是为了自己。学校有义务、有责任帮助学生实现自我发展。为此学校应该以满足学生自我实现的需要为宗旨，从内部出发，激发学生的学习积极性和主动性，提高课堂教学效率和质量。

3. 让学生参与评价，建立班级内的竞争机制

在教育改革中，必须重新建立一种新型的评价机制。首先，教师要摒弃"唯分数论""唯成绩论"以及教师自身经验和价值标准而形成的"以人为本"的新发展观和新课程观。其次，在教育活动中让学生参与评价是十分重要的，尤其是对那些在课堂上表现不好或者表现一般（如课堂纪律差等）且需要鼓励和肯定的同学而言更为重要。最后，建立新型考试评价机制还必须要重视竞争机制的运用。竞争机制可以给学习成绩不好或者表现不佳而又努力上进者以巨大动力，使他们乐于学习。竞争机制对提高教学效率有积极作用；但在课堂中也存在着一些消极影响，如：有时学生为了抢到好成绩而故意干扰其他同学学习；教师为调动学生积极性而不得不花费大量精力进行课堂管理等。这些都会造成时间、精力和经济上的浪费，也不利于学生学习兴趣和积极性的提高。教师要鼓励和指导学生运用适当方式进行自我评价，如书面小论文、小报、日记等形式；指导学生开展互助学习和互相评

价活动；鼓励他们参加学校组织的各类竞赛活动等来培养自己良好的个性品质和团结协作精神及解决问题能力等。总之教师要帮助他们克服依赖心理、自卑心理等不良情绪，树立起信心面对新挑战。

4. 激发求知欲，引导学生自主学习

在课堂上，老师要做好"组织者"，在课堂上要充分调动学生的主动性，引导他们进行自主的、积极的学习。老师的问题要有启发意义，运用提问法，使同学能够对问题进行反思，找到规则，并能有效地解答问题，让同学们成为课堂的主宰。让学生有更多的自由，给他们自己去做、亲身实践、发挥想象、大胆创新的机会。增强学生自信心，激发他们的求知欲。教学中要积极营造一种和谐活泼、宽松和谐、民主平等的学习气氛和人际关系。那么如何进行课堂导入？

（1）课前创设情境法：教师可先做些准备工作，设计几个问题，让学生带着问题去看课本，然后在课堂上提出这些问题并进行讨论解决。可出示一些图画或实物让学生观察并讨论，还可以利用多媒体播放一些与教材内容相关的图片让学生思考等方法创设情境。

（2）设置悬念法：利用故事导入法和游戏法设置悬念后引出课题，使其有吸引力而易于接受；利用实验法提出课题激发探究欲望；还可结合插图提问引导学生思维等方法来创设情境进行教学。

（3）设置疑问导入：提出问题后进行引导式提问，引发他们去思考；可采用"设疑"激发学生兴趣使其积极投入到课堂活动中；

也可用设"悬念"启发思考等方法来创设情境诱导其主动探究。

（4）运用激励手段导入：对学习有困难而又有强烈学习欲望的学生及时给予鼓励和肯定，让他们感受到成功的快乐。

苏霍姆林斯基指出："一个少年，只有当他学会了不仅仔细地研究周围世界，而且仔细地研究自己本身的时候；只有当他不仅努力认识周围的事物和现象，而且努力认识自己的内心世界的时候；只有当他的精神力量用来使自己变得更好、更完善的时候，他才成为一个真正的人。"在这种自我实现的过程中，学生的情感需求得到了充分的满足，而学习与成长也就成了他们的当务之急。

第二节　创建有利于交流的学习空间

情境认知理论认为，学习是情境的认知，学习知识离不开运用知识的情境。教师的教学活动是教师和学生的共同学习和成长的过程。教师的学习是以自身的教学为基础，以自身的教学问题为目标，以学生的发展为目标；学生的学习是建立在原有的知识体验之上的，是以问题为基础、以创新为基础、以协作为基础的学习。因此，师生要立足学习共同体，创设有利于沟通的课堂教学空间。"学习共同体"是一种重要教育模式，不仅有利于学生提高成绩与学业水平，形成合作意识和合作精神，更重要的是有利于促进学生智力发展、人格发展等教育目标的实现。所以在构建"学习共同体"过程中要采取多种方式促进：（1）增加活动空间和场所；（2）建立班级"小集团"；（3）打破班级界限；（4）通过多学科渗透进行跨学科教学实践。只有这样才能真正构建出一种促进教师与学生之间相互信任、相互合作、彼此学习、共同成长的生态环境。要从"学生需要"出发，首先培养学生合作意识、合作习惯和合作能力；其次要营造一个共同愿景：即每个师生都想成为一个优秀的人；然后形成一种学习氛围：即每个师生都愿意通过努力去获得成功，体会到成功带来的快乐和喜悦；最后形成一种文化氛围：即在这样一个学习共同体中，每一个人都觉得自己是最重要、最独特和最有价值之人。

一、网络教学空间

网络技术的发展，使学生交流平台的搭建成为可能，促进了师生之间有效的沟通，构建起了一种新型的、开放的师生关系。在这个平台上，学生可以相互交流学习体会；教师可以分享教学经验，传递知识与情感；家长也可以了解孩子在校情况并及时反馈；学校领导和班主任也可以通过这个平台及时了解学生情况。网络技术发展到今天，已成为知识获取、交流互动、个人发展等多方面学习必备的工具。通过网络平台与学生建立联系，通过网络实现交流与互动，既可以缓解学校目前师资紧张的压力和学困生较多的现状；又可减轻教师在教学中因对学困生没有关注而产生的困惑和不安。通过网络与家长进行有效沟通，让家长更好地了解学校教育情况及学生在校学习情况。这些都能大大减轻教师的工作压力，对教师进行科学教学起到积极作用。而通过网络平台与家长进行沟通与互动还能促进亲子之间、家庭之间建立和谐、融洽感情和良好关系，能有效地促进学生学习积极性和主动性的提高。学校、家庭和社会都非常关注青少年学生身心健康成长，家校合作也是我们一直以来都在努力做的一件事。作为学校教育中最重要一环，家长工作更是重中之重。随着新课程改革步伐日益加快，家校合作逐渐成为我们探索改革道路上不可缺少的内容。为了做好这方面工作，我们学校一直以来都坚持做这方面工作。在过去，家长与教师之间联系主要靠教师家访，一般周期为一个月左右，有些甚至一学期才能见到几次面。而现在，随着网络技术不断发展进步，网上交流平台的搭建在一定程度上方便了教师与家长之间沟通与交流。网络技术让学校更了解家长对学校教育教学工作的看法和建议；也让家长更了解孩子在校情况及教师对孩子学习态度、行为方面的评价意见；使学校老师能更加全面地掌握学生情况及学习效果；使学校能够更加科学地调整教学计划、教学方法和作业布置等活动；使家校合作更为有效、快捷等等。

二、课堂教学空间

教室是一个非常复杂和特别的情境，它包含了物态环境和人际关系。在教室里，空间的布置是多种多样的，并且对学生产生了更大的影响。针对教室空间的常用形式，可以大致分成如下：

（一）课堂空间设计类型

基本的课堂座次排列是传统的纵横排列模式。教师和学生之间相对而坐，是面对面的方式进行教学，也可以说是为教师而建的学习空间。课堂空间形态为秧田形态，这种课堂空间体现以教师为主体的特点，只不过从为黑板而建，变成了为多媒体而建、为屏幕而建。这种课堂空间，学生是以从属的特点生活在其间，是在教师的主讲下，被动地接受知识。所谓的"秧田"，指的是师生之间的距离。在这样的教室里，由于学生的位置过于拥挤，老师难以自如地穿梭于同学之间，使得老师们在讲台待得更久，对同学们来说处于支配地位且具权威，并由此而对师生的关系产生一定的负面作用。在这种教室里，老师限制了学生的活动，不能充分地激发他们的主动性，大部分的学生都是从老师那里得到知识，他们的交流和互动主要集中在同桌和前后两个桌子上，而且只有两到四个人的交流。师生的对话与交往多为群体的对话与沟通，师生个人的沟通与协作难以达到。也就是说，不能因人而异地进行个性化的教学。

特殊的课堂空间设计为非正式座次模式，如矩形、环形、马蹄形等。（1）矩形：允许同学们互相交谈，互相帮助，但在课堂上解释起来就会有一定的难度，而且会让班级更难管理，这样有利于沟通，但不利于全班的解释；（2）环形：更适于讨论，仍能完成课堂作业；（3）马蹄形：老师站在"U"字形空隙的另一侧，可以增加与同学眼神交流的机会，使整个班级更多地参加课堂活动，更适于师生一起进行研讨。矩形、环形和马蹄形的人数通常不超过25人，25人或更多的人则要用双矩形。马蹄形可分为两类：大马蹄形和小马蹄形。"大马蹄形"式的大马蹄式教学，教师积极参与课堂活动，拉近师生之间的心理距离。强化师生群体和个人的沟通和协作。这种地方，对老师来说，是非常有利的。和大的马蹄形不同，"小马蹄形"教室里的桌子和椅子就像是一个小小的马蹄形，可以让同学们相互学习，让同学和同学们的沟通变得更加方便，可以让同学们的交往范围扩大到 3—5 人，而更容易被忽略的同学们也有了参加的机会，他们的学习意识和主动性都得到了增强，他们学会了尊重、学习、表达、协作，并培养和发展了社交技能。老师没有固定的座位，在每次 5—10 分钟的小组教学中，老师可以单独进行个别或团体的辅导，与同学沟通，有利于因材施教。组合式教室的布局与"小马蹄形"类似，学生们按小组就座，学生们可以面对面地讨论、交流、合作，学生们也可以与教师面对面地讨论、交流，认真聆听。换句话说，小组式教室就是将小型的马蹄形教室划分为五个或多个。在这种教室里，学生们以团队形式进行学习，其中一两位学生会因为与同学们的交谈或聆听老师的解释而转变了自己的思路。因此，这种教室的环境更能反映出人的主观能动性。

暂时性的课堂空间设计：（1）堆式：学生紧坐一起，靠近注意的中心。有时候，他们还要站着，这样才能形成凝聚力，更适合做演练，让全班用大脑的方式来解决问题，或者用新媒体来教授；（2）辩论安排：会用于辩论或演讲；（3）兴趣站：合作学习的主要方式是进行讨论和演讲。将来的教室空间设计，会更加注重学生的需求，具体的可以大致分成体验式、互动式、情景式。具体如下：（1）互动空间的设计，它是指在课堂上注重师生互动，通过各种活动进行沟通，从而使课堂上产生有价值的课堂。（2）体验性的空间规划侧重于根据学员的心理、身体特点和个人特有的体验，开发出相应的教学流程，使其在实践中体验、感悟、通过反省体验，最后形成自身的内在自觉，通过不断的体验积累成为自身内在的伦理活动。（3）情境性的空间规划，是让个体在与他人、与社会互动的过程中，通过实践来增强自身的社交和自我发展。

（二）课堂空间对教学的影响

教学是教师、学生、情景三者相互影响的活动过程。课堂环境是影响教学质量的一个重要因素。教室环境可划分为"硬环境"与"软环境"，其中，教室环境包括教室内的座椅、光线、活动场所等；后者指的是教室里的社会心理环境，例如教室氛围、学习对象取向等。教室的物理环境是指教室内的时间、空间、座位的排列方式。在这些因素中，最显著的是课堂氛围和目标结构。班级氛围一般是学生在课堂上的主要情绪和态度，是学生学习的一个重要的社会心理环境。课堂气氛是影响学生学习积极性、学习兴趣、情感体验、注意力等的重要因素。

1. 影响学生的学习认知与情绪

在一定的条件下，学生的智力活动水平是与环境相适应的。光线、声音、温度等环境的强弱都会对学生的认知、情感产生一定的影响。从神经生理学和心理学角度来看，愉悦的心情可以激活大脑，让大脑皮层处于唤醒的状态，激发并维持人们的兴趣，并培养非凡的记忆力，活跃创造性思维。反之，消极的情绪可以降低大脑皮层的兴奋性，使之处于抑制状态，降低人的活动水平。学习环境对学生的影响是多方面的，并且还会因时、因地而异。如：教室布置形式、学习场所、教学资源（例如教学用具和课外阅读）等对学生产生一定的影响。因此，课堂硬空间的变化会带来教学方式与学习方式的变化，学生在教师所设计的教学空间里才能表现出更多的自主性和创造性。在小马蹄形中，教师所设计的课堂空间比较灵活、开放，有利于学生自主探究、合作交流，进而使其思维得到发展；在分组型中，教师所设计的课堂空间则是在教师控制下开放而灵活。

2. 影响学生学习的主动性

研究发现，知识的学习不仅是被动的，而且是对信息的理解、加工和主动建构的过程。适当的情景可以帮助学生获得新的经验，为学生提供丰富的学习材料和信息，有助于学生对知识的生成与发展积累经验、丰富体验，有利于学生主动探究、发散思维，促进学生的认知能力和思维能力的提高，提高学生的学习能力。因此，情境是理解、加工和主动建构知识的重要工具和手段。因此，在教学过程中，教师要精心设计每一个情景，为学生提供充分的学习材料。而学生也应该充分利用这种材料来促进学习和提高学习效率。而我们也经常会发现这样的现象：一方面，一些课堂上表现活跃的学生课下却很少主动地去参与学习；另一方面，有些班级的学生对某个问题研究得很深入、很细致。这正是因为他们有更多机会接触到相关情境中的信息。所以，只有在合适的情境中才能让学生获得丰富的经验；只有在合适的情境中才能帮助学生建立新旧经验间的联系；只有在合适的情境中才能帮助学生主动探究、发散思维。

3. 有利于提升知识的运用能力

适宜的课堂空间，不仅可以提供生动、丰富的学习资料，而且可以使学生有机会将知识应用于实践，促进知识、技能与经验的结合，促进课内到校外的过渡，使学生通过生动的教学与活动，了解知识的前因后果，加深对知识的本质的认识，灵活地运用所学知识来解决问题，增加自己的才能。在数学教学中，许多教材都安排了一个或几个"情境"，或通过一些实际问题来提出新的问题。然而，由于受到时空限制，许多"情境"不能充分发挥作用。而数学问题是建立在"情境"基础上的。如果能够创造出一个让学生应用所学的知识解决实际问题的情景，就能使学生更好地掌握知识，并在实践中应用知识，这对于培养学生运用所学知识解决实际问题的能力具有积极意义。

4. 有利于学生全面发展

课堂情境是情感环境、认知环境和行为环境等因素的综合体，其内涵丰富、形象鲜明，既能促进学生的全面发展，又能促进学生的个性发展。课堂空间实际上是一个教师和学生共同生活的教学环境。它既是一个特定的教学环境，又是一个特定的学习环境。而情境心理学的研究则显示，任何有意义的学习都是在"创造"和"实践"的环境中进行的。离开现实环境的学习，只会获得"惰性知识"，而不会产生真正的问题。因此，在课堂环境中，学生的学习和教师的教学都会受到很大的影响。提高学生学习的积极性。课堂情境的特点，首先是要求教师运用积极的、生动活泼的方式组织教学，使学生通过亲身实践来掌握知识与技能，形成积极的学习态度。其次，课堂情境具有民主、平等的特点。学生不仅可以自由地表达自己观点，而且能够畅所欲言，大胆发表个人见解，教师也不会因为自己讲得多而感到疲劳、厌烦。另外，课堂情境强调师生之间是平等、民主关系和谐相处的状态。再次，课堂情境符合儿童的心理特点，创造出活泼有趣的教学情景使得学生感到兴趣盎然而又乐于参与学习活动。提高学生知识获得的效率。情境心理学认为：知识是人类特有的一种心理现象，它不仅是由外部材料所组成的非物质结构及其内部联系所构成表象和符号体系（即"意义系统"），而且还包括了人们对周围世界客观事物及规律进行认识和改造过程中形成理论或观念体系（即"认知性结构"）。这样就需要运用一定方法让学生把外在材料纳入这种内在结构之中。事实上，学生从学习过程中所获得的知识、技能、认识和经验等，都是外在材料与内在结构相互作用下，形成的某种意义系统。这样就使得学生在学习过程中不断地获得新知识、新情感以及良好性格品质等具有了积极意义和价值。

（三）善用学习空间，搭建交流之桥

学习共同体的成员们有共同的目标，为了共同的目标而努力，通过相互支持和学习来完成自己的学习任务。在这样一个大的环境下，教师要注意引导学生合理地安排座位，让学生能与同伴更好地交流。以小组为单位。当教师布置任务给小组时，应考虑到他们之间可以互相帮助，可以互相学习。这样有利于提高他们的积极性。另外，还要根据小组成员之间的性别、性格、能力和其他方面特点等进行合理分工，让每一个人都有自己明确的分工。善于利用小组空间进行交流与互动。小组交流是合作学习最重要的形式之一，在教学中应充分利用它进行学习共同体建设。

1. 区域座位摆放法

可以改变传统的"同桌"制,把教室的座位分为 8 个部分,即 8 个学习团体,每个团体 7—8 个人,2—3 个优秀的学生在课堂上发挥带头作用。团队成员分工合作,分别担任语数外音体美课的代表,大家一起坐下,以促进彼此的沟通和进步。这种座位排列方式,可以使学生在一个比较宽松的环境中学习,培养他们的学习兴趣与热情。当学生出现打瞌睡、随意讲话等现象时,可以在小组内部进行批评与监督,保证全体同学都能积极参与到课堂活动中来。这样既可以提高学生的合作能力与团队精神,又可以避免某些不良风气在教室里蔓延,发挥了良好的社会效应。为了适应个性化发展的需要,根据座位编排时考虑到每个学生之间的距离、空间的特点和个体间的差异性,实行自主选择座位制。每个小组成员根据自己的特长及个性选择自己喜欢的座位,坐在一起学习、讨论、辩论。这样编排座位,有利于提高学生课堂听课效率,减少打瞌睡、随意讲话等现象;有利于课堂讨论、辨析、竞赛,有利于开展竞争与合作;有利于维持自习课纪律;也有利于调动不善言谈的同学融入集体的自觉性,培养良好的团队意识、合作意识。

2. "U"字形座位法

将传统的秧田型座位为"U"字形座位。这种座位可以让同学们面对面,老师站在 U 型走道的正中央,同学们可以近距离地观察老师,同学们说话时,也会互相低语、互相交谈,这样的位置,老师们会更加注意自己的同学,确保老师和每一个孩子之间的距离是一样的,既是为了保持身体距离,也是为了让师生之间的心理距离更加安全和温暖。同时还可以提高师生、生生之间的倾听效果，增加师生之间的交流密度。当然，小组间的距离越短，同学们的合作关系就会越好，但这要看教室的面积和实际情况。这种座位法是通过限制空间来实现的。学生可以根据自己的性格特点、兴趣爱好和习惯特长，将其安排到适当的位置上。这种座位法能有效地实现班级中群体之间的互补和沟通，可以使全班同学在较短时间内互相熟悉和适应。另外，在小组活动中得到更多锻炼的学生也会被大家所接纳并发挥更大作用。

三、创设学生合作学习的空间

在新课程实施过程中，教师与学生之间的互动关系是一种有效的教学手段。合作学习能改变以往课堂上过分注重接受、死记硬背的情况；通过积极地参与、实践、合作探究、交流互动等方式，培养学生的信息搜集能力、信息采集能力、合作分析能力、问题解决能力。有效的协作学习，可以激发学生的潜力，激发他们被封印的记忆。

（一）科学合理地组建合作小组

在教学中，怎样组织好团队是影响学生自主选择的重要因素。根据合作学习的特点，我将同学们分为四个大团体，每个团体都分为几个小团体，即男生和女生、本学科学习比较好的和有一定困难的、性格内向的和性格开朗的同学组成一个小团体。其目标是相互补充。为了给同学们提供更多的交流，确保同学们能互相学习，互相启发，互相帮助。学生的数量要按照课程的具体情况来决定，如小品等，要求学生较多，讨论问题时，可以多人一起参与，既能提高自己的水平，又能满足团队的学习目的，同时也能确保团队的多样性、互补性和公平性。

（二）把握合作学习的时机

从我的教学实践来看，并非所有的课程都要用协作的方式进行，也不应该仅仅流于形式，在协作学习中，老师要合理地安排富有探索性、挑战性和开放性的问题，比如，当一个人在思考文字素材的问题时，当一个学生对一个问题的理解与其他同学产生争议的时候，一个人的能力是不够的，需要很多人一起去努力查阅资料。老师也要适时地点燃火花，在沟通的时候，是同学之间思想的碰撞，经常会产生一些思想的火花。这样的灵感可以是一种独特的解决方案，也可以是一种很有创造性的点子，也可以是一段充满哲学意味的话语，老师们应该用心去体会，去发现，才能让协作的教学更有实际的效果。

（三）教师在课堂合作学习中的作用

在合作教学中，师生是合作的主要角色，老师是合作的参与者、指导者、组织者、传播者和拥护者。（1）对行动进行规范化。老师要仔细地观察并掌握各班的活动，并注意到其他同学不能积极参加沟通，不能完成集体合作的学习内容，或者不能认真地进行沟通，老师应该对其进行指导，并建立协作学习的规则。通过培养学生的协作精神，培养他们的主动性，使他们能够在快乐的环境中得到发展，从而保证他们的合作学习能够顺利进行。（2）清除阻碍。在写作教学中，经常会遇到由于思想上的阻碍而无法进行的问题，这就需要老师们的协助，老师要适时地指点，搭桥铺道，让他们迅速地解决问题，提高协作的效率。（3）深入指导。在开展协作学习的过程中，学生在进行小组沟通、讨论时，常常会产生浅尝辄止、表面化的现象。在合作教学中，老师尤其注重让学生听取他人的意见，不要随便插嘴，要鼓励他们主动去做，不因自己的软弱而排斥他人，让他们互相激励，让他们去给自己的朋友提出意见，让他们尊重别人的观点，不断调整完善自己，小组成员之间只有互相协作，彼此尊重，互相帮助，让他们学会提出自己的意见，提高合作学习的技巧，调整完善自己，小组成员之间只有互相协作，彼此尊重，互相帮助，才能共同努力，共同进步。

（四）给予恰当评价，促进合作学习

在完成了合作学习后，老师要对合作学习的监测情况和团队的反馈进行评估。教师评估要从学生的不同情况出发，运用发展的视角来科学、客观地评估每位同学，评估的内容有：学习准备、发言、思维状态、合作意识、遵守纪律等。科学地评估学生的合作学习，可以使他们获得成功的喜悦，增强他们的信心，使他们能够互相取长补短，达到自我提升的目的，从而有效地激发他们的学习热情，维护他们的自尊，发掘他们的潜能，增强他们互帮互助互补的能力，促使他们进行团队协作。通过这种方式，可以增强学生的合作意识，提高他们的协作能力。

第三节 打造有助于学习的生态场域

生态场域是指能够促进学习发生的环境，包括物理环境、社

会文化等。其中，物理场是指通过建筑、设施与物质材料构成的物理空间，其可激发学习者的感知、联想和想象，并通过刺激信息的存储、处理和输出产生作用；心理场是指在心理活动中所感受到的环境刺激；社会场是指在社会交往中由特定文化所形成的文化氛围。它为学习者提供了一个"自为"且"自由"的环境，使学习者得以充分发挥个体内在潜能与积极性，提高学习效果。生态场域具有非强制性、渗透性等特点，其在促进学习发生过程中具有独特作用。因此，应注重打造有助于学习发生的生态场域。

当前，很多学校的教学场域呈单一的线性结构，多个学科间缺乏互动，对学习结果缺乏深刻而持久的理解。以学习者为中心的学习场域，可以在更为广阔的时空维度上建立起人与环境、人与自我之间的深度联结。

一、"生态场域"的范畴内涵与特征

在新课程改革不断推进的背景下，学习场域正在发生一系列变革。教育者们渴望打造有助于学习的生态场域：教师不仅是学习者、知识传授者和管理者，更是学习共同体中最积极主动并充满魅力的成员；学生不再只是被动地接受知识和技能，而是积极参与教学互动、开展自我导向式学习、实现全面而有个性的发展；学校不仅是知识传承和技能训练的场所，更应成为学生成长与发展的重要场域。

（一）"生态场域"的内涵

1. 秩序。"生态场域"的内涵之一就是秩序，也是有序。秩序可以体现为受外力控制、拘束的外部秩序，也可以体现为内心自主的内心秩序。唯有外部秩序逐渐提高到内心秩序，学生才会从外部的控制中解放出来，由慑于制裁转化为自觉自为。

2. 互动。人的价值之产生，在于为人之一员，所以必须交互。而价值能否被社会接受，取决于个人的能力，也取自个人之修为，能力乃本分之外衣，而修为乃本分之内里，外衣吸人目光，内里夺人心神。因此，互动的成败，须依靠个人能力，也须借重修为。借重修为就是我们在与人的交往中，不管交往方式是竞争，或是合作，首先就不要单从一己之见，为世画圈，而要有克己之欲，恕人之情。克己之欲就能放低己身，放弃偏颇；恕人之情就能给其良机，观其行止。以这种态度与人交往，方能弃己短浅、纳入博远，悦人成己，两得兼备。

3. 超越。这便是突破自己。我们应透过人与己换位、己与物交融来反省、重新检视自身的言行举止，摒弃自己的狭隘、盲目、主观、优越的思想，借鉴别人的优点，并顺应自己之法则，重塑己身形象。二要重视差异。每位学习者都有自身的知识优势，而每位学习者也都有自身的方式与行为。因此，教师要善于倾听每一个学生的意见和建议，尊重他们的每一个想法，肯定他们的每一个进步。教师要关注每一个学生，了解他们身上的闪光点；要认真对待学生提出的每一项建议；要把激励、赏识作为与学生交流的主要方式；要善于发现每个孩子身上最闪光、最吸引人、最富有特色、最具创造性的一面，并把这些闪光点发掘出来。这有利于教师形成自己独特的教学风格与教学艺术。三是重塑价值。不以自己之好恶影响他人，不以自己之私欲强迫他人，也不以自己之道德原则改变他人，而是破除个人私见、公平以待、尊重差异、信守多元，重塑每个孩子的课堂价值，并赋予每位孩子成就自己、成就自我的权利。

（二）"生态场域"的特征

"生态场域"的特征主要体现在"对等""融入""良性"和"多元"，"课堂生态场域"与之有相通之处。所谓"学习共同体生态场域"（以下简称"生态场域"）是指学习空间、教学空间相融合的一种新型学习方式。它是将课程与教育的核心要素融合在一起而形成的，其目的是通过创建良好的教育环境，使学生在愉悦轻松中自主、自觉地进行知识与能力等方面学习和发展。简单而言，就是学生在一个生态场中完成了认知活动和实践活动的全过程。

1. 对等。这里的对等就"生态场域"里的行动者关系而言。虽然"生态场域"里的行动者因拥有的资源属性在不同时空发挥的作用不同，但各方的地位却是对等的。只有坚持各方地位对等，才能在各方发生关系时对等交流，这样各方在交流互动时就不仅仅站在自己的立场去思考、去行动，也会站在对方角度努力寻求各方价值、利益的平衡点，如此方能形成良性互动，超越个人利益，达到多方交融。

2. 融入。这里的融入是就"生态场域"里的行动者所担任的角色而言。只有"生态场域"里的行动者们担当好各自的角色，即在协同合作下，老师担当好自己的角色，小组成员分工明确，这样才能各就其位，各尽其职，这样"生态场域"内部就能得到有序运作。

3. 良性。"生态场域"最根本的特征就是具有明确的价值导向——良性。之所以说"生态场域"具有良性特征，是由于"生态场域"里的行动者之间虽然充满竞争、博弈，但会抛弃狭隘、自私观念，要在争取、保护各自利益的同时，也要超越各自利益，在成就小我的同时，更要成就大我。课堂上，教师要让学生真正成为课堂的主体。要放下高高在上的权威感，与学生平等交流、相互信任，与他们一起探究、学习。要允许学生有不同的想法、不同的解释；允许学生有错误，但不能让学生没有自己的观点和解释；允许学生有创新；让每个人都有展示和发展自己的机会。

4. 多元。这里的多元是就"生态场域"中行动者的思维观念和"生态场域"之间的关系而言。"环境场域"中的行动者不可保有单个思维方式，亦不可把自己的思维方式强加给其他人，更不可凭借本身所拥有的资源优势去强迫、欺压他人行动者。思维观念的多元化才能使各方真正对等，放下架子去听取、思索、吸收他人行动者的见解，这种不仅仅是对他者的尊敬，也是对自我的反思与完善。"生态场域"相互之间也会发生相互作用，同时不是方式简单，只是要根据各个"生态场域"相互之间的差别，强调"生态场域"的实际和自身特色而保留"生态场域"的思想、方式的多样化。

二、构建安全和谐、师生相融的课堂生态场域

"学习共同体"营造的生态场域，重视学习氛围的营造，重视学校文化建设。学校要拥有良好的生态场，老师、学生才会在学习氛围中得到滋养。怎样创造有利于学习的生态场？我们可以

从以下方面努力：首先，形成崇尚学习的文化氛围；其次，形成鼓励学生自主发展和创新发展的机制；最后，形成教师教得好、学生学得好的良好机制。

师生双方在课堂上营造出的"生态场域"能激起学生高强度的学业需求，老师适时有效地运用这些需求可将其顺利转化为孩子学习能力，引领孩子得到长期的情感和心灵满足感，获取真实的幸福。"课堂生态场域"下得课堂，教师的一切活动能够基于学生、为了学生，而学生处于主体地位，其角色是教学的发现者、研究者和探索者。他们可以在自由探究活动中，更大程度地感受到获得成功所带来的喜悦，而这些愉悦的心灵感受又可以反过来激活他们对学习的积极性，如此周而复始构成了良性的教学生态系统。

（一）建"气场"——让教师做有"气场"的人

"气场"是一个人的特殊气质对其身边人所产生的影响。教育活动是教师对学生所实施的影响，这种影响在很大程度上来自教师的人格魅力，也就是"气场"。教师的魅力与"气场"有着十分紧密的联系。一名"气场"很强的老师，无论是举止言谈、作风文化气质或是思维文化精神，都是每个学生的楷模和标准，能时时刻刻地引导、感化、深远影响每个学生，这是学生读书力得到提高的必要基础和前提条件。因此，我校需要老师根据个人实践练"气场"，力求让自己变成有"气场"的人。

（二）建"班级场"——让班级形成"新生态"

空间设计对学习具有重要影响。当前，教师和学生的学习空间多是以教室为主，这种设计只是为了适应课程需要而被赋予功能的物理空间。关注班级的设置。目前，一些中小学校会根据班容量将学生分成若干个学习小组或小团队进行管理，这种做法已经被实践证明是行之有效的方法。

班级是学校的基本单位，是学生学习与生活的重要场所。学生的进步离不开"班级场"的影响，"班级场"的核心是向心力、凝聚力和感召力，每一名学生都能在这个"场"里感受到自己的存在，享受快乐和幸福。精英学校在"班级场"的建设上，主要采取以下措施：

一是以目标为导向，明确各班级目标，班级的每一个成员都要为实现目标而努力。这些目标包括精神目标、氛围目标、责任目标和学习目标——精神目标是"班级场"应该具有的精神与思想引领；氛围目标是"班级场"应该形成的环境氛围；责任目标是"班级场"中每个人应该明确的具体责任；学习目标是"班级场"的学习风气、学习习惯以及学习质量要求。

二是以文化为引领，打造班级文化，使"班级场"形成"文化生态"。"班级场文化"包括"硬文化"和"软文化"："硬文化"侧重于班级文化布置，如墙壁文化专栏、黑板报、图书角等；"软文化"主要突出理念和精神引领，如班级文化名片、班级口号等。

三是靠组织和制度做保障。"班级场"的组织建设包括小组建设、团队建设及制度建设。小组建设，即将学生分成若干小组，用小组形式将学生"组织起来"，形成"班级场"中的"小场"；团队建设，即建立班级管理团队，使其成为班级领导的"核心"；制度建设，就是建立班级常规制度，用制度约束"场"

中的人。

四是用评价作"酵母"，激励"班级场"中的每一个人。评价包括小组评价和个人评价，并将二者"捆绑起来"；评价重激励，重事实，使评价真正成为学生前进的动力。

五是用空间搭建起沟通桥梁。区域座位摆放，改变常规的班级平行座位制度，将班级座位分成 8 个区域，即 8 个学习共同体小组，每组 7—8 位同学，其中有 2—3 名成绩优异的同学起到学习带动作用。小组内部分工协作，分别担任班长、团支书、语数外政史课代表，集体围坐，便于相互交流，利于调动学习积极性，共同提高。"U"字形座位法，这种座位摆放，学生面对面相对，教师在 U 形过道的中间，每个学生都能近距离地观察教师，看到发言的同伴，学生两人一组轻声讨论……这样的座位，可以让教师对学生的关注更多，保证了教师和每个孩子的距离是相等的，这不仅是身体的距离，更重要的是使师生心理距离更加安全、温暖。同时，这样摆放座位，可以提高师生、生生之间聆听的有效性，增强课堂的交往密度，催生师生之间"等距离的爱"。当然，组与组之间的通道越小越有助于学生之间建立更亲密的伙伴关系，不过要依据班级的空间和实际情况而定。

（三）建"课堂场"——让课堂充满生命活力

课堂教学的"场效应"也即是"课堂教学场"。精英学校对"课堂教学场"的描述是：在和谐的教学氛围里，全体师生间公平地开展教学与交流活动，孩子积极性主动性地参加教室的活动，或读书，或疑问，或思索，或探讨，或争辩；老师与孩子一起，时而激趣，时而设疑，时而启迪，时而疏导。在如此的课堂教学里，教师"导"得痛快淋漓，学生"学"得轻松愉快。这种课堂教学是一个良性"生态"和充满生命活力的课堂。所以无论哪个学科的老师，都要努力构建自己的"课堂教学场"。

在"课堂场"的建设中，学校强调教师要还给学生"三权"。

第一，还给学生主动权。教师要面向全体学生，承认学生之间所存在的差异，还给学生主动权不是针对少数学生而言的，而应面向全体学生；要让全体学生参与教学，学生参与得多了，主动学习的意识就会逐渐增强。

第二，还给学生自主权。首先，老师要让学生拥有自己的反思权利，一是要善于确定学生的思考结果，但不要简单否定学生的思考结果，就算老师无法确定学生的思考结果，也应当确定学生积极主动的思考行为，让学生得到反思的愉悦；二是要引导学生质疑问难，在课堂上，老师应当为学生提供质疑问难的适当时机，允许学生提问不认识的问题或对老师授课时、对教材内容等存在疑惑的问题。固然，学生的疑问问题有时会破坏老师在上课时预设的课堂思维，但老师却能够转变自己的思维，并根据发生的疑难案件"导"在恰当时，"点"在关键处。其次，老师也要让学生拥有自己的探究权利。教学上的研讨行为不能流于形式，应重视学生的自主权，只要充分赋予学生自由发言权，学生就能积极主动地投入研讨，他们的认知能力也将在探讨和互动中得以提高。

第三，还给学生创造权。这就要求老师在课堂中好好发掘创作元素，给孩子提供更多的自主学习时间。老师不仅仅是经验的传授者，更是数学知识的引导者。在数学课堂中，教师不仅要培养学生掌握数学基础知识和基本技能，还要让学生学会独立思考和自主探究。如果教师只重视对教材内容的讲解，忽视对学生思想方法的传授，那就会使学生丧失创造的动力。

以《有趣的数与形》教学为例，在教学过程中老师首先出示这样一个问题：

问：见到这幅图形（出示第一幅图）你能想到什么数？（增加颜色后，出示第二幅图）你现在会想到什么样的算式？（改变这个图的颜色，出示第三幅图），你又能想到什么不同的算式？

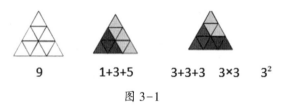

图 3-1

学生通过依次观察，逐个回答上面问题，探究规律后，教师设问：对于 3 你还能够用什么样的图来表示？然后进行合作学习：（1）想一想，可以如何用图来表示？（2）画一画，能用什么图来表示？（3）说一说，分享不同方法。学生在交流分享中，在思辨中构建自己的方法，使思维高阶发展。

这样的教学过程，教师通过提出问题，组织学习活动帮助学生探索，使课堂成为培养学生创新能力的沃土。

（四）建"校园场"——让学校富有"磁性"

"校园场"与学生的行为和学习动机之间有着非常紧密的联系，要重视学校的育人空间。学校是学生成长的地方，应从长远考虑布局与规划校园场地。例如校园内可以提供教师专用活动空间和学生学习空间；校园内可以建造小型图书馆或其他公共学习设施等。"校园场"的正负诱发性在很大程度上影响着学生的学习趋向，而"校园场"的正负诱发性取决于"校园场"本身的"磁性"。"校园场"的构建是一项错综复杂的工程，它包含了校园构建、文化、教材构建、教师队伍、教育活动、教育授课评估等几个方面。所以，精英小学在"校园场"的构建中，凸显"通过学的引导"这一课堂教学特点，运用学习中的"磁力"强化校园的"魅力"。我校极力提倡"学为中心"，注重每个学生的实际"发展"，进而培养学生的学习力。

在此基础上，学校将课程的思维模式出发点从"教为中心"转变为"学为中心"，让课堂真正成为学生学习的场所，让学习成为课堂活动的核心。在教学中，老师要认真转换教学方法，指导孩子改进读书方法，老师依据学生的学习情况，逐步改善孩子接受学习、死记硬背的状况，同时注意学生的学习质量、学习行为和效果。

学校还特别强调课堂教学是"人"的课堂，而不只是知识的课堂。老师和孩子都应当成为教学的共同参与者，互相依靠，彼此影响，一起发展。在这样的教学中，老师尊重学生的人格，尊重他们的感情，维护他们的尊严，有礼节地尊敬他们。当老师以平等的社会地位、真诚的感情关心和尊敬学生时，他们也会向老师打开心扉，所以教学上的这种师生关系，实际上是一个相互尊重、和谐、平等的教师合作伙伴关系。在这种过程中，学生会出现愉快感、幸福感等，这不但可以充分调动他们对教学的主动性与创造性，也同样能促使他们进一步提高专业知识，增强自主学习能力，进而最大限度地有效发挥"校园场"的"磁性"。

三、精心构建数学课堂的生态场域

数学课堂构建过程关涉诸多制约因素，因此老师要根据学生的学习主题进行教育考量，以提高学生课堂生态指数为重要的探索工作目标。老师们可利用各种教辅手段，促进学生学习共同体的搭建，为学习者创造主动对话交流网络平台，并成功开启数学试验场，为学习者创造更丰厚的学习成长点，并提高其专业核心能力。

《义务教育数学课程标准（2022 年版）》明确指出："学生是数学学习的主人，教师是数学学习的组织者、引导者、合作者。"从学习主体视角展开数学课堂构建，教师需要有生态意识，凸显学生学习主体地位，尊重学生学习个性追求，从而有效提升数学课堂的生态指数。在小学数学课堂教学中引入生态理念，建立情智共生的"学习共同体"、创设自由对话的"思维问题场"、构筑实践生活的"数学试验场"，这些应该成为师生的共同追求。作为课堂教学主导者的教师，需要发挥关键作用。

（一）建立情智共生"学习共同体"

学生是学习的主体，在数学课堂教学中，如何成功调动学生学习主动性，这是教师最需要考虑的问题。他们大都爱好集体活动，老师就要对他们的集体活动方向做必要了解，并尽力帮助他们建立一个"学习共同体"，以形成丰富教学的推进力量。在这个"学习共同体"中，老师就要担任其中的关键作用，在多元互动学习中，给他们传授新数学观念，并发展培养他们的数学思想，或发展训练他们的数学思维。

如教学苏教版小学数学三年级上册《千克的认识》时，老师先指导孩子对千克单元做出初步认识，并使用台秤称量近一千克物体，如食盐、沙石等。为让孩子对千克单元有更深层次的了解，老师先让孩子以学习分组为单元，对周围的十件物体做出质量估猜，随后展开称重试验游戏，看究竟哪一种组合的估猜结果最为正确。当孩子听到老师要做出的质量估猜后，都感到十分高兴。接着老师又深入到学生的学习分组当中，并亲身与孩子展开交流。书包、桌凳、花盆、扫把、人的体重等，都变成了孩子的挑选对象，最后老师还亲手指导孩子完成重称量的试验游戏。当孩子估猜与实际测量结果最贴近时，老师就会感到很高兴，整个课堂教学的交互氛围更加融洽而热闹。老师及时对孩子的表现做出评论，孩子们参与课堂教学的热忱也更为强烈。

老师通过估猜所学知识，引导孩子采用协同合作的方式进行认知活动，为他们提供更多的快乐。从他们的积极反应中可看出，我们的活动与教学是相当有效果的。他们刚刚了解一种特殊的重量单位，很难正确掌握其含义，老师通过实际操作过程，为他们创造更多的体验时间，可提高他们的学习效果。

（二）创设自由对话"思维问题场"

数学教育活动中，由老师运用数学问题进行课堂教学调度，也是目前最普遍的教育方法运用。在数学难题设置、投放、引导等方面，老师应充分发挥关键作用，精心设计数学难题，及时抛出数学难题，合理调度数学难题，为学生提供了宝贵的数学思考契机。

在执教《认识长方形和正方形》中，老师首先引导他们找出课堂内的长方形与正方形图案，接着为他们设计了思考问题：你发现长方形有什么特征？你是怎样发现长方形对边相等的？长方形的角有什么特征？学生按照老师的指引，迅速进行了探究游戏，并迅速得出准确回答。老师引导他们用同样的方法，围绕正方形特点展开探究。他们通过分析探究后，给出一个思考问题：正方形有什么特点？如何证明正方形边长都相等？正方形和长方形有联系吗？老师根据他们的提问加以总结，指导他们进一步进行思考探究。他们在进一步的思索与交流中，对相关课题有了更加深入的理解。

老师通过数学问题发动学生进行思考和探究互动，尤其要引导他们参与思考问题的设计，为他们创造更多探索契机。孩子的思维如果能够成功激发，就可以产生巨大的思维能力。

（三）构筑实践生活"数学试验场"

数学学习和学生紧密联系，老师发动学生进行各种数学实践活动，才能给他们创造感知数学的平台。在具体实施中，老师必须从多个角度进行思考。首先，数学实验设计一定要有针对性，因为数学课程与学生的实际衔接处很多，所以老师一定要精选学生活动知识点，以增强与课程契合度。其次，由于数学实践活动有一些客观条件的基础，老师对此必须有全面研究，以确保学生实验的顺利开展。最后，在每个学生参加试验后，学校必须制定良好的作业计划，老师一定要引导他们进行作业。

老师在设计数学实践活动时，往往要求对实践活动的所需要求做出周密的思考。如在讲授《认识周长》的内容时，老师先让每个学生对周长定义加以理解感知，接着再让他们确定周围的各类物体形状，并切实测定其周长。于是每个学生会主动行动起来，对课桌、凳子的表面形状周长加以实践测试，很快就可以得出较为正确的回答。老师拿出了一些树叶："这种树叶并非长方块，也并非方块，还并非单纯的圆状，怎样来测定其周长呢？请同学设法切实测定其周长，要说说测定时应该注意到哪些。"学员们拿到树叶后，自觉展开集体讨论，对测定方法做出了确定。在测量过程完成后，学员们都可以对测量过程中的主要问题做出了反思总结。

在数学课堂教学中，教师要将数学概念和数学命题与学生生活结合起来，让他们运用最为熟练的方式开展教育，这样一来就能够为课堂教学上融入更多的天然、纯真、质朴之风，以成功激活学生数学的学习思想，让他们在自主的、和谐的课堂教学环境中开展学习和数学实践活动，以顺利构建充满生命活力的生态数学课堂。

第四节　形成有利于思维的逆向设计

一、逆向设计的理论基础

成果导向教育与逆向设计要求先确定学习结果相符合，为逆向设计提供理论基础。常规教育重视"教师教了什么"，在教学活动结束才进行考试评估，但忽视了"学生学到什么"。随着经济时代的发展，教育改革的重点从重视教育本身投入逐步转变为重视学生的学习成果，强调"以学生为本"。在此背景下，美国学者斯派迪提出"成果导向教育"理论。教学的目标是学生最终会取得的成果，主张课程设计应重视培养学生在新情境中迁移所学知识的能力。

情境学习理论是逆向设计的概念基础。简单来说，情境学习是指在应用的情境中学习知识技能，这样更有利于实现知识的迁移。这与"逆向教学设计"中强调设置真实情境以及设计表现性任务的理念相契合。此外，建构主义学习理论也强调知识应用的情境性和学生学习的情境性，学习应该与情境化的实践活动结合起来，知识只有通过实际情境应用活动才能真正被人理解。

逆向教学设计包括三个螺旋式上升的阶段（如图3-2），即首先根据课标确定学生需要学习什么，即学习内容；其次根据预期的学习结果设置课标所要求的学习评估证据，强调在真实情景中评估学生的理解，且评估贯穿整个教学过程；最后根据学习结果和评估安排协助学生理解的教学活动形成教学。这三个阶段相互联系，在逻辑上是正向的。之所以"逆"，是相对于常规设计以始为终而言的。它从学生的角度出发，以课程目标为导向，逆推到学生已有的知识经验，由目标或标准、标准所要求的学习证据（或表现）及帮助学生学习的教学活动构成教学设计过程。

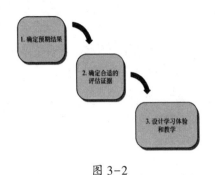

图 3-2

二、逆向教学设计与常规教学设计的关系

与常规设计不同的是，逆向教学设计有一个显著的特点即评估在安排教学活动之前考虑，所以逆向设计也称作"评估优先的教学设计"。评估优先有利于教师及时获得学生的学习情况反馈，实现教、学、评的一致性。这种以终为始的设计理念，是常规教学设计的补充，为推动核心素养教育提供了新的设计启示。

（一）逆向教学设计与常规教学设计的不同点

1. 设计理念不同

在常规教学设计中，教师习惯于从教材入手思考教的起点。在教学设计的过程中，更加关注"教什么"以及"如何教"，忽视对"为何教"的深度思考。同时，教师过分依赖以教材来选择教的内容，使用自己擅长的方式进行教学，满足于对学生进行教材内容的灌输，忽略了为学生提供深度思考和探究的机会，这样的教学设计方式缺少对学生学习主体性的考虑，难以满足学生的发展需求。而逆向教学设计以"预期成果"为起点，以实现学生理解能力的发展为追求，将"理解性教学"视为教学理念。理解型教学理念关注学生理解力的发展，重视学生知识建构和意义生成的过程，主张建立平等对话的师生关系。在此理念下进行教学设计，教师需明确定位学生理解力发展的预期结果，围绕促进学生意义学习和知识建构选择教学活动和设置学习体验，也就是说相较于常规教学设计，教师教学的"目的性"更强，他能够更加清楚地确定教学结果是什么，进而再去思考：学生需要具备哪些知识和技能才能实现这样的结果？开展哪些行动或活动能帮助学生获得这些知识和技能？以及如何评估学生的知识与技能？在这样的追问中，教师逆向思考实现预期结果的路径，将实现预期结果作为设计起点，主张发挥学生学习主体性作用，关注学生的知识建构和意义学习过程。

2. 设计过程不同

常规教学设计遵循"教学目标或教材—教学活动—评价活动"的设计过程，而逆向教学设计采用"预期结果—评价活动—教学活动"的设计过程。在常规教学设计中，教师是从教学目标或教材入手，确定教的内容，进而思考开展哪些教学活动（包括教学策略）可以完成教的内容，在课堂结束后采取评价活动来评价教师教的效果和学生学的结果。

而在逆向教学设计中，思考学生将要实现的学习结果是教师进行教学设计的第一步，整个教学设计都围绕促进"预期结果"的实现而进行。第二步则是根据预期结果确定评价活动。评价活动是指教师用来确定学生实现预期结果的方式，包括评价内容、标准和方法。第三步则是根据评价活动确定实施什么样的教学活动以及安排哪些学习体验可以帮助学生产生预期的学习行为并达到预期的评价标准。逆向教学设计程序环环相扣，符合课程标准的要求——完整的教学活动应包括教学、学习和评价。教师应根据教学结果确定评价内容和标准，在整个教学过程中利用评价标准指导学生学习活动的开展，实时检验教与学的效果是否逐步向预期教学结果靠近，并通过对评价结果的反思，改进教学和学习的方式，促进教学设计要素之间系统化、结构化，发挥教学设计有效指导课堂教学，最终实现预期结果的作用。

3. 课程内容选择不同

两种教学设计方式在课程内容选择上有所不同，主要体现在两方面。一方面是对课程内容选择的顺序上存在差异，常规教学设计中教师习惯于从教材出发，围绕教材上的内容设计教学方法和评价活动等，体现了常规教学中典型的"教教材"行为；而在逆向教学设计中，教材被放置在确定预期结果和评价活动之后，更多的是围绕实现预期结果而被选择和利用，体现的是新型的教材观"用教材教"。另一方面，常规教学设计与逆向教学设计在课程内容的选择范围上也有所不同。

在常规教学设计中教师在选择课程内容时局限于教材上的内容，对教材上的内容不加选择地全部教给学生；而在逆向教学设计中，教师会围绕预期结果选择教材中合适的内容，此时教材仅仅是课程内容的一部分教学资源，并不是逆向教学中的全部教学资源。在预期结果的指导下，教师会综合选择其他合适的教育资源作为课程内容，如其他文本资源、信息技术资源、社会教育资源及教学中的生成性资源。

4. 教学方法不同

常规教学设计中，教师过度依赖讲授法，注重对学生进行教材内容的传授。教师讲授内容过多增大了学生理解的难度，这就导致学生学习兴趣不高、课堂参与度较低，对所学内容容易产生遗忘现象，无法运用知识解决问题，阻碍了学生的发展。在对常规教学设计批判的基础上，逆向教学设计提倡利用表现性任务进行教学，主张学生"从做中学"，让学生经历知识的产生过程。表现性任务则产生于学习主题的核心概念，以及根据核心概念确定的基本问题之中。教师在进行逆向教学设计时需要确定在当下的学习主题之下，什么样的问题能够促进学生进行探究、理解和学习迁移，并以此为基础设计表现性任务，鼓励学生采用探究的方式进行学习。这样的做法将学生从"听"中抽离出来而投入"做"的教学方法，帮助学生在经历知识产生的过程中加深对知识本质的认识、实现对知识的意义建构，最终促进预期结果的实现。

5. 教学评价不同

第一，教学评价时机不同。常规教学设计中教学评价常常被放在最后进行设计和考虑，在教学中也是被安排在课堂后进行，难以发挥评价在课堂教学中诊断、激励和调控作用。而在逆向教学设计中，教学评价的设计优先于教学活动设计，并且贯穿于逆向教学课堂之中，方便教师和学生依据评价内容和评价方式进行过程性评价，有利于充分发挥评价的导向功能。

第二，教学评价主体不同。常规教学设计下，教师是评价的主导者，学生自我评价意识薄弱，缺少自我评价机会；由于逆向教学设计预估了评价内容和评价标准，这为学生在学习过程中尝试进行自我评价提供了契机和支持；此外还有利于实现同伴互评，多主体评价可以帮助学生更加全面、客观地认识自己。

第三，教学评价方法不同。常规教学中多采用试题测验的方式对学生学习结果进行评价，评价方式较为单一；而逆向教学设计提倡教师在教学过程中收集学生的学习证据，例如师生对话、生生对话、实物成果、个人日记等，在对学习证据综合分析后对学生进行真实、客观的评价，发挥评价指导学生改进和激励学生学习的作用。

（二）逆向教学设计与常规教学设计的相同点

虽然逆向教学设计与常规教学设计在诸多方面存在差异，但两者同属于教学设计模式的一种，所以必然也会存有共性。

从价值上看，逆向教学设计和常规教学设计均是促进实现教育目的、课程目标的手段，两者都是以课程为基础，通过对教学要素进行设计和安排的方式，指向教学目标的实现。此外，两种教学设计方式都将学习理论和教学理论作为设计中所遵循的理论基础，且都包含相同的教学设计要素，如教学目标、学情分析、教学评价、教学内容、教学策略等。

综上所述，逆向教学本质上是基于理解的教学，帮助学生从全局的角度理解数学。同时，通过表现性任务，学生能够经历数学知识产生的过程，对知识的缘起和价值认识会更深刻，也更有利于学生把握和理解知识本质，实现意义学习。

同时，逆向教学设计要求教师推翻"由因导果"的常规设计理念，并将其转变为"执果索因"的逆向设计思维。这样的设计思维能够促进"教"与"学"形成一个有机整体，使教学更具吸引力和创造力。在这个过程中，教师必须学习新理念，更新教学设计观念和逆向设计思维，迫使自己不断提高专业能力，实现理论素养与实践能力的协同发展。

（三）逆向教学设计的优势

1. 逆向教学设计倡导以终为始，促进教学评一致

常规的教学设计主张首先根据考试大纲考虑需要教的教学内容，根据教学内容决定教学目标，再根据考试的难易程度决定知识点怎么呈现，按照教材顺序安排教学内容，最后根据讲授内容和实际上课时学生的理解情况布置相应的作业。

在教学活动完成之后再对学生的表现进行评价，这样容易导致评价和教学脱节。教师和学生不能在教学过程中及时获得反馈，实时调整计划，从而导致教学质量较低。

而逆向设计模式主张从需要实现的数学核心素养出发，选择相关的课程标准，由此确定大概念。由大概念确定核心任务和教学基本问题。根据数学核心素养和数学课标，再结合学生的学情和认知特点，形成以数学核心素养为导向、以大概念为中心的目标体系。在组织教学活动前先考虑多元化的评估方式以及与之相对应的评估标准，建立完整的评估体系，考查学生的哪些行为表现已经达到预期的目标。最后根据预期目标和评估证据安排教学活动，并确保课堂活动的有效性和趣味性。

逆向教学设计的逻辑是合理的，"逆"是相对于常规教学的

顺序而言的，从学生需要学习哪些知识逆推到要帮助学生如何完善已有的认知结构。这一活动设计的新思路提供了很大的帮助，使学生获得真正的理解，真正发挥评价的调控功能，使教学活动取得预期的设想目标。

2. 逆向教学设计提出以核心素养为导向，强调学生主体

常规的教学设计以教材为目标，以知识为导向，强调学生提高考试分数，为了考试而学，却忽视真正的教学目标是学生的理解。此外，常规的教学设计从教师的角度出发，思考教学的内容和方法，主张以教师为主导，上课以老师讲为主，学生只是被动地接受知识的灌输，忽视了学生的需求和主体地位，学生的积极性不高。而且从常规教学中的活动中，学生得到的经验知识只是零散经验的简单堆砌，学生只是参与者并不是思考者，所以学生并没有实现真正理解。

逆向教学设计以数学核心素养为目标，强调学生实现持久理解。从学生自身的需要出发，以学生为中心，用教学的方式、以教材为工具，帮助学生实现知识的迁移。

3. 逆向教学设计主张评价优先，强调真实情境

常规的教学评价形式单一，多为纸笔测验。这些测验题型单一，都是答案固定的客观题。而且考察内容大都根据考试内容设置，学生或许只需要记住某个答题的技巧就能获得高分，而分数高并不能代表学生理解了知识的实质。此外，常规的评价多在教学活动结束之后，仅用一张单元测试卷来评判学生的理解是不合理的。

逆向教学设计将教学评价提前到教学活动之前，主张评价存在于整个教学过程中，不仅是教学活动之后，使教师和学生能及时获得反馈，提高教学和学习效率。逆向设计还主张根据教学目标选择相应的评估证据，且教学评价方式多样，强调在真实情境下评估学生的理解。

4. 逆向教学设计主张教学活动的趣味性和有效性

常规的"活动导向"课堂容易形成各种活动的简单堆砌，学生只是参与活动，但并没有深入思考活动背后的知识的本质。所以无法达到预期的目标，导致教学质量低下。

逆向教学设计强调要根据预期的目标和评估证据设置教学活动，结合学生的认知特点安排教学活动，使学生的理解最大化。教学活动的实践反过来也能促进目标的实现。逆向设计还强调教学活动既要有趣味性又要兼备有效性，能帮助学生在活动中真正探索新知，理解知识的本质。

三、基于数学核心素养的逆向教学设计的模板

逆向教学设计提供一个带有设计问题的单页模板，但该模板适用于所有学科。而且该模板内容过于简洁，很多内容没有详细说明，不利于教师直接用于教学设计。所以为实现数学核心素养的真正落实，研究者根据数学学科的独特性，改善原有的设计模板，形成基于数学核心素养的逆向教学设计的模板。

阶段一（表1）主要需要解决"学生需要理解什么"的问题。在阶段一，设计者首先选择要落实的数学核心素养作为教学目标，根据该数学核心素养选择相应的教学内容。

表 1

阶段一：确定预期的结果	
课程内容的优先次序：整理和分析课程标准，安排内容优先次序	
确定学习目标：根据数学核心素养要求、教学内容对应的核心素养和学生已有的素养水平，同时结合课程内容的优先次序说明，教师可以来确定具体的学习目标	
数学核心素养要求	根据数学核心素养，解析数学课程标准
教学内容对应的核心素养	结合数学核心素养，分析数学教学内容
学生的已有的核心素养水平	聚焦数学核心素养，分析学生的学情
确定预期的学习结果：学习结果是学习目标的具体化表现	
预期的迁移：确定学生应该学会应用什么，迁移的对象是大概念和数学思想	**预期的理解**：以大概念为依据，从理解的六侧面论述
基本问题：基于大概念，从是什么、为什么、如何理解三个方面来确定	**知识与技能**：学生将会知道的知识，能够获得的技能

　　阶段二（表2）主要需要解决"如何证明学生获得了理解"的问题。评估不能只是常规意义上的考试，不能只存在于学习结束，而是应该贯穿整个学习过程。评估方法应该多样化。非正式评估方式包括观察、口头提问、讨论、自我评估等。正式的评估方式包括常规随堂测验、学期考核和表现性任务等。它们在时间跨度、情境设置、难易程度及规模等方面不尽相同。由于阶段一的学习结果的多层次性，所以设计者要根据不同层次的课程内容选择合适的评估方式（图3-3）。

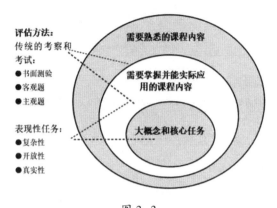

图 3-3

表 2

阶段二：确定合适的评估证据
建立评估体系，评估体系包括如下：
评估目标： 数学核心素养
评估内容： 学习目标，通过解析课标得出行为表现即为评估内容
任务类型： 操作性任务、表达性任务和表现性任务
评估证据： 单元测验、课堂观察、口头提问、学生自评、表现性任务
评估方式： 教师评价、学生自评和纸笔测试
评估标准： 根据评估任务类型的性质决定

阶段三（表3）主要需要解决"需要设计哪些活动来帮助学生获得理解"的问题。安排合适的教学活动需要满足如下条件：第一，教学活动要呼应所有的学习结果，并运用所有的评估证据。第二，设计教学活动时注意先列出关键的活动，再使用WHERETO要素编码，使学习计划更有效。第三，从教学环节、教师活动、学生活动、设计意图几个方面展开论述。第四，设计时注意设置真实的生活情境，活动要有吸引力，以学生为主体，关注学生的发展。

表3

阶段三：安排教学活动
设计依据： 根据学习结果和评估方式安排教学活动，使得学生的学习效果最大化，并用 WHERETO 要素编码相关教学活动
设计内容： 通过解析课标得出行为条件即为教学活动内容。教学活动包括教学环节、教师活动、学生活动和设计意图
注意点： 避免活动导向和教材导向，确保教学活动的有效性和趣味性

三个阶段的关系：

逆向教学设计的三阶段是确定目标、设置评估依据和设计活动，它们不是相互独立的。目标是评估和活动的前提和基础，起导向作用。目标指导评估的选择，评估起调控作用。目标和评估共同指导活动设计，教学活动反过来促进目标的达成。这三阶段的关系如图3-4。

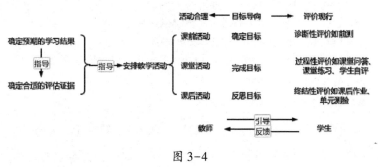

图 3-4

四、小学数学单元复习课逆向教学设计的策略构建

（一）以"思维性教学"为构建理念

思维性教学以"促进学生思维"为宗旨，强调"教师为思维而教、学生为思维而学"。哈佛大学教授帕金斯认为，思维理解是教育真正的核心目标。当我们说一个人"知道"某件事时，通

常意味着他们已经将信息储存于脑海中并且可以随时提取。但是相对而言，当学生"思维"某事物时，表明他有能力支配所存储的信息。思维性教学中的"思维"实际上含有动词"行动"的含义，是指学生如果理解了某个知识或事件，他能将其外显化地表现出来，可以在新的情境中灵活运用。

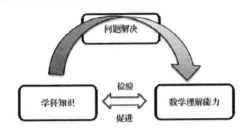

图 3-5　小学数学逆向教学设计路径的基本构想

由此可见，思维性教学中"思维"不是通过记忆或外部强加的方式获得的无意义和分散的知识，而是通过学生利用所学知识和技能的实践探索来获得的。学生将学到的知识完全整合到活动中，用不同的方式表示知识之间的内部联系，包括对知识进行延伸、调整或重构。学生将所学知识与自己已有的认识建立某种联系并建构出新认识时，思维才会发生，思维是各种能力的综合体现，思维是真正意义上的"融会贯通"，其最终目的是引导学生超越认识的局限性、探寻生活的意义和价值、培养学生完整的人格。促进学生思维力发展是学校教育的重要目标之一，所以在构建小学数学逆向教学设计路径时将"思维性教学"作为理念指导。

以杜威"从做中学"教育理论及建构主义理论为基础，提出构建小学数学逆向教学设计路径的基本构想思路为：在逆向教学中，以学生现有的学科知识为基础，学生在完成表现性任务，也就是在解决问题的过程中，实现数学思维能力的提高。学生应用学科知识解决问题的过程，也是展现其数学思维能力水平的过程，同时也是对已有数学思维能力的检验；而高水平的数学思维能力反过来也可以促进学生对学科知识的再认识。以下是小学数学逆向教学设计模式的基本框架，如图3-6所示：

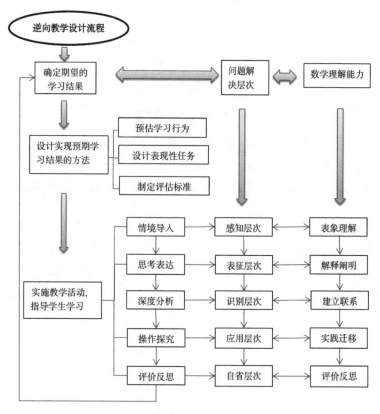

图3-6　小学数学单元复习课逆向教学设计路径

（二）确定预期的学习结果

任何教学设计都应为学生服务，为满足学生需求，促进学生发展而设计。逆向教学设计的起点是确定学生预期的学习结果。这个"学习结果"不是凭空而来的，也不是哪个专家提出的，而是需要教师参照课程标准、学生发展需求以及所任教学科特点的基础上而确定的。

在我国，课程标准是确定学生的学习结果最重要的依据。教师应仔细解读国家发布的《义务教育数学课程标准（2022 年版）》和数学核心素养相关内容，正确把握处于不同学段的学生应该要掌握哪些知识与技能、培养哪些数学素养等问题，再结合学生的实际学习情况进行思量。我国课标向教师说明了"为什么教"以及"教到什么程度"。课标在总目标中提到对学生在问题解决方面的要求：初步学会从数学的角度发现和提出问题，综合运用数学知识解决简单的实际问题，增强应用意识，提高实践能力；获得分析问题和解决问题的一些基本方法，体验解决问题方法的多样性，发展创新意识；学会与他人合作交流；初步形成评价与反思意识。

威金斯和麦克泰格为教师确定学生学习结果，也提出了建议，他们提出在该阶段中教师需要思考：通过学习，学生将要思维什么？学生将会知道什么？能够做什么？由此可以看出，学生的学习结果最终是通过他能够到什么来表现和反映出来的。

结合课标对学生问题解决发展的要求和威金斯和麦克泰格的建议，并以杜威"从做中学"教育理论为基础，从五个维度确定了小学数学教学中学生的预期学习结果。

（1）感知：能够在真实经验的情境中发现数学问题；

（2）表征：根据问题所提供的信息和自身已有的学习经验，找出数学问题的结构，用个性化方式表达出来；

（3）识别：对数学问题提出思考和假设，提出解决问题的方法；

（4）应用：通过动手操作、自主探究、合作学习等方式验证方法的可行性与有效性；

（5）反思：回顾问题解决过程，初步形成评价与反思意识。

在逆向教学中，教学是为了帮助学生产生能证明自己思维的学习证据，而评估则是为了确定学生当前学习证据与预期学习证据之间的关系。教师必须思考学生做出了什么样的行为便能证明其达到了预期学习结果？通过什么样的活动、采用什么样的表现性任务才能帮助学生产生这种行为？如何判断这种行为是否达到了预期结果要求的水平？对这些问题的回答其实是在逐步搭建教与学的评价体系。

（三）设计实现预期学习结果的方法

1. 预估学习行为

在小学数学课中，学生预期学习结果可以分为五个维度——感知、表征、识别、应用、评价反思，确定学生达到相应结果的学习行为如下：

感知行为——观察、发现；学生充分暴露在真实经验的情境中，能够用数学眼光观察世界，发现情境中的数学问题；

表征行为——表达、表征；学生能够将感知到的数学问题，通过图形、语言、符号等方式描述表达出来；

识别行为——回忆、匹配；学生能够快速回忆过往的数学活动经验、知识技能、方法等，将眼前的数学问题与头脑中相似的问题结构相匹配或略做调整，试提出解决问题的方法；

应用行为——迁移、实施；学生将提出的问题解决方法付诸实践，例如通过实验、探究等方式验证方法的可行性和有效性；

反思行为——回顾、评价反思；学生尝试回顾解决问题的过程（第一学段），初步判断结果的合理性（第二学段）；整体评价自己解决问题时的表现；遇到困难时能够及时调整解决问题的方法或进程等（小学阶段不做特殊要求）。

2. 设计表现性任务

表现性任务是激发学生产生符合学习结果行为的载体。

结果维度	表现性任务	任务所包含的知识点
感知	在教师创设的情境中，自主观察、发现情境中可能存在的数学问题； （独立尝试）	从数学角度观察、发现、提出问题；
表征	能够将感知到的数学问题，通过图形、语言、符号等方式完整地描述表达出来，使数学问题经历由内隐到外显的过程。 （独立尝试—小组交流—班级展示）	体会同一数学问题的不同表征方式，理解问题本质；学会与他人合作交流
识别	绘制思维导图，确定当前数学问题所属知识点；从长时记忆中匹配出同类问题的解决方法，提出解决问题的方法，若无法直接匹配成功，则需做调整后提出（可以借助他人帮助）。 （自主回忆与匹配—小组交流—班级汇报）	建构知识框架，查漏补缺，获得分析问题的方法；实现知识迁移；学会与他人合作交流，发展创新意识；
应用	将提出解决问题的方法在操作中得到验证，通过尝试或多次尝试，能够将数学问题顺利解决，达到理想目标。 （自主解决—同桌交流—班级汇报）	运用数学知识解决实际问题；实现方法迁移；学会与他人合作交流，提高实践能力；
反思	学生尝试回顾解决问题的过程，遇到了哪些困难、如何克服的；在学习中有什么样的感受；参与活动的积极性如何；评价自己的整体表现。	初步形成评价与反思意识。

3. 制定评估标准

教师依据表现性任务来设计与之相匹配的评价标准，并将其作为评估学生学习状况的依据。评估方式可以是多样的，如课堂中师生的互动（师生对话、生生对话）、实物作品、随堂测验、学习日记等。

立足于小学数学学生的问题解决过程，为了评估学生在不同阶段中的不同表现情况，制定了如下评估标准：

标准 维度	A	B	C	D
感知	能发现情境中的数学问题，并能确定问题目标、已知条件以及两者之间的差距；	能发现情境中的数学问题，确定的问题目标、已知条件、差距有偏差；	能发现情境中的数学问题，不能确定问题目标、已知条件、差距；	不能发现情境中的数学问题；
表征	能够将感知到的数学问题，通过图形、语言、符号等方式完整正确地描述表达出来；	能够将数学问题采取较为单一的方式表达出来；	表达数学问题的方式不够严谨；	不能够表达所感知到的数学问题；
识别	能从长时记忆中搜索出与解决问题的方法有关的信息，并通过调整后达到正确匹配；	能够从长时记忆中搜索出与解决问题的方法有关的信息，不做调整能进行匹配；	能够从长时记忆中搜索出与解决问题的方法有关的信息，但无法正确匹配；	无法从长时记忆中搜索出与解决问题的方法有关的信息；
应用	能运用提出的方法或策略正确解决数学问题，并能够解释理由；	能运用提出的方法或策略解决数学问题，但不能完全解释理由；	能运用提出的方法或策略解决数学问题，解释较差；	不能运用提出的方法或策略解决数学问题，不能解释；
反思	会尝试主动反思自己解决问题的过程（能有条理地说出遇到了哪些困难、如何克服的，对学习过程中的感受有明确的认识；积极参与了学习活动；对自己整体的表现评价很满意．）	会在教师指导下反思自己解决问题的过程（说出遇到了哪些困难、如何克服的，对学习过程中的感受有较为明确的认识；积极参与了大部分学习活动；对自己整体的表现评价较满意．）	会在教师指导下反思自己解决问题的过程（能模糊地说出遇到了哪些困难、如何克服的，对学习过程中的感受有大概的认识；参与了部分学习活动；对自己整体的表现评价一般．）	不能反思自己解决问题的过程．

（四）实施逆向教学，指导学生学习

1946 年詹姆斯·L. 默塞尔在《成功的教学》中提道："教学"最恰当的定义或许是对学习的组织。因此，成功的教学是为真正的结果组织学习。逆向教学设计中教师所扮演的角色如默塞尔所认同的相一致：教师的主要作用是为学生设计正确的学习体验。因此，确定逆向教学实施过程如下：

1. 情境导入

教师通过情境导入法，为学生呈现与其经验背景有关的真实情境。在教学刚开始时，学生便置身于熟悉的情境中，注意力被吸引，易激发学习主动性；此时教师发布本节课学习任务，帮助学生确定本节课预期的学习结果、知道自己将要"去哪里"。该阶段中，学生需要完成"感知"维度的表现性任务：在教师创设的情境中，通过自主观察、发现情境中可能存在的数学问题。

2. 关注知识的建构与意义的生成

知识本身具有无限丰富的意义，通过解释或应用显现出来。学生要想完成知识建构和获得对知识意义的理解必须通过实践活动来完成，在实践中可以将知识融入具体的情境中，感受知识的价值，实现对知识意义的深刻把握。同时，学生在与同伴或教师的交流中可以重新审视自己建构知识的方法是否得当、结果是否合理。

总之，学生获得知识的意义是需要经历知识建构过程的，需要在数学实践活动中将数学知识、技能、方法等与真实情境进行融合。因此，在逆向教学中要帮助学生在数学实践活动中实现知识的建构和意义的获得。

3. 思考表达

紧接着，教师在学生充分感知情境后，给予学生时间和空间，将感知层面的数学问题通过表现性任务外显化。教师在学生提出将要解决的数学问题后，有意识地引导学生从提出的众多数学问题中，运用增加条件的方式，逐步聚焦到本节课要解决的数学问题上面。

之后，学生再来完成之前设计的"表征"维度的表现性任务：将确定的数学问题，通过图形、语言、符号等方式完整地描述表达出来。学生先进行独立尝试，思考可以运用哪种方式进行表示，教师鼓励其运用多种方式进行表征，培养学生表征转换能力，帮助其理解数学问题的本质。此时，教师可以到课堂中进行巡视，对完成任务有困难的学生给予针对性点拨；同时教师有意识地收集一些错误的表征方式以供后续讨论。在学生独立尝试表征问题后，小组成员之间进行讨论，看看针对同一数学问题运用了几种不同的表征方式，它们之间有哪些区别又有什么联系。在小组讨论交流后，教师请不同的小组代表，到讲台上展示各自不同的表征方式，并说一说这样表征的原因和优点（教师及时点评学生的表现）；随后，教师在黑板上展出具有代表性错误表征的例子，由学生自主思考错误的原因和修改方式，并在全班范围内进行交流（教师针对学生的表现予以点评，针对不妥的做法引导学生继续修改）。

4. 深度分析

学生在经历思考与表达后，需要将数学问题放在学科知识背景中进行深度分析，并尝试提出解决问题的方法。此时学生需要完成"识别"维度的表现性任务：绘制思维导图，确定当前数学问题所属知识点；从长时记忆中匹配出同类问题的解决方法，提出解决问题的方法若无法直接匹配成功，则需做调整后提出。

教师在该阶段中需要指导学生针对当前数学问题这个"点"，回忆出其背后涉及的数学知识"面"，允许学生用自己喜爱的方式整理并表示出思维导图（教师巡视，收集有典型性问题的思维导图），学生通过小组成员讨论交流或浏览教材的方式完善思维导图，最后在班级范围内分享交流，并确定当前数学问题所属知识点。通过上述过程，能够加深学生对所学内容的理解深度。

分析完知识点之后，教师需为学生创造充分的思考时间，让其尝试从长时记忆中搜索与当前数学问题相关的信息，比如相似的问题情境、问题结构、解决策略等，在此基础上提出解决问题的办法。

5. 操作探究

该阶段是学生将其提出的解决问题方法付诸实践并检验其可行性和有效性的过程，主要实现两个目的：一是提高学生运用数学知识解决问题的能力（方法的迁移），二是发现学生存在的问题，特别是学生产生的一些误解，要重点分析并消除。同时该环节也是对学生在"感知、表征和识别"阶段任务完成情况的真实检验。学生完成"应用"维度的表现性任务：将提出解决问题的方法在操作中得到验证，通过尝试或多次尝试，能够将数学问题顺利解决，达到理想目标。学生先经历自我操作、实验验证，检验操作处理结果是否有效解决了数学问题；若此时学生没有将问题顺利解决，则可以先自主调整，再次尝试解决；尝试未果，则可以在同桌交流、小组合作探究或教师指导等方式的帮助下予以解决。

在问题解决之后，教师及时提醒学生对该过程进行回顾总结：遇到了什么困难？采取了怎样的方式克服的？受到了怎样的帮助？你有什么样的感受？

教师在该环节中扮演的角色是协助者和证据收集者，在学生遇到困难求助时及时地给予方向性指导，另外还需要收集学生学习的证据，例如在问题解决过程中学生遇到哪些常见问题、学生是如何解决和面对的、观察记录学生的课堂表现等。

6. 评价反思

该阶段与学生完成"反思"维度的表现性任务：反思自己解决问题的过程，遇到了哪些困难、如何克服的；在学习过程中感受怎么样；是否积极主动完成学习任务；评价自己的学习表现。评价反思对于学生和教师来说都非常重要。在课堂教学和学习的每个阶段中，学生都要根据之前制定了评估标准对自己的表现进行量化。同时教师要有目的地引导学生在学习结束过后，通过回忆、重现等方式对学习经历进行回顾，做自我反思和总结：我学会了吗？学得怎么样？我收获了哪些经验？还有哪些不足？等等。帮助学生有意识反思自己的思维习惯、个人风格、总结经验等，初步形成反思意识和自我评价能力。

教师是教学活动的实施者和学生学习过程的指导者，在收集学习证据的过程中及时对学生的表现进行评价，利用形成性评价指导学生逐步向预期结果靠近；其次，教师应引导学生树立正确的评价观，引导回顾自己的学习过程，尝试总结自己的进步和不足，同时注意培养学生养成主动反思的习惯；最后，教师依据所收集的证据和学生自我评价表，对自己的教学行为也需要进行评价和反思，反思教学活动设置是否合理，还有哪些环节或内容需要改进等，为之后教学提供借鉴。

第四章 "学习共同体"之主体形成

学习共同体制度作为另一种比较新型合理的新课堂与教学合作组织形式,尤其应强调师生个体地位关系的绝对平等性,注重发展学生个体参与学习实践的相对自主性,是当前一种符合"以生为本"精神的现代课堂新型教学协作模式,也是对课堂和教学结构重新优化建构提出的教学新方向。因此,建构课程知识是形成"学习共同体"的重要前提和基础。

第一节 反思原有课堂教学中知识生成的局限

随着人本主义学习理论和建构主义学习理论的深化发展,"学习共同体"已经逐步发展成为一种比较完整的教育理论,成为中小学课堂教学改革的标志。而要在课堂教学中如何构建"学习共同体",让其发挥并提升学生主动学习的作用,就需要对课程知识进行重新建构,因为传统的教学方式已经严重束缚了知识的生成。

一、以培养书本知识水平为学习本位原则的有效教学模式

以学习书本知识技能为教育本位原则的高效教学模式，就是指教师应通过书本知识操作技能的教学活动，来全面促进每位学生个人对数学学习技能认知方面的健康发展。这种教学强调知识系统化的间接经验的讲授，重视学生对书本知识的理解和记忆，教学评价更关注检测学生对知识掌握的牢固程度，表现出唯书本知识教学的倾向。这样的教学行为忽视了直接经验的作用，遮蔽了对知识教学本质的认识，导致学生不太容易获得和运用间接经验，并出现一些问题。

1. 动手学习能力较为薄弱，厌学问题严重突出

以书本知识技能为学生本位理念的知识教学，从较狭隘的思维视角来分析理解书本知识，将书本知识中所呈现出的各种文字符号完全等同于学习知识，认为所谓知识技能教学，实质就是一种教师教学生去认识书本，以及如何掌握各类文字符号技术的课堂教学活动。但是，知识系统本身往往是要求具有形象的、生动鲜明的和具体思想内容特征的、而具体表征的形式，如语言文字、符号组合等，则通常是相对抽象的和过于简约概括的。

当大多数学生对于知识的整体学习，还单单地停留在由一些语言文字、符号组合等元素汇集成整体的书本知识时，学生只能借助于语言文字、符号图表。而根据当代中国教育心理学的最新实验研究成果表明，学生本人也只有真正能够学会在自己进行某个学习和任务时，通过大量学习一些语言文字、符号图表知识，逐步将这些该语言知识代表的所有具体而实际的思想内容全部想

清楚，让它自己真正地活起来，才能最终进而真正形成这样一个完全有意义的终生学习。相反，倘若另一些学生往往都只知道懂得和记住上面那大堆的干巴巴的文字符号，而事实上却几乎不可能从中理解与掌握这其中所隐含出的人类实际生活，那么这种语言知识学习也无疑将彻底异化，而成为一个脱离了机械式的、低质水平的重复学习活动。

教学实践过程应是历史文字符号信息的传输积累过程，教师本身的经验讲授能够作为一种知识比较灵活、有效可靠的传输手段，通过运用教学实践文字符号，逐步把充满真理性价值的个人历史经验知识慢慢地转变为面向学生群体的个体知识。以知识内容为认知本位的教学模式，将传统知识内容进行狭隘的理解，以抽象文字符号知识为内容表征形式的抽象书本知识，体现了"知识符号"的传统教学和认识观，即把符号知识只是作为学生符号化学习认识生活的一个工具，而又脱离去了对知识内容运用过程的社会真实学习情境，以及它与社会经验知识的紧密关联去进行符号知识学习的知识教学，重视知识体系化、严密性强的符号知识课程的系统传授，强调学习机械化、接受性差的知识获得。

这种价值观渗透到日常教学中，教学就仅仅成为对知识符号的传递、传授过程，而学习就成为对知识符号的被动接受和记忆的过程。传统教育课堂知识教学大多是采用以学生知识获取为能力本位要求的形式教学，将获取知识经验放在课堂第一位，结果也就会变成让基于间接学习经验上的学习占据课堂学生学习的一个主体，从而最终使大多数学生仍然只能直接掌握诸如概念、原理、公式、真相、结论等等这些内容比较深奥枯燥的抽象知识，造成许多学生的对所学知识内容本身有理解困难和深入掌握内容的困难，实践能力差，进而出现厌学情绪。

2. 学习规律的内在魅力逐渐弱化，导致人性规律的严重缺失

研究的实践结果表明，学生在逐渐学习掌握某一层次知识规律后，他们的自我发展是由理性自我认识的发展过程和感性认识自我发展的互相渗透，也是共同发展形成的一种辩证过程。如果学生已有的各种感性认识相对比较丰富、表象概括清楚、想象比较生动，形成一些理性认识能力后，理解书本知识就会容易轻松很多。反之，要真正理解一些书本表面上的定理公式、概念定理等知识就可能比较困难。同时，从一般心理学知识的理论角度分析来看，理性判断是一个指导人合理运用感性概念去进行科学推理、判断解决问题的内在心理机制形式与社会功能；感性功能是指影响人一生的心理感知、想象、情感、灵感、直觉思维等的心理机制特征与情感功能。理性思维和直觉感性分别具备表现了人类不同生理功能模式和人格特质，决定影响了它们并在整个人个体的精神身心和谐发展生活中都发挥了许多不同的作用功能和价值。就对个体人格成长规律来说，二者缺一不可，这无疑是个体人性趋于完整化的最必然之要求。

符号的认知属性使书本知识能适合学生的认知发展规律，从不同的学科分类、不同的内容深度上进行合理编排和呈现。通过知识的符号表征，学生获得了对知识字面意思的认识，但还没有达到对知识的真正理解。就如学生对"1+2=3"的认识，如果只是从背加法口诀表中得到"1+2=3"，对学生来说就只是一个加法运算结果，他们无法真正理解"1+2=3"的生活意义。书本知

识的符号表征为学生提供了探寻知识意义的认知线索，学生在理解了知识的符号表征意思后，进一步对知识的形成背景和知识的逻辑推演过程以及知识的生活意义进行探究，超越知识的字面意思，把握知识的深度内涵，即获得知识的文本意义。

传统课堂教学，往往忽视学生的感性认识，将它当作是粗糙的、低级的、不可靠知的，认为任何事物现象唯有靠一种理性认识才是一种更具有精确上的、高级意义上的、牢靠性上的，学好了这种科学理性知识，才能去全面系统地把握与认识这些事物之间的某种深刻与真实本质。但这只是从另外一个的认识论角度出发上去讲的，感性认识和理性认识之间也是相互依存、相互促进、不可分割的。如果课堂中试图人为粗暴地将它们相互割裂，就会比较容易导致知识教学过度理论化、抽象化，不利于提高学生整体对抽象知识本质的准确理解，缺乏教师对这些人身上的内在感性心理因素问题的有效关注研究和分析发展，造成教师对这些人性特质的片面误解，让教育课堂氛围变得呆板冷漠沉闷而又缺乏一些人情味，以致教学缺少对这部分人本身的内在感性心理因素需要的直接刺激和间接满足，进而会使教育学习过程丧失课堂教学应有的心理感染力和吸引力。

3. 创造学习过程丢失，扼杀了学生智慧

"知识所具有的促进人的思想、精神和能力发展的力量，是知识与人的发展之间的一种价值关系。"这种以讲授书本知识能力为本的传统的教学，重传授结果、轻创造过程，很容易会忽视扼杀学生自由的创新思考精神和自主个性，将知识教学创造过程变成机械化、简单化，以至于学生死学知识，却不思考、不追问，更谈不上创造。原因大体有以下的这两点：

（1）知识原本仅仅应该是作为一种哲学智慧思想的具体结晶，一旦这种思维形式与哲学家这种具体智慧思想相矛盾剥离，就完全可能沦落成为一条单调的或近乎刻板和僵化式的哲学理论条文链。

正因为哲学知识本来仅能在某种理论内容层次维度上，便已经包含着了一种丰满厚重的抽象哲学智慧内涵和丰富而深刻的具体理论思维，而它在其表述的形式维度层次上，却是一个十分简单、固化、现成式的抽象结论。重形成结果、轻学习形成过程的这样的教学思想方法，只是作为另一种走捷径型学习的传统教学的思维方式，把强调学习过程的丰满的知识学习过程变成了另外一种单调枯燥且过于刻板与僵化的知识条文式的背诵，实际上是从整个教学体系源头意义上，已经基本剥离了个人知识的传授价值与个人智慧的积累过程的内在本质联系。教学应有方，前提应当是做到知生、识生。没有教师知生理解的全面透彻深入和识生理解的深入周全，很难成功培养造就出一批批具有创造力、知识丰富全面的创新型学生。不少老师经常以一个"当前的标准"来限定某学生要完成的某种特殊类型的题目，难道教师不是故意在此限制某学生去创造知识吗？大家要知道，现在让孩子轻松获得课外知识技能的有效途径其实已经并不再单纯是过去那种机械的上课学习和下课看书，"百度"一下就能轻易解决掉不少问题。虽然学生有可能的错误解法大大超出他们了自己目前知识的认知水准，但这只要使他能够真正去理解就行了，为何还不能真正承认自己呢？因此教授知识绝不是仅仅只呈现教材结构上那些现成的推理结果和各种现成形式的知识论证，而更应着眼于让全体学生来真正地经历到知识框架的初步形成发展过程，揭示到隐含在知识其中的各种丰富思想内容中的各个思维层次，并通过引导和学生自身不断学习的反复思考、研究，让这些思维层次深入推进到新知识框架的新发现过程或再进一步发现的探索过程中去。唯正其理如此，学生才能在实践中真正地理解概念和系统地掌握有关知识，并在实践中把所学教材意义上正确的思想结论逐步转化为他们自己应有的智慧。

（2）自主认知的教育探索活动，主要特点是指要求学生能在高度自主认知中完成阅读理解，并独立完成科学思考及解决复杂问题活动的学习探究过程，一旦主体性发生完全剥夺，就会阻碍学生个体自身最大的创造性知识智慧潜力培养和自由发展。

现代教育心理学的实验研究成果还分析表明，学生个人在完成主动的学习和新知识的探索过程、自主学习的过程其实和一个科学家本人在完成科学知识探索的过程，本质上是完全一样的，只是人要学会自己先经历和发现一些具体问题，然后自己要努力去研究去分析发现那些具体问题，最后也是自己要学会完成解决这一些具体问题的过程。这个实验和研究的过程既是作为一种充分暴露出实验学生身上有各种创造性思维、疑问、矛盾、障碍等现象的一种实验教育过程，另一方面它也是一次充分展示表现出每个实验的学生的聪明才智、自我的表现及个性、创新思想与创造知识潜能等的一个实验的过程。接受活动和在学习的活动过程中，学生们对接受新知识也仅仅是作为一种可吸收性信息知识的获得，有利于简化学生的认知过程，对于掌握知识符号的字面意思无疑是高效率的。但为了最大量地占有知识，学生往往陷入机械的接受学习中，盲目地记忆知识符号，对知识的意义却一知半解，更无法理解知识和人的关系。符号学习不仅指对符号本身的学习，更主要的是学生在以文字符号为对象的学习中主动地探寻知识的意义，并建构起知识的意义与自我存在发展之间的联系。以学习知识过程为本质的单纯书本的教学，忽视了发展学生本身的逻辑思考习惯和创造个性，将这种教学和过程的庸俗化提高到一种无须经过思维和碰撞，只需反复认真地听讲阅读，通过反复理解记忆思考就能全面掌握学习知识全过程，这实际上无疑是彻底扼杀掉了一个学生本身的思想智慧，摧残掉了学生自身的个性，也使课堂教学丧失了培养学生核心素养与关键能力的功能。

二、以教师为中心的教学，是教育史上的传统教学方式最主要的一种

在这种讲课模式安排下，教师必须占据课堂讲授的一个中心地位且教师具有了绝对的权威。教师将尽力最大化追求学习者有效的课堂学习的时间，故一般教师通常在安排各种教学辅助活动时，会力求尽可能大幅度地压缩课堂教学甚至尽力回避其他学习环节以保证实现其课堂上有效授课时间的最大化。讲课学习过程安排中，学习者可能完全只处于相对被动的地位，机械性地去接受知识。这种学习组织方式完全忽视了一个学生作为任何一个普通自然人的在日常学习工作中的应有的平等地位义务和权利。这样的课堂容易让师生关系对立，让知识的学习成为一种强硬式的接受，造成学生学习的被动，阻碍了知识的再创造。

1. 影响教师教学个性和风格的形成。传统教学研究认为，课堂就是教师把提前设计好的教案进行展示的过程。课程内容规定"教什么"，那么教师上课就"教什么"，缺少自己的理解，导致课程与教学之间形成泾渭分明的界限。教师在教学过程中，更多的是考虑运用什么教学方法和手段，过少地考虑教学对象。教师有教的自由，学生没有学的自由；教师只考虑如何教，没有考虑学生怎样学、怎样交给学生学习方法、怎样培养学生的能力等。教师慢慢地成为传递课程知识的话筒，成为课程的"执行者"，其工作是"教教科书"，而不是"用教科书教"。导致教师的个性得不到发挥，同时，教师的创造性也不断弱化，进而影响了教师对学生的教育。

2. 造成的师生关系中的僵化和冷漠。教与学，教师与学生，是贯穿存在于学生整个的教学实践过程中的最基本的内外两种基本关系。它又包括了师生彼此之间良好的社会人际关系，和从事教学事业双方保持良好的学习工作交流关系。以学生为研究中心的中国传统的教学，教师永远占据学生课堂学习的过程研究中的绝对中心地位，学习的高效很大程度依赖于教师的专业性。将师生关系简单化，通常就是师讲，生听；师问，生答；师给，生收。教师的重点工作是努力钻研自己的教法，而不是用心研究学生的学法。目前的困境在于学生在课堂上回答问题时，如果回答是教师想要的，那么教师就会对他给予肯定或表扬；反之，就是让其坐下，或是批评。在课堂上，教师简单地把实用并有效的教学材料向学生直接出示。但是由于学习者已完全处于绝对被动的支配地位，不知道教师需要他讲什么知识内容，无法做到积极、主动、充分地参与整个课堂活动，课堂中教学活动氛围会较为呆板僵硬，因为教师仍是一种具有绝对被动支配的地位的控制者，且学生通常情况下独自完成任务，互相协作无法得到积极的推展。

这样形成的中国传统，在教学课堂组织方式设置上面临的是一大教育弊病，并不全是在于学校教师的主张，如何能够发挥好教师课堂本身发挥的这种积极和主导作用，而在于许多学校已经把学校教师的自己发挥的这些积极的主导作用，完全被教师任意地夸大化了，并试图进行绝对化。导致了我们在传统的教学课堂组织设计中，一问一答式多，合作式互动式交流沟通方式少了；对学生的关注和一致多，发展的自主与个性能力少；教师耐心讲解学生问题时间多，学生自己动脑和思考活动方式相对少一点；辅导学生的反复练习动手能力操练的时间相对多，创新思维的创造的能力较少一些；辅导老师的照本宣科方式较多，思维的活动的方式就少了；指导老师的应付式作业任务多，学习的兴趣方式相对少些；课堂显性内容比较多，隐性知识的学习内容自然就比较少了一些了；被批评的和受到指责的次数多，鼓励性表扬的次数则更少。学生能在短时间内获得大量针对考试的知识，但无法锻炼自身的探究探索能力。结果只能是学校师生关系的不断僵化，课堂气氛日益趋于冷漠。

3. 学生最终将彻底丧失课堂学习生活上获得的一切真正的快乐，教师则会逐渐丧失掉课堂教学实践中得到的全部真实和快乐。以教师为中心对象的一种传统式的教学，教师将只能当一个主动者、支配者，学生同时也是其中一个的被动者、服从者。于是，课堂上也就逐渐完全地变成一个由一群所谓"教案剧"在一起演出起来的一群所谓的"舞台"了，教师们仅仅是一个主角，学生们才是其中的一个配角，是一个芸芸众生眼中所谓的一群"群众演员"，甚至有人说他们是一群所谓"观众"与一群所谓的"听众"罢了。教师总是要同时面对整个班级和几十名普通学生，用这样的一个教学评价为标准来严格要求其他学校所有的班级学生，分析他们自我教学评价、提出个别问题、布置个别作业，千篇一律，忽视漏掉了这个普通班学生群体间的存在某些细微个性差异，教学中就不能达到完全有的放矢。同时，教师的讲课形式多为直接采用传统口头讲解法，利用普通黑板、粉笔等直接实物进行现场讲解与教学，课堂气氛也过于陈旧沉闷，没有了丝毫活力生机，较过去鲜少出现教师直接使用的各种现代多媒体的辅助教学用媒体，教法略显单一、陈旧。这些消极被动的做法恰恰都严重扼杀了当前大多数年轻学生对未来学习未知事物知识的一种强烈的主动性、好奇心、求知欲和思维创造性，使他们感受不到学习的乐趣，教师也感受不到教学的快乐。结果就是师生双方缺失幸福感，学生丧失学习的主动性，教师失去积极的人生态度。

三、以教案文本为编写蓝本形成的教学思想传统与教学经验研究

我认为，课堂教学其实就是按提前贮备而好用的教案去完成，学校规定下达的各科教学基本任务内容的过程，这就形成了以教案为蓝本的教学方式。这样的教学，使课堂成为按部就班执行计划的过程，导致产生如下问题：

1. 教学已经成为一种固化形式的教学模式输出，以标准教案形式为学习蓝本实施的教学，是让教师们每十节新课就按照大纲要求去完成老师规定完成的一个课时任务，在老师一个课时跟着另一个课时完成的一个循序渐进式的教学过程中，学生完成了属于他们个人的全部学习任务，教师也完成了他们的教学任务。这样做的主要结果也就是会导致教学方案设计成为每个教师学习的标准，每十节新课目的即所有学习的内容要求和实施进程要求都要被确定，甚至会按预定时间顺序被逐一分解在一份教案表中，课堂上教学过程就将成为另一种按照既定时间程序完成的教案输出，是新教案输出的一个展开过程。

2. 教学中失去了为教师培养职业能力，最重要的功能教案内容为主要活动蓝本开展教学活动，让我们这些教师必须要原封不动地、按部就班地去严格按照他们自己教案内容里的明确的各项活动教学和活动目标去进行和展开，在课堂活动上去努力训练"引导"学生、指导教师"培养"教师、教育"发展"的学生，以确保尽快地完成我们提前就已经设定或安排部署好了的课程及教学工作任务。结果就算是达到了本节课的教学目标，但也不能改变学生，不能促进学生的进步和提高。如此一来，就使得教学过程成为教师的简单输出，失去了培养人才的功能，当然，学生在这样的环境中也不会经历学习过程和创造过程。

3. 教学方式影响决定了一个学生能力的发展创新。掌握一门知识、形成一个能力都是自己学习思考的客观结果，而学生掌握这个知识、形成某种能力，形成的具体过程其实才是他们学习解决问题本身。学生的大脑中犹如有一片肥沃的小土地，需要他们用各种思维活动不断积累来逐渐促进新知识概念的快速形成，好比知识是一颗种子，思维是一次耕种，只有这样把各种知识概念用思维活动的方式来慢慢地耕种到孩子大脑中，此时，这种知识种子才能开始真正迅速地萌芽，变成无穷的力量，否则它们就是永远堆积在我们大脑中的垃圾。当教案成为教学的唯一标准时，课堂就缺少了开放、灵动，学生的学习就成了被动接受，囫囵吞枣，同时也失去了创造性。通过总结以上经验分析，传统知识教学中存在种种问题弊端，教学工作必须积极进行一种价值取向观念的历史性转移，即坚持教育学生以自主健康发展知识为能力本位，要注重让学习知识能够形象化、直观化、活动化、情理感化、个性化、智慧化地展示在学生成长之路上，展示在学生的探究之路上。而学习共同体就是达成这样的教育目标的重要手段。

第二节　提炼学习共同体范式下新的知识生成过程

在进入 21 世纪后，社会对于教育的要求也相应提高了。首先，就是要求将产业型社会向后产业型社会过渡，也就是要建立更加偏向于知识型的社会，最终建立一个全民实行终身学习的社会。其次，由于我国幅员辽阔，社会历史源远流长，形成了多种文化共同存在，且存在较大差异的社会现状，建立一个多文化和谐共生的社会，也是当下的发展需求。再次，我国人口众多，乡村城镇发展水平存在较大差异，所以人口贫富差距也孕育出一些社会危机，所以教育的发展应当能够应对这样的贫富差别危机。

最后，由于乡镇逐渐向城市进化发展，公共道德的树立对于公民来说也成了一个迫在眉睫的问题，一个成熟的市民性社会的确立，也需要市民性教育的发展和针对性改革。也就是说，21世纪型学校的学校改革与课程改革，主要依托于学习共同体的改革。

21世纪的学校在教育教学方面对于质量和平等是同时追求的。我们提倡从课程到课程，前一个课程指的是学生习得知识并掌握知识的过程，包括建立学习目标，逐步完成学习成就，并进行后期教学评价。类似于登山，主要培养学生自主探究的能力。后一个课程着重于学生对于学习知识主题的把握，自主探究相关的学科知识，并表现出有助于教育工作者进行教育分析的行为表现。课程所承载的文化领域主要包括四个方面：第一大类是文化语言方面，这包括我们日常沟通的对话言语，以及书面文学性的笔头言语。第二大类是对于文化的探究，包括教育工作者带领学习者对教学材料的探究以及学习者课内课外的自主探究活动等。第三大类是指文化艺术，艺术中包含的各个文化范围其实也相对来讲都是较大，我们从平时和日常文化学习上所能接触到的欣赏到艺术作品，包括了各种的语言艺术、文学艺术、美术艺术、舞蹈艺术等等。第四大类就是上文提及的市民性文化，也就是社会生活中我们所能接触到的人与人之间交往的文化领域。21世纪对于学习的要求主要体现在协同学习上，包括新课标提出的小组学习、合作学习等，要求学习者能够与同伴一起完成学习任务，并追求更深层次学习成果的这一过程。学校作为教育教学的主要载体，也是教师的学习共同体。教师学生在日常教育或教学方面的教育工作进行的过程中，进行观摩听课、培训、与一些老一线教师进行知识经验学习交流探讨，都将能够快速学习一些新形式的中小学教育及教学管理相关技术方法技巧以及相关知识，这本身也是一种教育管理工作者们在知识学习的共同体方式驱动下快速的吸收生成相关新知识技能的过程。

一、概述

任何一种学习社会的安排，只要认为它确实具有了社会性，或者已经能够完全被我们大家、被社会所能够分享认识到，那么至少对于处在这个大社会结构中长大的大部分人来说，这些学习社会的安排基本上都是真正具有其教育社会学意义存在的。反观当前，我们所说的传统学校环境条件下学生的学习行为方式，能够明显发现，学校文化所能给予的学习者们的这些传统教育学习安排，对于这种学习安排的现实社会性都存在着相当明显的冷漠性和缺失。也就是说，传统上的学校教育形式并没有真正以教育学生行为的内在共性，教育所教学对象知识获取的相对客观性以及其简单性来作为基本前提，简单的被动接受式知识学习模式就逐渐成为传统班级授课制框架下课堂教学的重要基础。我们首先应当尽可能避免出现这样过于工业化式的教学组织形式，重新建立学习的核心。知识本身对于学校教师本人和对于学生本身来说，都绝不仅仅是一个学习物品，我们学校应当能够通过及时调整各种教育方式教学活动方式，将我们以往那种类似于知识工厂的流水线式的传统课堂知识教学的形式，逐渐转变成更为具有学生社会性特色的知识学习生活环境，使我们整个的学习教育过程也都会发生在一些相对较为自然和真实、生动而有趣的教育情境场景中，使整个学习氛围更加趋于接近自然生活情景、社会情景，保证了其教育知识意义上的持续存在性以及活跃性，并且激发出每个学习者潜在的教育内在动机。在这样的一种教学活动情境模式中，交往或互动对话的组织形式能够有效、充分地被运用到课堂学生自己和其他教师成员之间，生生、师生之间，形成各种相对而持续进行的，深入广泛的人际对话过程和思想交流，甚至也可以用来加入他们与周围社会或其他职业人员进行的有效沟通互动和对话。这样的构建主义理论使传统的学习范式更加趋向于合理和合法，让人们能够有机会重新审视当前学校所提供的教育教学模式的性质、教学方式以及新课标所要求的实现学生全面发展等等问题的正确导向以及结果。

二、对于学习共同体的相关讨论

1. 学习共同体的内涵

学校作为学习行为发生的主要环境，也是学习共同体存在的主要载体，所以学习共同体的建立也可以说是学习共同体的学校的建立和形成。要形成有机统一的学习共同体，就需要作为教育工作者的教师在相互协助、合作学习的同时，积极引导学生们进行同样的协助合作学习。在此改革过程中，家长与学生也应该很积极地投入到学校所有的传统教育教学的活动工作中，并与教师相互协助、合作与学习，这可能也应该将会是一个学习的共同体的教育改革的愿景。学校教育存在中的根本意义以及作为教师职业本身的光荣使命就在于不让我们任何一位学生掉队，教育工作者们都具有保障每一位学生同样的知识学习权的基本责任，应当尽力保障使每一位学生都能享受到一个同样的高质量教育的知识教学权的根本权益。同样意义的，不应当让任何一位学生掉队，应积极促使每一位老师作为一位教学研究工作者，在学习的实践过程中不断地成长和进步。

学习的共同体是指一种社会性学习的制度安排，主要内容是关于学习对象以及共同学习者。学习者应该能够学会在这个学习的共同体结构中，如何围绕每一种共同感兴趣的知识去建构知识目标，从而能够进行社会性交互。在这种社会性交互中，生动有趣的活动能够作为载体，形成多种层次的参与模式。学习者能够结合自身的性格特点以及兴趣爱好等主观因素自由选择处于边缘地位或核心地位、在场实践或虚拟模拟。因此，每一位合作学习团队成员最终都会能够分别从不同层次的文化水平以及各种不同的专业角度出发，加入参与到这种紧密围绕于共同文化知识和建构共同目标进行的各种合作与沟通、交流和评价，甚至是争论活动中，并且也能够同时从中获得到来自与其他共同学习者之间以及具体现实社会事物之间的种种积极支持。学习者们能够通过学习这样一个多层次社会的集体参与，在形成一个学习共同体过程中积累一些社会共识性知识，并试图在学习这种共同过程中逐步寻找归属感并进一步确立自己独有的文化身份感。

2. 学习共同体的特征

学习共同体主要存在三个核心特征，分别是公共性、民主性和卓越性。公共性主要体现在学习知识共同体的开放互动与团队合作交流的共同特点，与之对立的是私人化、部族化之间的斗争。也就是说，在学习共同体范式下，问题的存在将不再是个人的问题，而是集体的问题，错误的产生也将不再归因于个人。民主性主要体现在，一个学习生活共同体中的每一个人他都是主角，包括了学生、教师、家长以及社会中的普通市民。在教育教学的大环境中，民主主义指的就是与他人共同生存、互相协助、合作学习的一种生活方式。其中，也将包含对于个人的尊严以及个性化、多样性的足够尊重。在21世纪，社会全新的教育大环境下，教育工作者对于卓越性的追求始终是向最高目标的挑战，这集中体现在对于教学质量的追求，以及实现有突破、有飞跃的教育教学目标的奋力追求。

目前，对于学习共同体的改革，主要体现在改革基盘的扩大。我们在追求奇迹般的成功的同时，也会确保稳步的推进。在这么一个和谐成功的学习教育共同体系统中，任何一所学校培养的任何一位普通学生最终都能够更真诚而专注地去投入到学习当中，学习能力自然能够随之取得更为飞速有效的成长提高，学生们也最终将能不再出现心理问题及行为，逃学或厌学一类情况发生的人数最终也会将随之显著减少。

或从另一个角度概括学习共同体的特征，也可以分为四类：群体性、交互性、活动性以及共识性。群体性，顾名思义就是说，学习共同体的安排是以群体为基本单位的，群体的基本单位被称为学习者。结合群体性的特点，交互性体现在处于群体中的学习者都具有一种共同的学习目标，学习者们能够为了实现这一共同目标而在学习共同体中充分沟通交互、相互协助、启发学习。学习共同体交互性的特点也为学习者提供了实现交互的平台。再次结合交互性的特点，学习共同体中学习者实现学习目标的过程，主要可以通过活动来实现，这些活动可以是教育工作者进行提前预设、积极引导学习者而产生的，也可以是学习者为了自主地、更好地达成学习目标而主动形成的活动过程，学习共同体的存在并不仅仅是一个群体为了共同学习目标而集合的形象刻画，其形成的主要标志更是群体中同一共识的形成，共识形成是学习共同体学习安排成功的明显标志。

3. 学习共同体构建方法

成功构建学习共同体机制的根本前提，就是先系统理清建立学习共同体的逻辑原理框架及其制度实行的方略。学习知识共同体结构的基本形成，应当看作是完全建立于在一种社会性的对话或沟通过程的形成基础条件上产生的，对谈话性信息的直接沟通过程应当能够通过人们互相学习倾听信息的协作关系机制来有效实现。也就是说，要学会构建人们相互交流协同，建立新型合作和学习合作关系模式的根本基础，应该学会主动倾听学习他人知识的声音。学习的过程在一定意义上是对话的过程，对话的对象可以是客观世界、教育教学材料所提供的文本、社会上的其他人群以及自我个体。学校既为学习者提供了跨地域交流的机会实现，同时也为学习者参与性地学习知识形成创造了具有责任感的相互共有知识以及密切连带知识关系的场所。其中，教室作为班级授课制下的产物，帮助学习者实现相互帮助、协同合作学习的需求，而教师的办公室也构建了同僚间的相互协作、合作学习的体系。

学习共同体的构建，主要依赖学校和教育工作者的共同努力。教师则应当主动帮助低年级学生们树立起比较明确具体的短期学习活动目标，在课堂上的自主教育与教学互动过程中主动引导高年级学生主动进行自主积极思考，并强化课堂教学环境中的调控手段，将学习者的接受状态调整到较好的水平。在实际进行这种教学体系设计实践的整个过程活动中，可以充分将这些智力活动内容与工程实际应用操作过程结合进行起来，在学生教授新知识技能的整个过程实践中，培养提高学生实际的自主动手应用能力、合作交流能力以及实践探究综合能力，锻炼出学生综合的实践自主创造性学习综合能力，使学生能够在没有引导的前提下进行有目的、有计划并且比较持久的学习活动。在与学习者共同体框架内有关的各种学习研究活动及其过程实践中，学习者首先应当能够利用学习者已有的相关知识经验、学习方式优势，理解学习并全面把握各种新知识方法的特征，与同伴形成一个知识的内化闭环。

三、对于知识生成的相关讨论

1. 知识生成过程中存在的问题分析

绝大多数关于人身的可陈述性知识，其实都是可以完全由人们直接通过各种口头语言形式，去进行传递去获取信息，而对于其他很多人的可程序性知识，则又绝对是不能只靠通过各种书面的语言形式传递方式来去进行传递，而更应该是完全可以通过一些人自身，有意识地在动手和实践的探索练习和各种思考与练习等活动中去进行获取。陈述性知识也可以理解为学习者进行自我知识的回忆、再次去学习去确认、实际进行动手和应用操作等方式，或者通过用与已学习或其他知识内容之间结合起来进行的这样一种思维方法手段活动，来获得自我表现。程序性知识一般要等学生们通过自己练习或者自主实践，去完成其中的各种具体和实际应用动手的操作步骤，它才能得以完全地表现出来。陈述性知识学生通常仅仅可以看作是学生通过自我学习和听一些学习讲座、看书本、看一些娱乐电视节目等自我学习活动方式之后所才能获得，而很多其他的程序性知识又需要学生本人通过参加有一定的程度数量形式上的动手操作练习等活动方式，才能真正获得自在性实践学习。

陈述性知识学习与运用程序性知识教学虽然会有诸多的区别，但是实际上又紧密联系结合在一起。很多实践性教育的教学或活动项目的顺利完成，既需要先用到某种陈述性知识，又必然需要运用程序性知识。比如要明白所提出的解决实际问题需要的运算法则才是某种陈述性知识，而通过实际应用操作与计算的是运用程序性知识。陈述性知识运用与应用程序性知识方法的学习获得，往往应该是同一个学习方法过程或两个阶段连续发生的阶段。在孩子最开始主动学习一门新知识的教育过程中，通常只是由语文教师首先向这些学生系统地讲述一些简单且陈述性强的数学知识，后期则经过了大量反复的思考练习，学生已经掌握独立自土动手解题分析的实际能力，对于掌握这些数学知识已经到了具有完全自动化时代的基本特点后，就真正变成学习了一种程序性知识，这就一定意义上成了我们所说的技能。综上，在课程学习指导和实际教学操作的设计过程设计中，我们更应当重点注意合理区分好这一两种基本知识类型，并及时促进这些有必要掌握的可陈述性知识，及时将有效合理的应用转化为可程序性知识，使每位学习者皆能够逐步形成这些必要知识的系统化学习技能。

人在进行知识学习记忆的整个过程中，往往会伴随一些适应性的思维运动。他们自身的主要感觉器官也总会更有意地朝向所需要集中注意到的某些学习活动对象，以便大脑能够因此获得一种更加全面清晰正确的整体印象和整体认知，在注意这个整体过程中，一些可能与学习目标无关的生理运动就往往因此会随之停止，比如呼吸往往会渐渐变得细慢、变得轻缓，甚至是出现意识暂时完全停止运作的特殊情况，这实际上就是大脑注意运动达到生理高峰时全身处于紧张的状态。如果学习者出现这种状态，就说明教育教学内容能够满足学习者对于知识的需要，并引起了他们足够的兴趣，使学习者产生期待的心理和积极的情绪，教师能够通过一些与学习者有着特殊感情的人物或事物，引起他们的心理集中。

2. 如何进行知识的生成工作

学生所获得的知识，实际上就是学生将现有知识观念同化为自我的原有知识，在认知结构体系中起着固定作用的新观念。首先，将已有知识进行同化改造的主要前提应是每个学生首先需要具有一个相应程度的原有知识基础，才真正能够做到将一种新知识形态与一个原有的旧知识结构紧紧联系结合起来并运用，在自己原有知识结构上，重组再生出新的分支。其次，教师用书所能够提供读者的课堂学习指导材料，及其本身内容也至少应当能具有与其相应联系的、具有内在科学逻辑意义内容和科学价值，能够准确反映对人类自身已有能力的、真正有实践价值方面的重要认识及成果。最后，学习者自身应当是被知识积极地引导着或是自主地引导，具有这种良好引导的主动学习的动机才更能够有效地将所学知识的自我生成或成果加以放大。

知识生成的方向可分为三大类：从原有的知识观念中概括出新学习知识的概念；在原有观念的基础上提取出更具体、更形象的概念；新旧知识属于同一层次，两者之间能够产生联合的意义；知识的生成能够通过渐进分化的原则，也能通过综合贯通的原则进行构建组织。

在小学教育及其教学工作过程体系中，知识构成的一个活动载体即是教育学习者头脑本身，要想能积极有效地去使其正确进行着知识对象的学习生成的工作，就首先必须能够使知识学习者本身的思想心理活动始终对他所要学习知识的对象目标有个一定范围的目标指向集中和目标集中。当有些学生完全不能充分自主地控制他自己的一些有意或注意动作时，就可能需要有教师去进行有选择的精加工，或通过刺激使有些学生完全忽视一些不利于课堂教学中的心理倾向，使这部分学生进行的教学心理活动难以对实际教学内容中有一定高度的目标指向化和高度集中。在学习的过程中，人的心理活动起组织和调节作用，所以如何有效地利用积极的心理活动，就是学习者和教学者需要探究的问题。积极的心理活动能够使人有方向性地选择有意义、有必要且与当前教学活动相合理适应的对象进行观察实践、操作思考等活动，而抑制一些对无关事物的关注。但是仅仅正确选择注意对象显然是不够的，还需要使心理活动始终稳定的集中在选定的对象上，直到教学活动或者教育教学行为的意志达到为止。合适的教育教学环境能够排除来自外部的干扰，而学习者自主有效地控制心理活动，也能够排除来自内部的干扰，使教学向着既定的目标和方向进行。

3. 知识生成后的知识结构重组工作

在进行知识结构的重组工作时，学生往往需要将新学习到的知识与原本相对熟练的知识进行整合。学生对于新生成的知识往往不够熟练，所以就需要新知识与旧知识之间存在一定的内在联系，使学生能够有意识地根据学习任务的需要将它们进行转移并整合到一起。一个相对健康并且成体系的知识结构，更能够使学生加强对于新知识的理解。在教育教学的过程中，就需要教师积极地运用一些技巧来帮助学生建立一个健康的知识结构。首先，在整个教育或教学实践的发展过程中，应当注重创设起一个相对良好和谐的数学教学大环境，并可以在学校进行课程教学方案设计活动时提前进行情景预设，运用到一些相对生动而有趣活泼的课堂语言风格和言语表情，引起并激发学生强烈的语言好奇心以及提高阅读积极性。也可以尽量使用学生相对熟悉的现代化教学手段，比如多媒体等，来提高板书的技巧和美观性。对于教学材料中相对有限、枯燥的教学内容也能够通过合适合理的丰富来进行有效的吸引。教学方法可以灵活进行变换，也希望能够尽量保持学生自身对于继续所学的课程感兴趣的那种积极性以及好奇心。在保持课堂气氛活跃的同时，应当注意维持好良好的课堂纪律，以确保每一位学生都能够有效地接受教师所传达的教学思想。

四、学习共同体范式下新的知识生成过程

1. 生成过程的思想内核

新事物的新知识的生成发展过程，就是在建立人们对任何一种特定事物属性本质与功能联系方面的某种全新的认识。这种认识还应当超越对一个事物固有的所有表象、概念、存在法则以及心理知觉有正确的认知。知识也就可以被分为感性知识和理性知识，对于外界事物产生的一切感性的知觉以及一切表象皆属于感性知识。事物产生的全部客观的概念过程以及事物形成发展规律均属于基本理性知识。

皮亚杰曾经把一个知识主体定义为获得具体知识过程及其各种信息组织，这些具体知识信息活动过程及其种种信息组织，主要是一种来自信赖于某个知识主体自身及其他通过该主体本身与其自身周围客观环境信息所能够相互传递的信息作用。他将知识分为个体知识和人类知识两类。储存于个体之内的知识是个体知识，储存于个体以外的知识是人类知识。

知识获取主要指以一种经验知识和科学理论经验的复合形式广泛存在于现代人类知识的头脑、书本知识以及其他多种物质载体知识之中，是一种人类自觉对自身客观与现实的认识发展的综合结果。在本文论述中，我们拟着重讨论一个狭义层次的人类知识的获得，也主要就是人类学习者自身的知识的获得。学习者自身的固有知识体系是主要依靠在特定教师的严格指导约束下，通过反复感知、记忆、思维发展等的一系列较为有内在规律联系的思维心理活动中获取固有知识经验从而发展形成。在此认识过程

体系中，教师提供的各种指导活动通常要求具有详细计划和一定目的，并且促使学习者们重点学习这些前人经验积累形成的一些间接认识经验。因此，教育科学工作者们都认为，学生在实践中获得固有知识体验的整个过程，应该是另一种性质较为相对特殊的直接认识过程。

从现代知识心理学领域研究认知的基本方法论角度来看，美国著名的神经认知学与系统心理学家安德森将现代知识心理学的分类归格为可陈述性知识和可程序性知识。陈述性知识主要内容是指陈述关于"是什么"的各种知识，包括理论概念，客观事实以及基本原则等。这也与目前我国社会传统道德意义层次上的道德知识含义相吻合，能够充分说明具体客观社会事物、事实情况又是怎样存在的，是本书对于客观事实的定义、规则、原则等概念的一次具体抽象描述。程序性知识主要是指关于"如何做"的各种知识，这一类的知识是主要用以概括人类如何学习完成人类各种各样社会活动必需的基本技能，这与我国传统意义上的"技能"一词的含义比较接近。这一类知识也主要关于完成某项具体任务的实践行为操作以及具体步骤。也就是说，陈述性知识都是一些比较笼统的狭义性的知识，而程序性知识就主要还是指知识技能，可被分为认知语言技能以及认识动作技能，而认知动作技能中又分别可再被分为认知智力技能和认知行为策略能力这两大类。它们共同构成了一种广义上的知识。

2. 生成过程的文化场域

知识的生成发展的内在过程，是指作为生成知识信息的主要物质载体之一的某种实物模型或某些言语或描述，必须能在知识学习者固有印象系统中达到某一定水平的特定强度，才能逐渐被形成清晰完整的认知。只有达到了相应强度的视觉刺激，才能最终引起对学习者的清晰的感知，也就是说，教师的有效引导，如果不能被有效接收，那就无法达到理想中的教育教学目的。在教育教学的过程中，一些辅助的教学活动和形式，比如教师的板书、模型的展示以及多媒体课件的变化，都应当遵循清晰明了的基本要求。教师的语音语调应当响亮清晰，在必要时做到抑扬顿挫、轻重有序，以便学生感知到重点以及非重点知识点的出现。

根据相关学者的研究发现，学生在学习的过程中，如果学习对象及其背景的对比差异较大，那么学生对于该对象的感知也会更强烈。这是因为对象与背景的差异越大，对象从背景中区分出来也就越容易，学生能够更优先地选择该对象进行感知。因此，教师平时在综合运用多媒体直观互动教具时，就更加应当努力做到突出活动重点，层次分明。具体的语句内容和时间背景内容之间都应当是存在有一定大小的反差，重点段落的标题、公理等重要结论都可以尽量运用加粗的书写手法，包括在板书内容上要区分开主次，排列得当。

教师的语言艺术有时在组织教学中也能起到重要的作用。我们往往能够从中观察了解到有一些颇有丰富经验学识的教师，如果上课时发现有部分学生试图破坏教学纪律，他们可能不会立即动手去强行制止学生或批评学生，而是采用一个突然停顿的方式，反而能够收到比直接制止或批评更好的效果，这就是教师熟练运用语言艺术的良好收效之一。在实际教育及教学操作的教学过程活动中，能够瞬间发生教学活动行为的运动对象也往往远比那些静止着的活动对象来得更容易，并被目标学生自身所能够感知到并接受。这往往是因为建立在一些相对较固定的知识背景点上，动态发生的一些事物变得更容易引起学生本身的学习注意。比如在教学制作过程活动中，教师所能够设计画出的各种图案，就可不必再使用教学挂图形式；在课件教学中所能够设计制作各种动画内容的动画片段，就可以不必再使用那些静止着的教学画面；教师在授课教学的实际过程操作中自然也会不必去拘泥于讲台前的那个狭小的空间，而随时可以在这个教室环境中进行走动，保持学生运动的最佳状态，使全体学生得以集中学习注意力，使这些教学内容最终能够得到更好程度的传达，被广大学生群体所感知。

相比于教师的口头语言，教师的表情、手势等肢体语言等更能够吸引学生的注意，由于这些肢体语言能够丰富传递教学信息，所以也就更能够被学生感知，收到更好的教学效果。上文所提及的反差只适用于相应的教学模块，但对于在空间上相互接近、时间上相对连续、形状上互相类似、颜色上基本一致的教学内容更适合采用整体性的教学方法，学生在学习这一类知识的过程中，能够更加清晰地感知到一个整体的构建过程。对于较低学段的学生来说，更加直观的教学模式例如各种图表、模型以及实际幻灯片的演示，都能够使他们在直接感知的过程中建立起对于学习内容更突出的本质认知。

3. 生成过程的智慧衍生

在已经形成的环境良好的学习共同体之中，学习者的已有知识经验关系到其对于新知识的理解过程。一些全新的知识固然能够刺激学生不由自主地集中注意力，但那只是一时的，如果学生对这一类新知识完全不能理解，那么对于它的注意也会很快消失。当教师将全新的知识与学生已有的经验相结合，并将这种结合贯穿整个教育教学过程时，学生既能够保持对于新知识的好奇与注意，也能够自主形成学习的积极目标，并做出一定的意志努力。教师和学生作为学习共同体中的两个主要身份，教师需要帮助学生明确教育教学活动的目的以及任务，并合理地组织安排教育教学活动。在明确了教育教学目的及其任务的前提下，合理的组织安排活动有助于保持学生对于教学活动的注意。在此过程中，学生也能够适时地提出一些合理的自我要求，并在活动的过程中，围绕所要达到的活动目的，提出一些有助于实现活动目标的问题来加强自己和同伴的注意。教师在组织预设教学环境的过程中，也能够利用巧思将智力活动以娱乐集体的方式与实际操作相结合，保持学生对于新知识的新鲜感以及注意力。这些兴趣活动项目的科学有效合理进行，能够充分培养起学生们对于各种新知识和稳定内容的主动探究兴趣意识，以及他们良好坚定的思想意志品质，拓宽学生注意力来源的空间广度，锻炼学习注意力来源的时间稳定性，并有效管理注意力的有向转移，合理地将注意力分配给相对重要的教育指针。

第三节　围绕真情境大概念重组知识结构

现如今教育教学的难度主要体现在学生课外接触的领域是相对杂乱的，并且对于各个领域的认知程度参差不齐。在班级授课制实行的大环境下，是无法建立起一套完全适应每一位孩子的教育结构知识体系的。为了应对上述情况，有学者研究并提出了"围绕真情境大概念重组知识结构"这一理论原理，这不仅仅可作为针对学生的教育教学方法，更是教育工作者们用于总结工作经验、发掘教学潜力的有效途径。

对于每个个体来说，都存在着已建立的知识结构，但那通常是不系统、不正规，甚至可能是不正确的。这时就需要相对来说更加科学、更成体系的教育教学材料以及教育工作者的作为辅助的正确引导。在梳理并总结出大概念的基础上，通过真情境的创设带来的深刻体验带领学生进行知识结构的重组。大概念是一个深入再深入的过程：在需要熟悉的知识中找到需要掌握和完成的重要内容，又在这一部分重要内容中总结出所需的大概念以及核心任务。这是一个高度的概括总结工作，需要教育工作者善于发现决定性的知识结构节点，以此来积极引导学生进行知识结构的重组，并且有意识地培养学生的自主重组能力。在此过程中，真情境的运用也很关键，要让学生尽可能全身心地进入课堂，跟随教师的上课节奏，其授课方式及内容就应当能够吸引该学段孩子的注意力，那么真情境的建立就很重要。在不同的学段，真情境的有效建立都能有效提高学生的学力，增加课堂授课收效。

一、概述

重组知识结构对于正处在学习过程中的学生来说是非常重要的过程。那么在这个过程中，如何高效地促进学生进行知识结构的重组就是一个值得思考并且深入研究的问题。通过真情境以及大概念的分别及组合分析其对于重组知识结构的必要性及具体收效作用。

真情境，顾名思义就是真实的情境。在教育教学的过程中，给学生营造一种相对比较真实的感觉印象群，相比于抽象的逻辑概念的简单理解，更有利于知识的理解吸收。尤其对于学龄较低的学生，有趣生动的教学情境更能起到教师既定的教育教学作用，达到教育教学目标。

大概念，在教学领域中特指学科领域中最精华并且最有价值的核心内容部分。在教育教学的具体过程中，我们通常会先设法让学生理解知识对象的具体概念，而后进行逻辑练习，故概念的建立也是在教育教学过程中关键的一步。在如今知识大爆炸的时代环境下，有限的课时和无限的知识之间出现了矛盾冲突，所以在众多的知识点中提炼出最精华并且最具有价值的核心内容成为广大教育工作者发掘研究的课题。

二、基于真情境对知识结构的重组

1. 形成真情境的必要性

建构主义学习理论认为，知识是学习者在特定情境中，通过主动构建和建构而获得的。通过结合自身的知识和经历，积极地筛选、整合和处理外部信息，从而形成一个具有深刻意义的认知结构。在学习的主要环境中，由四大要素：情境、协作、会话以及意义建构构成主要大环境。情境作为顺利完成建构的基础存在，一个合适、合理的情境是学习环境完成建构的关键。协作与会话通常是在一定的教育教学情境中展开的，意义建构也是在此教育教学情境中逐渐建立起来并最终完成的。所以，良好的教育教学情境的创设能够有效地引发学生的有意注意，引起认知心理的有机平衡，激发出学生的学习兴趣，有效启迪学生的逻辑思维，逐步培养学生的自主学习能力。

基于真情境的教育教学就是指，通过创设与学生的具体生活环境及其知识背景相关的，并且带有社会性的现实意义的真实情境，来呈现具体的教育教学过程，完成教育教学任务，让学生在自主观察的过程中操作实践，并进行推理交流、反思总结，逐渐体会学习的过程以及学习的规律。

真情境的具体设计安排，在一定程度上与教学设计有一些重合，这两者的设计建立都应当把真实的教育教学情境作为教学的明线，把对应的具体学科知识作为暗线。教育工作者在设计过程中首先应当牢记明暗线都要贯穿始终，并且相互交融，做到遵循教材的教育教学设计意图，又要在一定程度上体现出相应学科与实际生活的密切关系，向学生展示出所学学科所具备的学科魅力。

俗话说得好，良好的开端就是成功的一半。精心设计好进行导入的教育教学情境，有利于把学生的注意力有效地带到课堂的学科学习中来，调动起学生的学习积极性，激发出学生的学习兴趣，为学习全新的学科知识创造出一个最佳的心理状态以及认知环境。课堂的开篇可以从学生所熟悉的日常常见的事物出发，尽可能地去贴近具体的生活实际，在生活与教材之间建立起有机的联系，充分地激发出学生的学习热情和学习动机，燃起学生们在本学段应有的求知欲和好奇心。

作为将学习的主动权交还给学生的主要机会，创设教育教学情境是教育工作者在教学活动中充分发挥学生主体作用的良好手段。在这个过程中，学生在通过嘴巴说、动手做、耳朵听、眼睛看、脑子想的学习情境中，学习学科知识，增长教育智慧，提高口语、动手、观察、思考以及学习能力。尤其在交流讨论的过程中，学生能够真正融入课堂之中，充分发挥出学生的主体作用，教师通过积极有效的引导，发挥教师应有的主导作用，促进学生学习，这既有利于学生学习本次课的既定知识，也培养锻炼了学生的合作能力、表达能力等不可或缺的品质。

2. 形成真情境的主要教育教学方式

要在教育教学的过程中有效地形成真情境，就可以运用一些"情境教学法"。这里所说的情境教学法就是指，在教育教学的过程中，教师有明确目的地引入或制造一些生动场景，这些场景是具有一定情绪色彩的、以具体形象为主体的，它们将会比较贴近学生日常生活，能够有效引起学生一定的情感体验，从而帮助学生更好地理解学科教材，并且在这一过程中，学生的心理机能也能够得到一定程度的发展。上述教育教学方法的核心就是在于有效地激发出学生的情感。要想融入情境就需要产生特定的一些情感，情境教学是在对社会生活进行进一步的提炼和加工后才会对学生产生具体影响的。这些影响具体包括榜样的激励作用、生动具体的语言描述、课内的课堂游戏、基于教学的角色扮演活动、关于诗歌的朗读背诵、美术绘画、体操艺术、国内外各种音乐体裁的欣赏、旅游观光活动等等，这些都是将教育教学内容融入具体形象的情境中的情境教学所能产生的影响，这其中也必然会存在着潜移默化的暗示作用。

3. 形成真情境的长期收效

运用情境教学，是符合新课程标准的基本理念的教育教学行为。学生能够围绕真情境对知识结构进行重组，符合新课程标准中提到的"健康第一"的指导思想。促进学生身体、心理以及社会适应能力这一整体健康水平的提高是新课标教育教学的基本目标，有机融入了诸多科学领域的各方面相关知识，促进学生的身心健康成长。教育工作者们正是通过一些教育教学具体情境的设置，使教育教学内容能够在情境化的故事中得以生动地完成，使学生在学习过程中建立真情境的概念并且学习自主建立情境化的总结分析的学习方式。如果说，教学内容的安排是为了使学生掌握基本的基础知识，那么情境的设置就是让学生们掌握基础学科知识的一种教育教学载体，设置情境的目的就是增强促进学生的学习能力进步，并提高学习水平。

知识结构的重组往往最终都需要由学生作为主体，要求做到以学生的全面发展为中心。在真情境的环境中，学生可以通过扮演情境中的主角，在角色中完成各种学习内容，总结学习成果，以达到教师为此预设的学习目标。在这一环节中，学生主动并且全面发展始终在中心的位置上，在此过程中，注意发挥教师主导作用的同时，也特别强调了学生这一学习主体的客观体现，培养学生自主学习、自主总结、自主思考的学习能力，在终身的学习道路上都能够发挥积极的作用。

真情境的创设能够关注到每个学生不同的个体差异以及不同需求，确保每个学生在此过程中都是受益的。在进行对应情境的创设过程中，教师能够根据自身对每位学生的了解认知，结合学生在以往学习生活中已有的知识经验水平、日常的兴趣爱好、学习的方法偏好等方面的个体差异，提出相应的教育教学评价建议，将以往相对呆板无趣的评价体系重建为灵活并且相比更加有效的评价体系。让学生在学习知识、评价学习成果的过程中，更直观地享受到成功的喜悦，并且保证大多数学生能够完成基本的学习目标，更充分地体验到学习的乐趣。

由于真情境的具体性和生动性，在教育教学过程中对于中低年级的学生更有吸引力，对于这一学段的学生来说更能起到教育作用，也更有利于该学段学生的身心健康发展。大部分的中低年级学生在心理意识水平上的发展是还不够成熟的，对于教师创造出的相对真实的情境与现实生活还存在着区分不清的情况。这一学段的学生通常热衷于模仿，想象力比较丰富，形象思维也更占主导，随着故事情节的发展也较容易逐渐进入角色，使自己的内心环境与情境发生共鸣，沉浸在欢乐中。那么在授课的过程中，就需要教师进行积极的引导，帮助学生进行合理合适的角色代入。学生既能动手又能动脑，能够在一定的课时内完成要求的教学内容，达成教育教学的既定目标。

真实情境的给出往往是教师的职能体现，那么教师在设计情境时，充分考虑情境设计的主要目的就是教师的课程设计导向。要让学生在设计好的情境中按照教师预设地掌握教学内容，可以说教学情境的设计就是为了这一目的而服务的。所以，教师在构思预设情境时就可以结合授课内容中的重难点进行有目的地模拟，让学生对重难点有更加明确的练习。

三、基于大概念对知识结构的重组

1. 形成大概念的必要性

大概念是一个多重的概念，其出现的主要作用在于帮助人们更好地理解、运用、整理并且模块化信息。大概念主要作为一种逻辑思考模式，结构可分为三个部分，分别是概念化、分类、细化。大概念和上述的真情境相反，它常常是以相对抽象的形式展现出来的，是一种思维的范式，并且能够连接彼此不同的概念，来帮助学习者更好地理解并解决相对复杂的一些问题。

大概念是以较为抽象的方式将一些具体的问题、事件或经历进行合理概括，可以用一段独具匠心的简单句子概括出来。这种高度概括的动作，能够非常有效地将一些复杂的事物用一句话简单地表达出该事物所传达的意思，同时又能够十分清晰直观地传达出究竟该事物是什么，以便于后续更深层次的理解。简单地说，就是大概念能够通过简单的文字传达出完全正确并且语义到位的概念内容。

由于大概念简短易懂的特点，也就更容易加深人们对于概括前相对复杂的信息的理解，有助于学习者快速总结复杂的问题，使其能够在相对短的时间内就获得较为满意的结果。大概念通常是以概念化的方式提供细节信息的，在此过程中，将复杂的概念进行分开、分类并进行一系列合理的分析，可以将多个原本并不相关的概念抽象为同一个主题，搭建起连接不同话题的桥梁，也能够有助于学习者更好地处理问题。

大概念作为一种定义式的语句，能够创造出并且保持住必要的模块完整性，使所被定义的信息可以更好地模块化，从而被学习者所理解吸收并且在自己的知识库中建立属于自己的知识体系，这对于学习者后续重组知识结构也是很有帮助的。大概念能够从不同的角度来分类，整理相关的问题并且将相关的概念归类，以保持模块的相对完整性，这一点对于相对复杂的问题的解决是很有帮助的。

在日常的学习生活中，获取大概念的方法是多种多样的，比如学习研究文献、各类有关文化的作品，也可以从相对古典的学术、关系性分析以及文献分析中提取大概念。此外，通过练习算法和熟悉不同主题的研究，在读取并参考自身实际经历的基础上，也可以直接获得一些有关于大概念的经验。总之，关于一些思想方面的实践活动都可以获取到大概念的相关内容。

2. 形成大概念的主要教育教学方式

大概念的总结提出在一定程度上直接决定了教学设计的优先

级，大概念的建立能够帮助学生将所需掌握的学科知识点联系起来并进行课堂实践包括课后巩固。对于教师而言，课程前期设计中最大的挑战就是确定课堂所需建立的大概念的精心设计和执行。

对于上述教育理念的理解可能与传统的思维模式发生碰撞，甚至产生矛盾。从学生成为教师的过程中，我们在学习的过程中很少提出一些疑问：为什么会有这些我们所学习的东西？它们所存在的意义又是什么？这对于求知过程中的学生来说好像并没有什么错。再比如，很多知识随着我们学历的提高一再被推翻，当初学习的时候也并没有因为那些是错误的而没有学习。

有学者对上述情况做出了解释：我们正在接受的是相对来说支离破碎的、甚至脱离生活实际的比较抽象的理论和事实，而并没有自主地选择学习一些重要的学科中存在的大概念并用恰当生动的教学方式来帮助学习者，或者自主构建出一个完整的相对自我的对世界的理解。

当教师转变教育方式，一开始就选择一个相对宏观的大概念出发，比如小学开始学习数学时，老师就用这样生动有趣的方式给学生讲述数学中"数的由来"，首先帮助学生建立起关于"数"的一个大概念，那么每次在扩充关于数的认识的相关课程内容时，就不会觉得那么的突兀和难以接受。

要讨论课程设计的根本属性，就是建立教育系统有效地帮助学生掌握逐渐复杂的学科基础知识，并学习如何在这样复杂的世界里生存。所以课程的设计应当揭示复杂性，在做教学设计的时候，就可以从微观的关注点转向相对宏观的大概念的建立。

3. 形成大概念的长期收效

大概念的建立往往是具有全局性的，在传统的教育教学单元中，教师往往会把知识点进行孤立的处理，并且每一节课的教学内容都会相对独立，知识点之间的内部联系不足，以至于学生无法很好地整体把握知识，对于问题的综合考虑也有很大的不足。而相比于大概念的教学模式，将知识做了整体化处理，且每个知识点之间并非孤立存在，也就是说不是以简单相加的方式结合在一起的。同时，大概念的教学模式也能针对传统教学中的一些不足，从整体的角度出发，将一个单元教学作为一个整体，从全局的概念和方向入手，将教材中的知识点联系起来。

大概念的教学模式更加具有计划性，在大概念的模式下，教育教学更加强调以单元作为一个整体来进行课程的规划设计。教师在教学设计的过程中，要分析本单元知识点在整册教材中的作用，做到自己胸有成竹。并且要明确单元教学的知识目标，做好单元概念性教学的布局。教师应当对每一个课时都进行深入的分析，通过了解学生的生活实际情况以及已有的学科知识水平，确定新课如何导入、课堂如何练习、课堂如何测试以及课后如何复习，采用相对循序渐进的方式，计划性地开展有关教育教学的工作。

由于大概念教学以整体为立足点的这一特点，大概念教学更加具有联结性，能够抓住每一个单元的教学重点，使教师更加切实地做好各个单元之间的知识点联结工作，从而更好地为学生构建出系统的知识框架，让学生更加系统地进行学习，确保其对于最终的知识体系更好地融会贯通。

与真情境教学的优点相同，大概念模式下的教学也更能体现学生的主体性，在进行大概念教学时，教师通常以增强学生的知识体验为目标，围绕学生展开知识的教授工作，帮助学生学习并巩固每一个单元的知识点，尽可能塑造以学生为主体的教学氛围。在这一过程中，教师应当做到更加尊重学生，并且在尊重客观条件的基础上，积极引导并且激发学生的主观能动性，将学生作为课堂的主体，尽可能凸显出学生主体性的这一特点，围绕学生的具体情况设计并展开教学活动。

四、真情境与大概念结合对知识结构的重组作用

1. 两者结合的具体方法讨论

要想将真情境与大概念结合进行教育教学，就需要教师改变固有的教学思维，用相对整体化的视角对教育教学内容进行分析。从大概念入手，提出有关授课内容的核心问题，并且创设出问题情境，设置教学任务以及相关的教育教学活动，通过教学评价落实核心素养的目标达成计划，最终实现学科教学的育人目标。在相关文献中，这是一种新型的教学策略，这种教学策略不仅可以实现素质教育的有效推进，而且对于学生学科素养的提升也有很大帮助。但是，要想取得最理想的教学效果，也就更加需要教师能够明确教授内容的含义及其特征，确定合理的教育教学主题以及目标。构建出相对真实的教学情境，促使学生能够在正确的引导下，顺利地理解并消化吸收学科知识。

要想将真情境与大概念进行合理有机的结合，教师就应当充分了解学生的不同差异，结合他们的兴趣爱好以及性格特点等因

素，创设出适合大部分学生的教育教学情境。在进行教学设计的过程中总结出学科领域中最为精华且最具有价值的核心内容部分作为大概念进行教学。也就是说，在众多的知识点中提炼出最为精华并且最具有价值的核心内容，就成为教育工作者需要花大功夫发掘并研究的课题。

由于对于知识结构的重组具有学生主体性，所以教师课后对于学生的个别指导也存在很大的教育作用。真情境的创设，有时未必适用于每一个学生，所以就需要教师在课后辅导时个性化地为个别学生提供指导意见。教师也可以通过分组提问的方式，促进学生思维能力的提升。由于在传统的教育教学过程中，教师会结合知识点进行提问，但提问过程中很少全面分析学生的学习基础，回答问题的通常是优等生，导致基础较差的学生得不到回答问题的机会或者不愿意主动的回答问题。在此基础上，教师就可以通过分组提问的模式，按照学生的学习基础进行分组，组内包括基础好、基础中等以及基础差的学生，引导学生进行组内合作，与组员共同梳理知识点，全面提升学生的思维能力。

学科核心素养是学科的育人价值的集中体现，是学生通过对学科的学习而逐步形成的正确的价值观念、必备的品质因素和关键的学习能力。在这样的学科育人目标背景下，教师迫切地需要转变教育教学的观念，要让学生面向实践和问题解决，促进其学科素养的真实发展，通过结构化的真实教学情境创设，实现学科的目标，凸显出学科的育人价值。

2. 教育周期过程中两者对于知识重组的侧重相对变化

在教育教学的过程中，真情境的创设和大概念的建立都以教师为主导。这一过程的前期，也就是教师备课阶段，主要以课时备课为主，在此过程中，教师思考的是如何更好地突破一个知识点的重点以及难点方面，课堂上如何明确更好地实施全方位的单向传输，也就是向学生讲授知识点的过程。这种教学模式的好处就是学生对于学科基础知识的掌握较为牢固，认真学习、听讲的学生在应对考试时也能够依据相对固定化的答题模板取得相对不错的成绩。但这也存在一定的弊端，也就是这种教育教学方式使学生的学习停留在相对事实性的知识层面，使学生思维趋于僵化获得的知识也相对碎片化，对知识系统的整合能力相对薄弱，迁移并应用知识的技能也存在很大的不足。那么，如何引领教师从学科走向课程，全面落实课程教育教学内容就是我们需要讨论的课题。大概念教学模式作为联结学科与课程的桥梁，其概括总结过程也依托于学科的课程标准，应当整合学科内容及其扩展内容，通过设置课程教育教学目标，重新构建教育教学课程内容，实施教育教学课程设计，并且落实教育教学课程评价等环节，实现对教育教学课程的二次开发，从课程的多种角度出发，研究教学有针对性地，并且更具时效性地实现课程目标的高度达成，落实学科的教育教学核心素养，以取得更大的教学效益。

3. 围绕两者的重组知识结构优势

结合真情境与大概念的教学优点，围绕这两者的重组知识结构具有全局性、计划性、联结性以及学生主体性的主要优势。

通过真实情境的创设，教师将知识点做整体化处理，形成知识体系的内部联系，使学生更好地整体把握知识，对问题形成综合的思考方式，能够针对传统教学中的不足，促进学生思维能力的提升。教师也能够在教育教学的过程中，全面分析学生已有的学科基础，更好地掌握学生对学科基础的掌握情况，鼓励学生探索其他相关知识的构成，发挥新课程标准下教学的优势。

第四节　利用学习单促进学习共同体形成

跟随着我国新课改浪潮中的内容不断纵深推进，踏勘着由课程设置改革过渡到深化教学改革进程的坚实步伐，从传统教学体系改革过渡到创新课堂结构改革，有效的课堂转化到优质高效的课堂，根据我国学生成长阶段的基本情况，知识结构的制定更为有效科学地优化学习课程方案，提高学习课堂效率，进而全面解放课堂教师，引导课堂教师能更好更有效地去抓住每个学生成长的真正"需求点"。

一、学习单的产生

把自主学习的最大权利真正的还给所有学生，研究探索如何才能构建促进学生进行自主学习、探究性学习等的各种有效激励策略体系；同时要研究在使用这种教育策略背景下，学生每天的有效学习投入情况、日常学习成绩间的动态变化等情况研究对比，从而来培养这些学生具有全面自主发展个性的教育能力。在以上这些问题研究结论及其教育背景指导下，自主发展任务式学习的策略"学习单"也相应就会应运而生了。

1. 学习单是指在新概念课堂实验教育理念的直接指导、影响和积极推动下，为了可以更有效地让广大学生充分自主快乐地学习，让老师们更高效、深入、全面了解到学生的基本知识结构，保证最终可达到课程的教学设计目标、课程内容、课时数以及对学生实际的基本知识及掌握的面而来制定一套更为详细、有效、合理的课程学习方案。教师应当根据本校学生参与的具体情况，由老师个人研究或者组织老师集体讨论研究课题并合理设计授课方案，或者让个别学生也参与其中，促进学生们自助、合作、探究性学习的形成。老师应根据每位学生每天的自主学习完成情况，来进行一次师生的互动交流，或者是生生的互动交流，从而更好地提高教师课堂工作的效率。

2. 学习单是教师帮助辅导学生开展预习、交流答疑和开展自主学习工作所要提供的一个有效平台资源和辅导材料，是我们在确定课程目标教学内容和自身学情条件的基础上，专门针对引导学生完成独立自主性学习过程而进行开发研制的另一种辅助学习方法，能真正地让每位学生初步地了解每个老师各自的教学授课的目标、意图、课程安排的各个重难点，这样每个学生自己就能做好更充分的准备。学习单既可以作为指导学生课前进行预习，也是可用于进行课堂辅助教学，是一份很好使用的同步学习参考资料，同时也通过学习后预测单进行巩固强化和效果检测，能做到更好地、有效地把握每位学生课后的同步学习情况。

二、学习单的设计

（一）学习单的设计原则

1. 关注学生班级及教学的服务的对象，设计符合班级实情、具有针对性的学习单

教师提出的学生班级学习调查单，在新课标教材中明确地被提出："数学课程要适应学生个性发展的需要，使得人人都能获得良好的数学教育，不同的人在数学上得到不同的发展。"这一点也说明，教师需要在如何为学生而设计班级前置性学习单的过程前，充分地考量出不同班级之间存在的学习个体差异程度和个性需求，在进行学生班级的调查单中必须要有对班级每位学生需要具备掌握的学习主要知识基础、学习语言能力、思维方式、表达的情感方式特点这四个方面特质的调查。在初步掌握到每位学生内心存在的这些个性差异特点和表达心理情感需求特征后，教师才可以进行再研究，进一步研究设计出一套分层次设计的、有一定教学针对性意义上的前置性的学习单。

2. 研读教学目标，设计一个具有高度开放性特点的前置式学习单

在具体设计前置性学习单之前，教师更应该先认真系统地研究确定教学内容体系和全面分析明确教学总目标，明确：教学内容应分为几个基本层次进行？其中每个基础层次下的主要学习活动目标范围各是什么程度？其中本节单元课下最具基本难度的主要教学内容目标各是什么水平？对不同学科类型要求的每位学生分别学习又要争取达到一个怎样程度的总目标水平？科学区分各项教学总目标，是真正为了要让我们每一个学生都在自主学习环节中能够有所收获，得到最大限度的发展。

学习单需体现自主性。站在每位学生自己的学习角度出发设计的学习单元活动，叙述了学习单活动的学习内容，可以用来引导每个学生做自主学习活动与进行创意自主学习。学习单活动旨在强化每位学生独立学习，增加每位学生的"学"时间、减少每位教师的"教"精力，让所有学生可以真正地成为独立学习过程的活动主角，而做非完全被动学习的自由学习者，不应该唯师命是从。

3. 拓展教学方式，设计具备多样化的前置性学习单

在我国小学数学课堂现代化建设体系中，课程内容设置侧重层次不同，教学中活动方式侧重点往往难易程度也相应有所不同。教学各活动手段形式间的相互可区分性及其合理化利用，能使在学习实践环节中可以更好地放手去激发、去调动到每个层次学生动手探究知识的这种主动性和积极性，激发起每个层次学生对数学知识和学习过程运用方式的兴趣性。在选择单独进行设计研究的前置性探究学习主题单时，教师自身则就应尽可能结合多种学科不同研究题型、内容灵活的教学模式来研究指导出题方式，采取既有丰富知识，又有趣味内容的形式设计学习单题目，以保证真正地、充分并有效地调动发挥引导学生独立探究自主学习及相关知识技能的浓厚兴趣及热情，激发与培养学生进行自主探索，主动创造、亲身体验知识再加工的活动过程，提升其整个学习课堂活动参与主动学习的活动效率。

体现实践性。兴趣也是老师调动培养学生们学习生活积极

性、主动性等有效教育手段。因此，各种各样为现代小学生家长所普遍认识并喜闻乐见、丰富且有趣的生活学习方式也就遍地开花了。这样使孩子能积极且主动自觉地学习，感受到快乐学习中的真正快乐。新课程也要求了学生能够积极学习探究，获取知识信息，掌握创新知识，培养自主分析、解决问题等的能力。学习单能切实促进青少年学生在实践中把已经获得了的宝贵知识技能和知识经验转化用于生活实践，在活动实践环境中有效运用现有知识，并可以通过学习实践再去更深度学习、更大胆探索、更灵活运用。

体现创意性。在小学教学改革中，贯彻陶行知创新精神教育创新思想，努力做到诱发每个学生求知的无限好奇心，鼓励广大学生在实践中大胆创新尝试，丰富培养学生创新的无限想象力，培养每位学生独立自主的自主创造和个性。

体现评价性。学习单的教学活动设计就蕴含了评价活动的教育功能，评价中的关注重点就要放在激发学生自主性、研究性学习方式上，让每位学生都去自己发现这些问题，然后自己去尝试探究，最后才能去有所表现。评价活动的教育方法也可直接融进单项教学或活动设计分步评价方式中，也就是可以进行统整全面的教育评价，考虑了各方面评价的基本情况，如学生参与度、收获等。

学习单的使用要求

有审题	训练学生读懂题意非常重要，面对一个新的题目，首先要让学生自己读题，明确题目要求后再开始行动。每天坚持训练，养成审题习惯。

有审题	训练学生读懂题意非常重要，面对一个新的题目，首先要让学生自己读题，明确题目要求后再开始行动。每天坚持训练，养成审题习惯。
有追问	使用学习单之后，更多的是让学生当"小老师"，到台前交流，一个或几个学生讲解之后，其他学生是不是真正明白了，还需要教师在重点、难点、关键点深入追问。
有提升	活动单的设计与使用对教师提出了更高的要求和挑战。教师要准确理解课标，理解教材，了解学生，才能抓住根本，在重难点、关键点拨提升，包括内容提升和方法提升。

(二) 学习单的类型

为了更好地用好学习单，可以对学习单进行整合和设计，按照课型的不同，学习单可以分为新课学习单和练习课学习单。

1. 新课预习单

小学数学教材的各种新的授课单元中，其教学内容安排各不相同，结合课堂教学其内在思维规律结构来说，则教学内容可以被大体分为：以概念理解学习方法为主内容的新的授课、规则。理解学习方式为教学内容的新的授课以及思维规律新发现，教学内容为主教学内容的新授课。每种类型的新授课教师在课程教学活动中也没有什么固定的教学模式，其对于预习单课程的组织设计方面也有许多不同以往的课程特点，尤其是在着重培养新学生思维能力方面则各课程有自己的侧重点。教师可以直接根据教学情况组织设计，也可以用于新学生授课学习的如看书预习式、准备预习式、探空预习式等预习单。

比如，看书或预习式教育的书本预学单本身就应该既有需要也能主要用于教师指导某一个班级学生，对平时作业如何完整系统准确地完整进行一次系统地看书辅导或阅读预习，也是一份能用于检测出这个班里学生平时看书及预习的学习质量高低水平的一种参考记录。学生如果要认真完成预习单过程中的实际作业，时间要求一般尽量控制在每周至少 15 分钟。

2. 练习课学习单

练习课学习单一般在新授课后或一个单元新授课后的练习课或复习课上使用。主要体现的是对知识结构性的自我梳理和拓展延伸的自我检测。

三、学习单促进学习共同体的形成

目前，构建学校师生终身学习教育共同体制度已日渐成为教育培养创新人才制度的一条必然性选择，其背后根本逻辑在于：在我国教育课程教学改革实践推动影响下，教师角色首先应该考虑由一种传统课程的被动知识传授者角色转变为教育学生自主学习知识的自觉引领者、参与者、合作者，这恰恰与终身学习知识共同体机制的科学构建相得益彰。

1. 构建起有利于师生间共同合作学习知识的教育共同体，要努力通过研究确定下一个阶段教学与活动目标，寻找另一个目标"共同愿景"的目标，以努力找到一个激发或引导每位学生发挥积极主动性学习能力活动的共同目标和"兴奋点"活动目标等为两个基本目的。师生主体的学习及其共同体关系的理论核心都是师生主动参与学习，体现的都是学生主体学习中的与其他知识资源获取之间关系的一种理性认识、与日常教育及实践探究活动实践的一种科学思维对话、与教师生命活动自我体验认知实践的一种感性体验对话，随着现代新型学校理论建设在全国中小学现代教育改革及现代教学与工作模式实践的探索发展，不断进行深入学习、吸收实践、进行探索、开拓学习和创新。

2. 教师备课要善于主动去了解周围学生心里想学什么，分析周围学生听课的内在心理特点，注重课堂教学的过程及教师与周边学生心理的动态交互性。在打造师生互动学习教育共同体进程中，打破了"教师中心论"或"学生中心论"的传统课堂组织模式，讲求强调的都是让师生能互相了解支持、互相理解合作，使互动学习型课堂逐渐成为有利于学生在实践中获取学习知识、增进学习智慧和真正实现认知自我超越的场域。师生组成学习的共同体应恪守校训"主体间性"要求，在实际教学环节中注意加强师生之间互动，教师一定要主动学会应用"翻转课堂"，摆脱传统中的"填鸭式"的灌输型课堂教学，开展讨论式、案例探究式等教学，努力在实践中营造和谐民主、平等参与的和谐课堂氛围。在打造师生互动学习知识共同体模式中，师生群体之间可通过多种形式互相充分尊重、协作支持和沟通理解，使得广大学生可在集体参与及互动讨论中实现自我知识的有效运用，以及个体自我发展成长需求的全面有效沟通融合，在个体不同知识思想观点碰撞中、交流和互动反思碰撞中，有效增强每个学生主体的自主参与探究意识以及学生对自我知识体系的深入理解认知深度。

3. 教师们在课堂教学上也不仅是充当一个活动组织者，还是一个倾听者。那如何扮演好这个角色，首先要学会倾听学生的未知。倾听学生的未知，并且接纳，教师的接纳会给学生带来安全感，促使他们敢于表达，敢于分享。其次，是要学会安静地等待，去倾听每一个孩子的声音。每一个孩子都有自己的想法，都想分享自己的想法，但是由于担心同伴的嘲笑、老师的批评，或者老师几次没有点名，慢慢地，这种分享的欲望便消失了，认知里便会觉得分享是那一部分同学的事情。为了让每一个孩子都有发言的机会，静静博士提到建立"学习共同体"，这不同于我们传统的优生搭配学困生，在这样一个共同体中，学生的地位是平等的，发言权也是平等的，每个同学都应该得到尊重。在这样平等的环境中，逐步走向深度学习。而教师，在这个过程中，也要以平和的心态，学会安静地去等待，通过教师的倾听让学习真实地发生。

4. 学习共同体不仅仅是师生之间的共同学习，同样也关联着学生与学生之间的学习关系。学习单质量是最关键，教师课后一定要注重在每课教学前一周对听课学生提供的书面预学单及完成任务情况再进行认真必要详细的自我检查，反馈与现场批改总结并归纳分析，了解掌握他们对预学单的各种收获感受和困惑，把对预习单执行中获得的书面反馈总结分别作为教师备课的资源、教学工作中课件的制作生成的资源、课后指导教学时的各种活动资源，根据教师实际情况需要合理组织实施各课阶段有效的教学。而所谓自土学习和自主交流的探讨也即所谓合作和学习。合作探究学习也是新课标教材所普遍倡导采用的最重要探究学习培养方式内容之一。小组探究合作探究学习，顾名思义是指以学生"小组"班级为基本单位建立的一种"合作性学习"。这种以自律性、合作性与探究性为基本特征的小组合作学习不仅仅是推广和应用一种教学研究的手段和方法，它真正的内在意义是培养学生的合作精神、合作能力，有利于学生创新意识和实践能力的培养，这正是学生需要培养的社会能力的一个重要方面。但是，在我们所经历或观察到的一些小组合作学习中，部分合作学习是无效的，除了没有选对合作学习的契机外，有的合作学习显得比较随意，教师在临时遇到问题时即进行合作学习而没有充分预设，有时教师对合作学习的要求并不明确，导致学生的合作学习趋于无效。为了让学生的合作学习开展得有序、有效，学生一定要有明确的学习任务和合作要求，也就是教师要向学生说明学习的内容和目标、完成任务的方法、评价的标准等。

（1）学习单对培养学生达到合作探究学习方式的真正目的而具有导向功能。

以苏教版四年级上册中《解决问题的策略》一课为例，在以后的数学课程教学设计中，解决学生问题活动方案的存在价值远不只是局限于教师获得的实际问题活动的具体结论问题和问题答案，它最终的教学意义还更可能在于启发学生学会如何去解决一个问题，体会出每个人也都更应当有其自己独特的对这个问题活动的基本理解，并由此逐渐形成一些自己独立解决该问题活动的基本思维策略，还能深刻体会为什么解决的问题都可以有不同的学习策略。这种一般条件下，进行小组或合作小组学习都不失为另一种比较好操作的合作学习方法，同时指导教师更要考虑为指导学生们提供一张可为每个学生日后的小组合作式学习活动指明发展方向的学习单，设计本学习单的学习过程大致如下：

授课时间		班级		教师	
学习内容	解决问题的策略				
学习环节	学习过程				
问题引入	问题1：小林家栽了3行杨树、8行柳树和4行松树。杨树每行7棵，柳树每行6棵，松树每行5棵。提问：杨树和柳树一共多少棵？				
自主学习	你能想办法整理题中的条件吗？ 请把你的想法写下来。				
合作探究（一）	小组交流整理过程。 思考：哪一种整理方法最能帮助你解题？说说理由。				
交流展示	列式解答（独立完成）。 小组展示结果。				
合作探究（二）	求柳树比杨树多多少棵？ 你会整理并解答吗？要求独立完成。				
交流展示	整理过程：（任选一种整理） 1. 表格 2. 示意图 3. 列式解答				

（2）学习单对学生合作自主学习活动的主要内容具有了高度浓缩提炼升华的作用。

以苏教版六年级上册中的《百分数的认识》单元最后一课内容为一典例，这一单元课内涉及学习的话题容量差异均较大，如果学生家长都跟着授课和教师讲课时的步伐按部就班地随堂板书，学生仍会勤学不倦，却也难免学得相对较疲累而且觉得比较枯燥乏味。百分数知识应用在目前整个现代人类物质生活、社会物质和生产过程领域应用中有着极为广泛与深刻的社会具体实际应用，大部分学生从小时候至今都或多或少直接或间接地接触并学习过这样的一些看似很简单的百分数，但对学习这种简单百分数一般都还只有一种相对于零散概念的一些简单的感性认识。根据如上的知识应用的特点，设计学习单过程步骤如下：

授课时间		班级		教师	
学习内容	百分数的认识				
学习环节	学习过程				
问题引入	问题1：把课前准备好百分数句子的摘录内容读一读，说一说你找到了哪些百分数。				
自主学习	仔细观察，小组内交流。读一读并记录下来。				
合作探究（一）	小组整理记录。思考：你发现了什么？				
交流展示	小组展示结果。老师从旁指导和帮助概括。				
合作探究（二）	问题2：说一说这里的百分数所代表的的意思，小组内交流。分数和百分数之间有什么联系呢？有哪些异同点？最后，组长把结论记录下来。				
交流展示	小组展示结果。老师从旁指导和帮助概括。				

这一教学环节都是建立在学生都已开始初步认识到百分数学习的积极意义上进行的一种合作化学习。在实施教学过程前首先我们就要注意充分去了解一下学生真实的生活学情，即作为学生以后进行一些新课程内容课程学习之前的有关知识基础、生活经验积累和真实情感和体验感受这三个方面能力的学习储备。本册学习单选的练习题设计巧妙沟通起了小学生活语文和生活数学两

者的相互联系，并分别对小学生活数学中的百分数题做了归纳提炼，也是一次对小学本节课内容精华的提炼。

（3）学习单对学生学习方式具有优化作用。

课堂和教学中的学生组织活动形式等正在产生悄然发展变化，合作学习正成为我国新课程课堂及教学体系中目前应用的最多、最有效可行的另外一种新学习活动方式。而正是在学生合作式学习体系中，学习单元的有效设计整合与创新运用将可以最终起到彻底改变中国学生传统学习生活方式的作用。以苏教版四年级上册的《角的度量》一课为例，促使必须改变一下学生现在的一种学习的方式，可设计学习单的学习过程如下：

授课时间		班级		教师	
学习内容	角的度量				
学习环节	学习过程				
问题引入	问题1：小组之间合作在量角器上找角，并用手比划出来。				
自主学习	你能想办法找出多少个不同的角？ 小组内交流，并记录下来。				
合作探究 （一）	小组整理记录。 思考：你发现了什么。				
交流展示	小组展示结果。 老师从旁指导和帮助概括。				
合作探究 （二）	问题2：出示任意两个角。 试着独立量一量，这两个角分别是几度，组长可以指导。 小组内交流展示，你是怎么量的，要注意些什么。 组长最后把测量方法记录下来。				
交流展示	小组展示结果。 老师从旁指导和帮助概括。				

合作化学习机制仍在持续不断发展完善发展中，而学习单的开发使用又可以提供给低年级学生更多有效获取课内外知识资源的好方法和有效渠道，让孩子们在自主学习和合作探索学习中可以获得最丰富学习实践经验，从而能够促使高年级学生的学习行为方式发生根本性改变。指导教师要通过组织设计编排合理新颖的学习单，教材也经常借用优秀学习单材料组织课堂教学，最大限度且合理地调动全校数学教师研究和建设优秀教材体系的工作积极性，优化了课堂与教学整体过程，以逐步达到综合优化整体课堂及教学工作效果，进而切实提高了学生数学理论学习上的综合问题能力。

第五节　借助挑战性问题生成学习共同体

近年来，随着国家基础教育课程改革的深入推进以及"双减"政策的落地实施，学生学业负担进一步减轻，教师教学方式不断优化，教育教学效果明显提升。在这样的背景下，"挑战性问题"以其自身特有的特点和优势成为中小学课堂教学新的着力点。

这几年来，随着国家对教育改革的不断深化，国家的各项教育政策不断出台。我国各级各类学校在不断深化教学改革中取得了一定的成绩。但是由于学校体制等各方面因素影响，我们也看到了许多仍需改进和提升的地方。

一、概述

从某种意义上说，教育的过程就是一个发现、创造和实现的过程。在这个过程中，教育主体在不断地生成新的知识、经验和能力，并把这些内容用于现实生活中。在这个过程中，教育主体不断地去认识世界、创造世界。学习共同体是一种特殊形式的学习方式，它是指学习者组成一个以集体为单位进行合作学习的模式。在这一模式下，教师作为学习共同体中的知识建构者角色出现；学生与教师之间产生了合作行为。

二、挑战性问题的存在引导

所谓挑战性问题，是指具有一定难度或者需要较大解决难度的现实或历史问题。这些问题不仅可以激发学生参与学习、思考和解决问题的兴趣与热情，而且可以提高学生解决实际问题以及解决复杂问题的能力。

学生对于解决问题策略的认识，是从解决问题的方法开始的。因此，要让学生学会分析关系。学生在教师的指导下尝试解答后，教学还没有结束。还应该引导学生完整地分析思考问题的过程，在学会用分析法和综合法分析的基础上，再次让学生明确思考同一类问题同样要使用这些方法。

三、学习共同体的相关设计

1. 学习共同体的基本理念

学生通过集体活动学会了如何合作学习以及如何运用这种合

作学习来解决实际问题。在学习共同体的情境中，学生的情感会被激发起来，他们的心理得到了满足。学生通过集体活动，从不同的角度观察问题和解决问题，同时可以在不同的个体之间进行沟通和交流。这使得学生不仅学到了知识，更重要的是掌握了方法。因此，学生开始懂得在解决实际问题时要充分发挥个人能力、集体合作精神和创新意识。因此，他们能在更大程度上获得成功，这也为学生以后自主创新奠定了基础。

学习共同体开展的具体步骤也是我们值得讨论的问题。选择适当的教师作为学习共同体中的一员，为学习者制定明确而又可行的目标，为学习者分配学习任务，提供各种学习资源（包括学习材料、教师、同伴等）以及学习时间。为了保证学习者获得必要的信息及参与到活动中去，需要有适当的奖励措施（如积分奖励、口头表扬、物质奖励等）。对学习共同体进行组织，使其达到目标或完成教学目标。通过合作，使学习共同体中每一个成员都成为参与者并获得他们想要的结果。通过分享与沟通，将学习者与其他成员联系起来从而完成教学目标。通过分享，使学习者从共同的利益和相互关系中受益。

学习共同体是支撑以知识建构与意义协商为内涵的学习平台，成为信息时代知识创生的社会基础，强调人际心理相容与沟通，在学习中发挥群体动力作用。对学习共同体的组织学会分析。学习共同体是以班级授课制为形式的基层学习组织，是按照一定的教学目的、任务和形式而加以编制的。它以完成共同教学任务为目的，组织的要素必须构成一定的结构层次。表现为：一是组织活动的平衡性，权利分配和责任分工平衡；二是组织活动的协调性，经常协调各方面的关系，使组织处于有序状态；三是组织活动的程序性，平时活动形成一定的格式，处理偶发事件积累起特定的反应方式。以上三点集中反映为组织的适应性。

学习共同体作为一种新的教育体系，不仅是教育的对象，而且是教育的主体，是教育改革的内在动力。它包含在社会关系的整个体系之中，具有鲜明的社会倾向性，是一个开放的体系，对其必须顺应宏观社会的历史变革，作开放、动态、宏观的研究。它具有高度的组织性，拥有集体机构，以责任依从关系和情谊性关系联系在一起的个人有目的的综合体。它必须对全员实施全面发展的教育，以发展学生的个性，提高学生的整体素质为终极目标。共同活动由共同目标导向，强调分工与合作，动作相互协调，做到高度的合作性与自主性的统一。

2. 学习共同体的基本特点

从本质上说，"学习共同体"是学生自主选择、合作分享、反思探究和实践运用知识的一种学习方式。它把课堂教学从教师控制转化为师生交往中进行合作学习，使学生成为真正意义上的主体，从而参与到学习过程中。

在教师和学生的共同努力下形成学习共同体，教师能从教学中发现更多的新知识和新经验。通过合作学习，教师能充分地利用学生的主动性、积极性，在合作中发挥教师的主导作用，让学生在活动过程中得到充分发展。学生对课程的理解和把握更加深刻。这种学习方式既有利于教师和学生双方，又使课堂教学呈现出生机勃勃和丰富多彩的景象。当然，学习共同体本身也存在着一定的问题：由于合作意识的缺乏，会出现同组成员之间相互嫉炉、争功等不良现象。因此，这就要求教师在使用集体智慧进行教学时需要把握好度，既要注意合作学习的方式方法，又要兼顾到集体智慧和个人智慧结合的程度。只有这样才能有效实现课堂中师生之间、同学之间互相促进、共同发展。

学校班级学习共同体是由学习者（学生）和助学者（教师）共同组成的，以完成共同的学习任务为载体，以促进成员全面成长为目的，强调在学习过程中以相互作用式的学习观作指导，通过人际沟通、交流和分享各种学习资源而相互影响、相互促进的基层学习集体。它与传统教学班和教学组织的主要区别在于强调人际心理相容与沟通，在学习中发挥群体动力作用。

建立学习共同体是满足学习者的自尊和归属需要的重要途径。在学习共同体中，学习者感到自己和其他学习者同属于一个团体，在进行共同的学习活动，遵守共同的规则，具有一致的价值取向和偏好。学习者对共同体的归属感、认同感以及从其他成员身上所得到的尊重感有利于增强学习者在共同体的参与程度，维持他们持续、努力的学习活动。

学习者既与辅导者进行交流，同时又与同伴进行交流和合作，共同建构知识、分享知识。在沟通交流中，学习者可以看到不同的信息，看到理解问题的不同角度，而这又会促使他们进一步反思自己的想法，重新组织自己的理解和思路。

3. 学习共同体的基本运用

积极培养学生合作精神，形成学习共同体。学习过程是师生之间、生生之间相互交流和沟通的过程，学生在此过程中产生了交流、合作和理解，这就是学习共同体的特征。而在学生学习共同体中，共同的学习目标、共同的活动内容以及共同的责任意识都会让学生产生情感共鸣，进而实现合作和沟通。因此，挑战性问题可以促进学生情感态度与价值观形成。比如在数学课《认识圆》一课中，我们以小组合作方式开展活动：每个小组准备一个圆环并进行合作设计。这一环节中，我们先让小组成员一起讨论设计好该环节所需要用到的圆、圆规、三角板等工具；然后让每个小组的学生拿出自己的设计方案；最后老师点评并给予适当指导。通过讨论活动，每个参与小组可以相互学习到很多知识，提高了他们解决问题的能力。

老师应当和学生们"打成一片"，更为重要的是和学生组成一个"学习的共同体"，通过不断地去交流和实践以及去总结，把所有的恐惧和麻烦都一一克服了，让每一个学生都处在一个舒适自然的状态里，而自己也处在了一种"暖教育"的幸福环境之中，让彼此都处在了一个快乐的共同学习环境里。用心去学习和发现，用爱去播撒和温暖，用智慧去思考和创造，让自己和他人、和父母、和同事以及和学生都能彼此处在一个舒适的共同学习体里，然后一起去不断地遇见、不断地感知、不断地解决和不断地生成。

学习是由三种对话实践——同客观世界的对话、同伙伴的对话、同自己的对话构成。既然是对话，不仅要表达，还有一个更重要的环节——倾听。教师的活动追求的核心是"倾听"。合作学习的课堂将从互相倾听的关系发展为交响关系，合作学习的教学是由每个个体的互动所形成的意义链和关系链构成。学会倾听，给学生充分的表达自由和时间，让学生们在相互交流和沟通中碰撞出思维的火花。不断地完善自己的想法，不断地吸取同伴们的思想，在这个过程中，必然会达到一个全员最优的状态。

共同学习的关系通过教师的"串联"活动得以实现。教师的探究支持学生的学习，教师自身对课题的探究串联起学生们多样的意象和思考。教师是把学生们"好的发言"串联起来组织教学，如果不以"任何孩子的发言都很精彩"为前提来组织教学，合作学习的关系就不可能生成。教师要倾听学生们的发言，同时串联起来，也要将自己的课堂中预设的问题串联起来。通过这些串联，来逐步解决问题或者说是完成课堂的学习。在这个过程中，还会有一些随机生成的问题，这就需要教师发挥自己在课堂中的作用，基于即兴式应对来追求创造性的教学。

四、借助挑战性问题生成学习共同体

1. 生成过程的基本前提

教师要转变观念，认识到挑战性问题的重要性。从学生的角度来看，当我们面对挑战问题时，往往会出现"我怕""我不行"等消极情绪，这种消极情绪是在课堂教学中影响学生的最大因素。但是当问题出现后，教师不能回避问题，而要想方设法地帮助学生解决这些问题。从社会的角度来看，当一个人遇见挑战时，通常会表现出一种"破罐子破摔"的态度和行为。这就需要教师转变观念，从学生的角度出发。要看到挑战背后蕴含的机遇与挑战、困难与收获，要看到学生面对挑战时的努力和付出以及战胜困难后得到的成功感和成就感。通过这些挑战事件可以增强学生学习信心以及解决问题的能力。

教师应当借助问题激发学生兴趣，增强学生自信。以"挑战"为主要特征的挑战性问题，对学生学习兴趣和自信心的提高具有积极影响。教师在问题设计中，要善于运用"挑战"这一策略，使学生有机会通过解决一个困难而获得成就感。首先，教师要善于运用语言刺激法激发学生的求知欲，通过幽默的语言对学生进行激励。其次，教师要善于运用问题引导法激发学生学习兴趣。通过问题引导可以使学生的注意力更加集中地投入到学习活动中去。最后，教师应该运用对比、比较、归纳等方法让学生了解不同人解决同一问题后的结果是不一样的。在这一过程中，教师不能仅仅强调"应该怎么做"而忽视"为什么这样做"，要将"为什么这样做"和"怎么做"有机地结合起来。

教师应当把握重点和难点，培养学生逻辑思维。如何将挑战性问题融入教学？在此有两个关键点：一是教师要善于发现问题，把握重点和难点，为学生创设情境，引导学生发现问题，在分析、解决问题中培养学生的逻辑思维能力。二是要善于把握学生思维的深度和广度，帮助学生从具体到抽象、从现象到本质地理解问题。

培养创新能力，实现自主学习和知识内化。挑战性问题的提出和解决过程，是学生在教师的引导下，运用自身的知识、技能等去分析和解决实际问题的过程，其本质是在知识的获取、分析、综合、应用以及表达与交流等方面进行自我提升。在这一过程中，学生不仅需要具备一定的理论知识基础，还必须具备相应的实践经验和能力。在教学过程中，要根据不同阶段学生的认知水平和兴趣特点，设置有一定难度和挑战性问题。同时鼓励同学们充分发挥自己的聪明才智，大胆猜想与假设、积极进行尝试和验证等。当发现有新思路的时候，教师要及时肯定并给予相应鼓励。在挑战问题实施过程中，要注意引导学生学会思考问题、分析原因、寻求解决方法等方面并进行归纳总结。教师可以针对某一类或某些题型创设挑战性问题，培养学生综合运用知识技能解决实际问题的能力。当然，教师也要注意通过设置适当难度和复杂程度的任务等多种方法激发学生学习兴趣和探究欲望，引导他们进行独立思考和自主探索。

重视思维品质的差异性培养和训练。在挑战性问题中，学生的思维品质也会发生一些改变，主要体现为以下几个方面：首先，在挑战性问题中，学生会表现得更加深入地思考和理解自己所要解决的问题。其次，在挑战性问题中，会激发学生更多的想象，并且使其思维变得更加丰富、全面和深刻。再次，学生在解决挑战性问题时会有意识地培养和训练自己的思维品质。最后，由于学生的思维方式、思想水平、认识水平与教师所传授知识存在差异性，因此教师需要针对不同类别的挑战性问题训练学生所有的思维品质。通过这几个方面的训练和培养，可以有效提升学生对问题解决能力和思维品质水平。

充分发挥团队协作精神。在小学阶段，教师要多鼓励学生多与他人合作。"合作是学习的灵魂。"这是我们中国人非常熟悉的一句话。对于学生来说，合作不仅仅表现在学习上，更表现在社会交往、生活各种活动之中。而挑战性问题所倡导的"以生为本"和"开放协作"精神，也能为学生提供合作交流和解决问题的机会，并形成相互尊重和信任等情感体验。

2. 生成过程中存在的问题

学习共同体作为一种新型的教学组织形式，是现代教学中一股崭新的潮流。但在实施过程中，我们也发现了一些问题。我觉得要想使学习共同体更好地开展下去，必须解决以下几个问题。

学习共同体的基本概念不清晰。学习共同体作为一种新型的教学组织形式，虽然具有许多优点，但是在实施过程中也存在一些问题。首先是学习共同体的基本概念不清楚，由于它是一种新型的教学组织形式，对教师的要求也比较高。学习共同体作为一种新的教学手段与方式，教师要想更好地实施下去，就必须要对它有一个明确清晰的认识。教师在实施时，首先应该考虑到这一点。目前学习共同体的基本概念不清楚主要表现在两个方面：一是概念内涵不明确；二是概念外延不清楚。由于在教学过程中教师是一个相对独立的个体，对教学内容及活动本身有自己独特的理解和认识。所以如果要想使学习共同体更好地开展下去，就必须首先明确学习共同体的基本概念。

学习共同体中的参与者角色设置。在学习共同体中，学习者的角色定位不明确，是因为每个人都想成为一名"优秀的参与者"。但在现实教学中，很多教师对学习共同体的要求并不了解。所以这就导致教师在教学过程中没有一个明确的角色定位，使学生与教师处于对立的状态。那么作为教师，应该如何设置角色呢？作为教师的我们一定要把握好自己，不要让自己陷入学生和"优秀者"之间激烈斗争中。因此要给自己设定一个角色定位。

学习氛围营造问题。营造学习氛围是使学习共同体有效实施的关键，它是让学习者真正投入的重要条件。营造学习氛围最直接的方法是开展多种形式的活动，让学生积极参与到活动中来，例如，举办演讲比赛、辩论赛、朗诵比赛、手抄报比赛等等。这些活动既可以丰富学生的生活，又可以培养学生的语言表达能力，还可以让学生参与到团队中去进行交流和讨论，从而使他们能够更好地投入到集体。另外一些活动还能培养学生合作精神和组织能力。比如："讲故事"活动等。但由于现在学校领导对教学的重视程度不够，教师们又没有积极去参加学习氛围的营造等原因，很多时候教师们只能把精力放在提高教学成绩上。学习氛围在一定程度上也会影响到学习共同体的效果和质量。

教学内容与教学方法的问题。在学习共同体的教学过程中，教师的主要任务是帮助学生在"共同学习"的基础上，把书本知识与实际生活相结合。因此，教学内容应该具有实用性、操作性和实践性。同时在学习过程中要注重教学方法的设计，教师要充分利用好学习环境和交流工具，引导学生形成良好的学习习惯和态度，帮助学生掌握必要的知识，提高他们的综合能力。在课堂上师生要平等互动，建立平等关系。但有些教师为了体现自己对知识点的讲解水平和对教学内容的理解程度，忽略教师与学生之间对话、互动、讨论等环节。这样不仅不能提高学习效率，还可能导致师生双方产生紧张感。

评价方式单一。在学习共同体的教学中，评价是一个很重要的环节，但由于当前我们在评价方面还存在很多的问题，因此导致评价功能没有发挥出来。对于这种情况，可以把评价方式分为两种：一种是学生自评和互评。所谓互评（或称同伴互助），在小组中，每一位成员都要积极主动地参加到小组学习中来，对其贡献和学习效果进行评价以及对其他成员的评价等。另一种是教师评价。这是以教师为主要实施者，它通过课堂内外、教师与学生之间多方面、多层次的交流方式对学生学习情况进行评估。

教师培训问题。教师培训问题是在学习共同体建设过程中一个非常重要的问题，如果不能很好地解决这个问题，将会严重影响学习共同体的建设。首先我们需要确定一个教师培训模式和标准，然后根据这个来确定如何组织教师进行培训。其次是教师的培训不能仅仅局限于理论知识上的培训，要让教师在真实的环境中进行实践与锻炼，使他们真正认识到学习共同体是可以实现共同成长以及自我成长。最后要让教师把自己的想法和认识都表达出来，让自己更加真实、更加有效地去参加学习共同体。

3. 生成结果的收效特点

集体成员之间的相互交往、相互帮助和相互支持，使学习更加轻松、愉快，学生之间会变得更加团结。集体是人类进步的动力，团结就是力量。在学习共同体中，个体之间不存在竞争和矛盾，相反，学生间有更多的机会合作。在学习中相互帮助、彼此支持和理解有利于集体合作完成教学任务，也有利于提高教学质量。学生之间的合作有利于提高教师的专业水平；还有利于建立师生间良好的人际关系。在学校里教师与学生会发生一种特殊的关系：教师把自己看作是学生学习中的一部分，而不是一位控制者、管理者，也不是一个权威。在学校里，师生之间没有上下级之分；教师不再把自己看作是领导和管理者，而是学生学习中的伙伴之一。学生们都渴望参与集体活动，而参与这些活动使他们变得团结，这种团结使得学生在学习上更有自信、更有热情。

学习氛围变得更加活跃，学生在学习过程中有了更多的选择空间。"学习共同体"在组织形式上，是由学生组成的小组，这些小组由学生自己确定，并且在学习过程中可以随时进行调整。教师只是对学生进行有针对性的指导和帮助。如在"阅读与写作"的学习活动中，让每个小组都提出自己的问题和困惑，并与其他组的同学进行讨论。在共同讨论和研究之后，可以形成对问题的共同看法后再向其他组同学提问和解释。教师只负责指导学生，不参与组织活动。

教学质量变得越来越高。通过小组学习，可以有效地实现合作目标，完成学习任务，从而使学生能够在合作中共同进步，提高学生的自主学习能力。有助于教师了解学生的思维过程，能够促进老师更好地实施教学计划。

师生之间建立一种更为融洽关系。师生之间的交往，既是教育过程中知识与能力培养的一种重要手段，也是教育教学活动的另一种基本形式。在学习共同体中，师生交往主要表现为：

（1）学生与教师通过课堂学习建立起师生关系，形成了良好的互动关系；

（2）教师通过师生关系、教学组织形式等对学生进行一系列引导；

（3）学生和教师在互相帮助、互相尊重等方面也都建立起融洽的关系；

（4）学生和教师的相互交流和反馈，使他们更深刻地了解对方；

（5）师生关系发生改变。

教学方式变得更丰富多样，更能激发学生的热情和创造力。在学习共同体中，教师作为学生学习的指导者、合作者和支持者。在教学方式上，教师采用多媒体和实物相结合的方式进行教学；或者是采用游戏的形式来进行教学。在课程的设置上，可以采用多样化的课程设置方式。教师会根据学习者学习的内容、兴趣爱好等设计自己感兴趣、学有余力的课程内容。教师还会根据学生对课堂知识理解和掌握情况等进行相应调整授课计划；甚至还可以安排学生分小组对某个课题进行学习；甚至还可以安排学生到校外某个地点完成作业，等等。在教学形式上，除了课堂上教师讲授外，还有小组讨论研究等，这都有利于激发学习者的热情和创造力。

第五章 "学习共同体"之实践诠释

通过各种方式来培养学生们对于数学的积极性，加强学生对于数学形成自己独立思考的能力，这样可以提高学生对数学知识的理解。教师需要强化自己教学实践者的角色定位，从而增强师生的合作内容的建设，学生需要增强自己学习提升者的角色认同，进而强化师生合作能力的准备工作。

中小学师生学习共同体的建构是为了提升全面双线融合的教学质量与效果，从而实现教育改革发展的时代选择。师生学习共同体是通过学习主体、环境媒介等一些要素构成的复杂系统，体现以责任共担为基础、目标共识为关键、环境共建为重点的生成逻辑，其目标是强化师生学习共同体的稳定性、一致性与有效性的统一。

第一节 在课堂观察中学会发现

学习共同体的核心是师生。在小学数学教学研讨活动中，学习共同体的广泛应用实现了家校及时互联，高效推进多元化的数学课堂实践，也有效提高课堂教学的高效率，这样的学习方式对学生的数学学科核心素养的培养与综合能力的提高均具有重要的意义。本节将立足于学习共同体在小学数学教学中的应用现况，有效地探寻学习共同体在小学数学课堂的有效途径，从而提升小学数学的教学效率。

学生学习效果和教师教学行为有着密切联系。我国小学数学课堂的观察指标还存在着一些师生评价分离的现象。教育教学中为了确保基础教育的高质量发展，我们还需要建构出一套注重过程性评价的师生活动的行为观察指标体系，这同时也是教师因材施教的必要条件，这也能够很好诠释出"双减"背景下，教师要发挥课堂教学的主阵地，进而培养学生的自主学习能力，以及教师的教学理念。让学生经历提出问题、分析问题及解决问题，有助于提高学生的数学应用能力，基于数学课堂教学能激发学生的探究欲望，还能发展教师教学能力。我们结合小学数学课堂教学中存在的问题，提出了教师尊重学生的主体地位，把数学情境融入课堂教学中，让学生在发现和解决问题过程中提高数学思维。

一、增强情境教学活动，提升课堂主体地位

《小学数学课程标准》强调："要让学生主动参与特定的数学活动，通过观察、实验和推理等活动发现对象之间的区别和联系，具备初步的创新精神和实践能力。"这是由于学生的文化环境以及自身思维方式不同，学生在学习过程中表现的情感和态度也都是不一样的。在小学数学课堂教学中，让学生成为课堂学习的主人，要让学生在丰富多彩的活动中发展学生应用能力。比

如，我们一线教师在教学剪图形或画图形的时候，学生往往是不知道图形的移动格子数量的，我想在这个时候，教师也就可以让学生根据轴对称图形的特点进行推理，这样就能提高学生的数学推理能力。再比如，我们在训练学生计算能力的时候，可以采用学生感兴趣的游戏方法，借助游戏提高学生的口算能力。其实学生每天的口算练习是很有必要的，这样的教学形式可以在课前也可以在课后进行，我们还可以通过教师出题以及学生互相出题的一些形式，这样也就增强了学生的口算能力。课堂教学中，教师能够合理地组织"我是口算王"等一些游戏活动，从而创造一个快乐的练习口算环境。

二、精准多元学习方式，聚焦学习主体地位

学生的学习方式多元化是基于教学多元的智能理论而提出的，它和核心素养的内涵界定一致，它又与课标提出来的核心素养相一致，这样不仅满足了学生的需要，也促进了学生综合素质的提升。学生的课内外活动有机融合，可以促进学生的课程目标达成度，这样就充分地体现了"做中学、学中思"的思想理念，这样也就为学生提供了更加广阔的学习空间。以《多边形面积》为例。

1. 任务驱动，聚焦核心内容

在本单元的教学中，我们以校园中的多边形面积为大任务作为主要载体，聚焦单元学习的核心内容——面积的学习。学生为解决校园中的图形面积，展开一系列的子任务的学习。通过一个大任务生成多个小任务，并以这些大大小小的任务为驱动，展开

多边形的面积的学习。最后，学生又带着学习后掌握的多边形面积的计算方法，再次回归到大任务中，实践解决校园中的各种不同的多边形面积，包括常规的、组合的、不规则的图形面积的实践，这些操作不仅激发了学生的学习欲望，同时聚焦到多边形的面积计算，让学生在完成任务的过程中获得知识与技能的提升，发展了学生的数学核心素养。

2. 合作探究，建构核心内容

我校提倡以新基础教育中的小组合作探究的模式进行学习，在小组合作学习过程中，组员间合理分工，小组成员一起合理解决某一个问题或任务。在该单元教学中，我们也以小组合作探究的模式进行学习，尤其在课时内容《三角形、梯形的面积研究》中，我们更是以小组为单位，由小组选择其中一个图形进行研究，然后再在班级内进行小组合作学习内容的展示、交流与补充，当然对于学有余力的小组，也可选择对两个图形同时展开研究。通过建立有效的学习小组圈，以小组圈为单位，进行知识与技能的合作学习，学生主动探究完成未知知识到已知知识的过渡，实现问题的解决。

3. 以评促教，落实核心内容

2022年的新课程标准中指出：学习评价这样的方式能够了解学生的学习方式以及他们的学习过程，这样的评价能够激发学生的学习兴趣以及去改进教师的教学，再以目标多元为基准，方法多元为手段，制定出相应的评价方式，以评促教。自我评价，可以促进学生的自主发展。并且在每节课的最后教学环节我们也都要安排学生来谈谈自己对本节课学习内容的感受和收获，这样的评价就是一个很好的学生自我评价的过程，学生通过梳理本节课的知识体系、构建其知识网络，提炼自己的学习方法，在自我反思中，促进学生更好地发展。通过生生互评、师生互评增强学生的学习动力。教学活动中除了教师的讲授，更多的是学生的学习活动。学生在小组中，组员间需要进行内容的分享与方式方法的评价；一个小组反馈后，其他小组也要对其进行评价。学生通过组内和组间的评价，认真地听讲，对别人的作答进行有效的评价，在相互评价中进行思维的碰撞。

三、挖掘教材内在魅力，确定教学核心任务

学科知识以发展学生学科素养为基础，它把课时内容放在数学整体知识结构中建构，让课时的内容有连续性、生长性。在单元教学前，要了解我们单元内容在小学阶段知识体系中、本册教材中的地位和价值等，要梳理好单元知识的基本结构以及它与各知识之间的联系。数学课堂的大单元设计依托于课程标准，它的目标在于发展学生的核心素养。这样的教学对于一线教师来说，需要教师站在教学的整体高度，全面了解数学大单元的教学内容，从而发现数学本质，我们要对整个单元进行分析设计，然后把单元内容合理分配到具体课时中去，在单元的基础上进行具体课时动态教学设计。以《长方体和正方体》为例。

1. 基于课标解读，把握单元整体

图形与几何这部分的内容是义务教育阶段的重要部分，我想在小学阶段里还包括了"图形的位置与运动"以及"图形的认识与测量"这两个主题。这一领域最重要的价值就是培养学生空间

几何观念。《义务教育数学课程标准（2022 年版）》中是这样描述空间观念的：

空间观念主要是指对空间物体或图形的形状、大小及位置关系的认识。能够根据物体特征抽象出几何图形，根据几何图形想象出所描述的实际物体；想象并表达物体的空间方位和相互之间的位置关系；感知并描述图形的运动和变化规律。空间观念有助于理解现实生活中空间物体的形态与结构，是形成空间想象力的经验基础。

一个抽象，两个想象，这样的思维聚焦了培养学生空间几何观念的路径及其方法。

这也为了凸显学生的学习过程，可以从实物或者几何体到视图，让学生经历了从三维图到二维图的转化；由视图到实物，让学生又经历了从二维到三维的转化。二维和三维之间的转化培养了学生空间观念的主要路径。在小学阶段中，通过展开与折叠、堆积以及旋转，实现了立体图形和平面图形之间的转化。

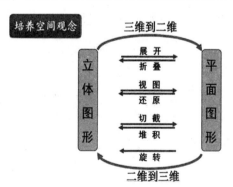

《长方体和正方体》涉及的区域是"图形的认识与测量"这两部分的内容，它涉及线段长度的测量，平面图形和立体图形认

识，图形的周长、面积和体积的计算。

图形的认识，让学生在探索中逐步形成了空间几何观念。图形的认识与图形的测量有着密切关系。图形测量的重点是确定图形的大小。这样的活动让学生经历了统一度量单位这个过程，也让学生感受到了统一度量单位的意义，并引导学生能够借助度量单位来理解图形的周长、面积、体积等这些概念。这样就可以推导出一些常见图形的周长、体积等计算方法，这样可以让学生感悟数学的常用的度量方法，从而逐步形成数量和推理意识。

课标对"图形的认识与测量"的要求有递进，它从简单操作，到数感再到推理意识的培养，最后达到思考数学、感受数学价值的认知高度。

图形与几何（图形的认识与测量）

册次	初步感知		平面图形		立体图形	
	图形的认识	测量	图形的认识	测量	图形的认识	测量
一上	认识图形（一）					
一下	认识图形（二）					
二上	认识线段 平行四边形的初步认识	厘米和米				
二下			角的初步认识	分米和毫米		
三上			长方形和正方形	周长		
三下			长方形和正方形的面积	千米 常用面积单位		
四上			垂线和平行线	升和毫升		
四下			三角形、平行四边形和梯形			
五上			多边形的面积	公顷和平方千米		
五下			圆	圆的周长和面积		
六上					长方体和正方体	常用体积单位 表面积、体积
六下					圆柱和圆锥	圆柱侧面积、 表面积和体积 圆锥的体积

《长方体和正方体》这一单元是学生对长方体、正方体有了直观的认识，这样就掌握了它们的特征以及面积计算上进行教学的。

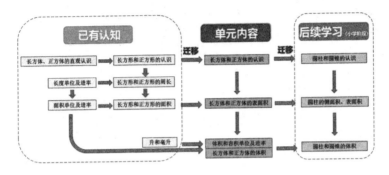

2. 主题与单元目标

主题：长方体和正方体

目标：

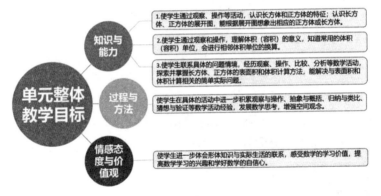

　　将"长方体和正方体"作为单元主题，这个单元是学生从二维到三维飞跃的关键节点，这能帮助学生由对物体的定性描述发展到对定量刻画。长方体和正方体是基本的立体图形，它们发展了学生空间观念的重要过程，也为研究圆锥，圆柱做了铺垫。

3. 核心概念

　　贯穿于大单元各个课时下的核心概念，它是整个单元设计的核心。就比如说，"长方体和正方体的认识"这个单元的教学设计中，我们通常以"直观想象"这一概念作为高位大概念，借助它确定贯穿单元教学的长度、面积、体积三个核心概念进而确定本节课的核心内容。

4. 核心内容

长方体、正方体的特征以及长方体和正方体表面积的计算与应用，再有长方体和正方体体积公式推导和应用。

基于上述单元整体教学目标与核心概念、核心内容，设计核心问题引发学生持续性思考，并以核心任务和子任务驱动学生主动探究。

核心问题：从哪些方面研究长方体和正方体

核心问题引领下的核心任务与子任务的驱动教学，引导学生主动去思考、发现、探索、合作、表达、感悟，培养了学生综合利用知识解决实际数学问题的能力，并且发展学生数学思维，这样有效地提升了学生单元整体结构化的学习。

5. 课型及课时

《长方体和正方体》的单元教学中，我们会通过尝试调整教学内容的结构，比如我们会将长方体与正方体的展开图与图形认识特征进行整合，它不仅勾连图形中二维与三维的转化，还发展了学生空间几何观念，通过激活学生已有的长方形，正方形的认知经验，结合了展开图进行自主迁移，这样就探究出长方体和正方体的特征。我想这样的整合可以让教学活动落地，也可以让学生的学习经验得以不断生长，进而真正提升了学生的数学核心素养。

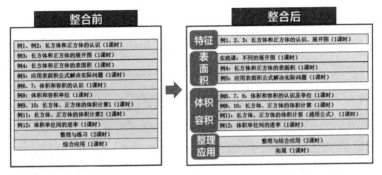

我们设计了单元准备课，并且对相关知识进行纵向和横向的梳理。在核心推进课中，我们重点推进长（正）方体表面积。单元总结课，引导学生回顾并整理单元知识，形成知识结构，基于知识间的联结促进知识的再理解。

本单元的前两课时设计，这个表中的关键问题是单元课时目标的重要问题；学生的学习任务主要涉及关键问题下的真实情境活动，这样的学习任务具有挑战性和综合性，这样的学习任务承载着数学核心概念的迁移，我想学生如果能够根据长方体和正方体的特征来进行想象和推理；那么教学的关键性评价任务是针对教学目标的，这样是对学生的学习结果进行诊断和评价。我们观察这个表格可以发现出，主题单元的教学是围绕学生的理解和迁移，这样就呈现了连续性与一致性，能够让空间想象与推理能力的发展成为可能。

6. 学情分析

长方体和正方体这两个立体图形是小学数学基本的立体图形，通过对长方体和正方体的学习，高年级的学生对空间物体形成了初步的几何观念，通过长方体和正方体这样的载体，也是学生进一步学习其他立体图形的基础。对于立体图形长方体和正方体的体积计算，学生在学习活动中需要形成体积概念，并且要掌握体积的计量单位和计算出其他几何体体积的基础。教师需要了解学生在学习本单元的认知起点以及困难点在哪里。因此，我们就有老师对五年级的学生进行了学习的前测：

调研对象	本校五年级 80 名学生
调研内容	请你从不同的角度介绍长方体和正方体
调研意图	1.是否可以将学习平面图形的经验方法迁移到认识立体图形中 2.学生在多个角度研究立体图形上的薄弱点

老师通过调研发现，学生可以从长方体面、棱、顶点的数量，大小位置等方面进行介绍，但是大多关注图形要素特征的分析，缺少各要素关联的分析。看出学生可以对图形进行直观化描述、分析，但是抽象关联水平比较薄弱。此时的学生已经具有了独特的视觉辨别能力，学生能够充分地分析出图形的组成要素，但是他们还不能清楚地解释出图形的性质关系。学生虽然已经能够从长方体中找到正方体的面、棱和顶点的各自特征，然而这只是建立在这些特征之间的联系。

教师为了帮助学生克服这个困难，我们进行如下的思考：第一，如何让学生能够主动关注各个要素之间的关系，以此让学生重视如何围出长方体？第二，什么样的途径能够连接出面体之间的关系，并且能够实现出二维平面和三维立体之间的转化？所以融入展开与折叠等这些方法是必然需求。

我想比知识重要的是方法，那么比方法重要就是教师的探索精神。数学是思维的体操，那么怎样正确地培养学生的思维形式呢？这是我们教师需要思考的问题。教师需要挖掘教材，需要探究培养学生开放性思维的策略。

第二节　在认真倾听中学会思辨

"学而不思则罔，思而不学则殆。"高效的课堂需要学生有意识、主动地倾听。学生学会使用正确的观点分析，这可以让学生的思维更符合逻辑，也更具有思辨能力。

一、倾听习惯助思辨

1. 创设情境，学生想听

我想兴趣是孩子最好的老师。学者苏霍姆林斯基也曾说："儿童是用形象、色彩、声音来思维的。"那么，在日常教学中，我们需要充分利用学生的活泼好动以及想象力，积极创设出生动有趣的情境，这样的教学活动不仅能够激发学生倾听的兴趣，而且可以增强学生的积极性以及学生学习的内驱力。

2. 趣味活动，孩子乐听

如果想要长久地抓住孩子的心，教师的教学设计这一环节是很重要的。对于教师的教学内容是否有趣味性，教师的讲课内容是否精彩，这些因素都会影响到学生的倾听效果。那么在课堂中，我们教师是需要开展形式多样的趣味活动？因为通过这样的趣味活动，可以让学生的注意力能够提升到最大化。

3. 教给方法，孩子善听

教师在日常的课堂教学中，小学生都希望别人能够听自己说，因此会出现这样的情况，在他人说的时候这些学生不愿意倾听。因此，我们教师就要教给他们学会倾听的方法，同时教师需要告诉学生，不管是老师在上课，还是其他同学在发言，作为学生，都要专心地倾听，需要一边倾听一边去思考别人说话的内容。如果发现别人说的内容和自己的想法是不一样的时候，也要等别人说完了再举手发言。而且发言的时候尽量要想清楚了再说，让自己的语言的表述更加准确。

二、倾听自我促思辨

"思维出闪光，辩论显真知。"学生们唇枪舌剑辩出了课堂的真知。学生通过一场小小的思辨会，这样不仅让学生看问题更加通透、更加深刻，也让学生明白知识是源于生活的，生活中处处有数学。学生一边倾听同伴的发言一边进行深入思考，因为学生能够从不同的角度来提出对数学的认识，这样也就体现了学生思维的缜密。我想事实也证明，以撬动学生思维为目的的课堂，这样可以充分展现了思维训练的必要性，也激发了学生探究的欲望。

学生能够通过一次次的深入思考，可以努力倾听心灵的回音，促使学生在独立思考的过程中，能够让学生的思维从浅显走向深刻，从而这样就促进他们的思维更加严谨，更加符合逻辑，这样也更加具有思辨的能力。我们教师组织学生走进智慧课堂，可以聆听学生思辨的声音。让我们的学生学会倾听，可以让倾听也成为美丽的学习姿态。可以让我们一起去学习思辨，这也让教师和学生在课堂中，能够去聆听彼此思维的声音。

三、立足整体建构，提升思辨能力

1. 高位聚焦，体悟思辨能力

问题的真实性是学科素养的重要核心，深度学习的内核也是解决学生真实性的问题。教师要教会学生去解决真实情境中的问题，那么就需要学生拥有创新性的思维。对于创新的机制，就是让学生能够把在一个情境中学习到的东西去迁移到新的情境中来解决问题。那么如何培养学生的迁移能力呢？这就要求教师去打破传统课时教学的壁垒，教学中要以单元主题作为教学设计，能够时刻关注学生学习内容的联系，教师要紧扣学科本质与学习过程的特点，并且能够要突出学习内容的整体性、连续性。

要紧扣数学本质并且要突现大概念的统领，这是实现单元教学设计的关键，对于单元教学活动设计，教师可以把大概念作为单元设计的统领，也可以把核心概念作为驱动，这样将教、学、评的一致性作为基本原则。大概念的确定是设计单元整体教学的任务，它的设计需要覆盖整个单元，进而可以帮助教师聚焦重点、要点，最终帮助学生形成"大学习观"，可以培养学生自主能力。在大概念的具体教学设计中，需要教师能够准确把握新课标的要求，并且能够在深度理解教材的基础上，准确地抽象概括出大概念理念。教师要在"做数学"的显性中，让学生身临其境的感悟思辨的价值。这也是学生对"做中有思，思中有辨"的体悟，学生将终身受益。

数学课程标准明确了"问题解决"的目标："获得分析问题和解决问题的一些基本方法体验解决问题方法的多样性，发展创新意识。"六年级上册的假设策略是解决实际问题的常用策略之一，我想学生能够分析出实际问题的数量关系，这样他们能够积累解决问题的经验，并且能够感悟出一些基本的数学方法，进而也就提高了学生分析问题的能力和解决问题的能力，这对教师的教学有着重要的意义。通过本单元的教学，可以让学生初步学会和掌握借助实际问题，提出合理的假设，进而达到化难为易的目的，也初步形成解决问题的能力和意识，提高分析问题的能力和解决问题的能力。因此，教师可以确定本单元的核心目标就是掌握"学会用假设的策略分析数量关系，确定解题思路，能正确解答一些简单的含有两个未知数的实际问题"，可以把这个核心目标就作为本单元的大概念。

我们日常教学中引入大概念的做法是具有高度的抽象性和概括性的，这样的做法是不便于学生直接去理解的，所以教师要努力完成对大概念的深度理解，教学中想办法回到教材中去，要把核心目标具体化作为预期可见的单元目标。

2. 整体进入，提炼思辨主线

六年级上册"解决问题的策略"是在设计单元目标的时候，教师需要参照数学课程标准的总目标，教师可以从四个维度来对大概念进行描述：一是"知道什么"，就是学生需要知道借用假设的策略来分析数量关系，并确定出解题问题的方法；二是"理解什么"，就是学生要理解借用假设策略来确定解题思路的理由；三是"能做什么"，就是学生能够运用"假设的策略"来解决生活中的问题；四是"想做什么"，就是学生在内化"假设的策略"中，在生活中灵活地借用策略，加深策略体验，感受策略的价值，发展综合的推理能力。

单元的整体教学是追求大概念的聚焦，不管是一节课的教学还是单元的整体教学，这些都要围绕大概念进行教学，保证其延续性和统领性。教学活动中，教师在把握单元目标，要能够根据教材内容的联系，在课时教学中能够做到逐步深入式的推进，从而实现学生的大概念构建。进而建构大概念时需要以下两步：

（1）理清课时关系，分步落实目标

一是打造"种子课"，也就是要让学生在单元的学习过程中去掌握单元的最基础知识，谈老师带来的第一课时就是这样一节"种子课"。二是打造"生长课"，它是通过学生的自主学习，希望能够把"种子课"中学习到的知识作为"生长课"，教师要引导学生能够有序地完善出知识的"枝叶"，进而也可以形成对单元知识结构的整体认识。第二节张老师带来的就是"生长课"。三是要重视综合拓展，教师相应地要引导学生来利用综合知识去解决实际问题，这样就形成完整的思维体系，并以此作为标准来解决问题。

在教学"解决问题的策略"的时候，我们组的两位教师就依据这样的方法进行层层递进，从而帮助学生去掌握假设的策略。

首先，我们要给孩子埋下"种子"，第一节谈老师的课通过例题及类似题型让学生学会用假设策略来分析数量关系，进而确定解题的思路，另外，张老师打造出"生长课"的，也就是让学生能够通过变式题型来思考解题的方法，进而再整理和规划，学生积累解决问题的经验和方法，学会用假设的策略来解决未知量之间的关系，并借用关系解决实际的问题；学生能够通过对综合拓展和整体的练习，促使学生可以内化，进而可以能够举一反三地去解决问题。

（2）围绕核心目标，形成知识结构

美国教育家杜威认为："教育即经验的不断改造与重组。"当教师的经验学习遇上结构化的认知，学生就会焕发出蓬勃的活力。从"种子课"到"生长课"，接着再到"练习课"的教学，也就是为了让学生能够理解"假设的策略"，并且最终能够内化"解决问题的策略"。我想在日常教学中，一线教师可以在数学教学中渗透出建模的思想，并且能够尝试在"种子课"上去解决问题，让学生能够发现假设策略来解决问题的共有的特性，并且能够建构出数学模型，我想学生也能在探索中去丰富学生的数学模型，这样可以达成对知识的深入理解和全面认知。

解题问题的一般思路是：理解题意→分析数量关系→列式解答→检验反思。我想在今天的两节课中，他们都呈现了这样的整体结构，两位老师一方面以解决问题的策略为主线，引导学生在解决实际问题的过程中，感悟出一些解决实际问题的方法，提高分析和解决问题的能力；另一方面可以以"理解题意

→分析数量关系→列式解答→检验反思"这样的流程作为基本线索，引导学生去经历解决问题的过程，并让他们在这一过程中获得一些分析问题的经验，感受解决问题的一般过程，逐步养成良好的解题习惯。

课堂上，学生的具体表述是根据条件，怎样把两个不一样的杯子去假设成同一样杯子呢？其实就是把两个未知量转化成一个未知量，这样问题就解决了。我想在这类问题的结构中，对于含有两个未知量，是不便于思考的，若能假设为同一种量，就可以进行顺畅的推理。所以，解答这类问题的过程，本质上就是在用假设的策略进行思考。无论运用假设的策略解决怎样的问题，都是通过假设，使复杂的问题转化成简单的问题，进而获得正确的解题思路。

因此，教师可以借助学生的表述来建立出以下的数学模型，如图 5-1。

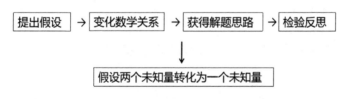

图 5-1

在"种子课"中，要让学生能够明确解题思路模型。在"生长课"中教师也可以进一步来丰富数学模型。在练习课中，这样的两种情况都是要出现的，并且可以通过练习能够让数学模型的样子长在学生的头脑里，最终能够内化"假设的策略"。

大概念视域下的日常教学活动，教师需要关注学生能够对大概念的理解。这样的教学以学习者为中心，学生可以自主建构，同时这也需要教师引导。教学中教师需要重视学生概念转化的过程，注重学生能力的培养，我想所谓的探究活动不一定就是学习的过程，所以它不一定会带来有价值的"增长"。那么以六年级上册"解决问题的策略"第一课时为例，在出示了书上的例题（如图5-2）以后，谈老师与学生展开了这样的对话：

❶ 小明把720毫升果汁倒入6个小杯和1个大杯，正好都倒满。已知小杯的容量是大杯的$\frac{1}{3}$，小杯和大杯的容量各是多少毫升？

图5-2

师：你是怎样理解这句话的？从题中你能找到怎样的数量关系？

生：6个小杯子的容量+1个大杯子的容量=720毫升，大杯子容量×$\frac{1}{3}$=小杯子的容量，小杯子的容量×3=大杯子的容量。

师：现在你能解决这个问题了吗？想一想，把你能想到的方法都记录在作业纸上。

师：老师发现有些同学通过画示意图、画线段图来表示数量间的关系，帮助分析，非常棒！

生：1. 假设都是小杯；2. 假设都是大杯；3. 方程2种。

师：第一种方法：这里的"9"是什么意思，怎么来的？谁能结合着图再说一说吗？

生：假设我们把720毫升的果汁倒入小杯子里，1个大杯子是可以换成 3 个小杯子的，加上原来的 6 个小杯子，那么现在一共就是 9 个小杯子，这样就能够求出一个小杯子的容量。

师：第二种方法，为什么这里假设成 "3" 个大杯?

生：……

师：列方程来求解。假设小杯的容量是 x 毫升，那么一个大杯的容量怎样表示? 可以根据哪个数量关系列方程?

生：这里的大杯容量用 $3x$ 表示，数量关系式是 6 个小杯的容量+1 个大杯的容量 = 720 毫升。

师小结：1 个大杯子的容量 = 3 个小杯子的容量，所以我们可以把 1 个大杯子假设成 3 个小杯子，也可以把 6 个小子杯假设成 2 个大杯子。

在教师的引导下，学生已经能够逐步完善思路模型，这为以后的学习打下基础。

2022 版的新课标也指出课程总目标是 "通过数学学习，学生逐步学会用数学的眼光观察现实世界，会用数学的思维思考现实世界，会用数学的语言表达现实世界（简称'三会'）"，这是教师一贯的教学主张。数学的意识无法教给学生，只能依靠学生自己在学习中去感悟、去内化。在日常教学中，教师要学会让学生经历探究过程，引导学生运用不完全归纳法去总结规律，这样也可以渗透出化繁为简和化难为易一些数学思想，这样就能从特殊推广到一般。学生在探索知识的过程中，如果能够独立思考，并且能够进行合作探究，他们就可以享受到学习的乐趣，这样也可以积累宝贵的经验，这样就可以为今后的学习习惯打下了坚实的基础。

六年级下"解决问题的策略"的单元教学中，两节课上，教师都是反复让学生能够结合思路模型，说为什么假设、怎样假设、假设后怎样思考等，在不断表述的过程中，形成固有的解决问题的思路模型。

教学活动中的回顾和反思是对所学知识能力的提升，它是学生思维发展的一个重要路径，它能够从抽象到具象，也是辩证思维的建模阶段。"大概念"视域下单元整体教学这是一个逐步推进的过程，教学活动的人每一次回顾反思都能够让学生深入地了解大概念的意义和内涵。

在"种子课"以及"生长课"的最后，教学中教师都问了这样一个问题："通过这节课的探究，我们是如何学习的，你又有什么样的收获和体会呢？"所以在练习课的最后，教师可以把黑板上的思路模型擦去，进而追问学生："此时你的头脑中有思路模型吗？你能说说运用假设法去解题是怎样思路吗？"经过这样的单元教学，我想学生也会在头脑中形成思路模型，这样可以真正内化出假设的策略。

在日常的数学教学中，小学生学习是不具备整体学习能力的，我想这就需要教师帮助小学生们进行单元整体性学习，在教学中，教师要引导学生对单元进行整体性的学习，并且要作出总结和归纳，最终也就形成了对单元知识的整体性认识。对于"大概念"视域下的单元整体教学，它抓住了单元知识中的核心目标。

教师也可以使用四种评价方法来进行综合性的评价。

第一种评价方法是收集学生任务过程中的作品，这样就可以用于记录进展的情况，这样还包括了阶段总结等。比如在小学六年级上册"解决问题的策略"这一个单元的教学中，课时内容是环环相扣的，学生对于每一节课的学习效果相应的都会对之后的课堂产生一定的影响，每一节课后收集来的学生课堂作品，是有助于教师能够及时掌握学生的学习情况，这样就有利于调整教师下一节课的教学内容。

第二种评价方法是给学生们提供自我展示的机会，它包括了对教学原型设计方案的介绍，并且包括对过程的描述等。那么在教学"解决问题的策略"一课中，教师首先要做的是展示学生的作品，并且能够让学生借助数学模型来介绍自己的解题思路，提升自己的解题思维能力，接着再说出计算的过程。

第三种评价方法是学生能够利用外部表征对大概念的理解进行外部呈现。教师教学活动的最后，要回归到数学模型，也就是要让学生能够结合数学模型去尝试概括出用假设的策略来解决问题。

第四种的评价方法是教师能够使用测试等方法去确认出学生对大概念的理解。苏教版小学数学六年级上册"解决问题的策略"这一单元中，在每节课的课后教师都可以采取测试的方法，进而再次确认学生对大概念的理解。比如，在第一课时"种子课"的课后，教师为了了解学生对基本数学模型的理解与掌握情况，可以设计以下测试。

设计一：王阿姨运来了 2 筐白萝卜和 4 筐白菜，共重 600 千克。每筐白萝卜多少千克？每筐白菜多少千克？

设计二：大货车的载质量是小货车载质量的 2 倍，两种货车的载质量分别是多少吨？

在练习中要给予不同层次的学生一定的时间和空间，这样能够让学生根据自身情况去任选一题进行编题。

在"生长课"的课后为了能够了解学生对于基本数学模型的掌握和应用情况，还可以设计相应以下练习，检测学生的独立创建思路和模型分析以及数量关系的能力。

小英用了 1 米长的铁丝围了 1 个正方形和 5 个一样的三角形。已知围成正方形的周长比三角形的周长大 5 厘米，那么每个三角形的周长是多少厘米？

"练习课"的课后为了能够了解学生对于基本数学模型的内化和应用情况，设计了以下练习测试：请你编一道用假设的策略解决的问题。让不同层次的学生去思考，让学生能够根据自身情况任选一种（倍比关系、相差关系）进行编题，在练习测试中了解学生是否能够将思路模型进行迁移应用。

第一种的教学评价方式是收集并整合出了第二种和第三种的数据，对于这四种类型的评价，它能够从整体认识上形成系统考评，这是对大概念的学习落实情况的考评。

总之，大概念教学既是教师进行单元整体教学设计的灵魂，也是学生实现思辨学习的关键。课堂教学以大概念为统领，它以深度学习为理念，不仅可以有效地改变教师"只见树木，不见森林"的零散性的教学现状，更能以真实性情境切实促进学生数学核心素养的形成，这也能让学生的学习得到持续性的发展。

比如苏教版六年级上册策略单元的教材编排，教师在课堂教学上如果能呈现更多的类型，这样的话就更有利于学生对假设策略本质的感悟。

　　首先，我还是建议将"鸡兔同笼"放回这个单元。因为学生能够初次解答这类问题，并且能够运用基本策略进行反复尝试。我们要以这样的尝试作为条件，进行推理中最为关键的一个环节，我想许多问题解决过程也并不是通过假设就可以推导正确的结果。鸡兔同笼的问题是一个非常好的教学载体：它既可以通过假设鸡和兔全部是鸡或全部是兔，进而推出正确的答案；同样也可以通过假设的方法来秋鸡和兔的数量，紧接着再通过试错的方法逐步得出的正确答案。

　　其次，在"回顾中，我们也曾运用假设策略来解决哪些问题"环节，教学中不可蜻蜓点水，教师要真正挖掘能够体现假设的相关内容，以此来帮助学生进一步完善假设策略的认识。比如，苏教版教材中"除数是两位数除法的试商"是假设的方法吗？我想它是假设的方法，除数是两位数是不利于我们计算的，在计算时，我们把除数看作一个整十数，在教学中以此为条件来推演得到初商并尝试进行计算。假设它不是一试即中的，我们在试商中还有可能调商。教材中提到的"把接近整十或整百数看作整十或整百的数，以此估算出大致的结果"，这算不算运用假设的策略呢？我认为这是不算的，因为这里没有假设后的推演，是运用了估算的方法来解决实际的问题，我们需要对假设之后结果进行分析，最终得出结论。我想假设的方法就是要把原本不利的情况当成一种有利于我们思考的情况，我们要把它作为基础来思考，也要作出适当的调整，我们要找到最终问题的答案。比如说，苏教版五年级解决问题策略中，我们利用列举的策略解决

"王大爷围栅栏"问题。我们建议在"列举"这个单元里增加"试错"的内容，因为列举它并不只是列举出正确的答案，还可以列举符合出其中一个条件中的所有答案。我想从这种角度来说，列举策略与假设策略是有重复叠加的。

除了刚才提到的列举问题，还要有与之前所见的题型完全不同的问题。这样的方法不仅丰富了学生对假设策略的体验，还避免学生落入典型应用题的误区。就比如说，现有的教材不再是教学的"工程问题"，在工作总量未知情况下，我们也可以对这样一个不利的情况作出假设，就是将工作总量假设成一个具体的数值，接着进行演算。因为我们假设的数值不同，我们最终得到答案是相同的。再比如，在"两数之和等于两数之积，求这两个数"这样的问题中，如果先假设其中一个数的数值，通过这样的一个关系式"和＝积"，就可以求出另一个数，因为我们假设数值的改变，也就相应可以得到不同的答案。解决问题的策略这个内容是苏教版教材里对"应用题"教学改革作出的重要贡献。

第三节　在知识串联中形成结构

全景视域下的数学强调的是数学知识的总分以及重建。我想，首先，我们得要让学生去了解和感知某一个知识点的全貌；此外，还要引导学生把它进行"精致孵化"；第三，再精致化综合。这一过程遵循了人的认知规律，也就是从整体到局部，接着又从局部到整体。这样的活动让学生经历了完整的认知过程，进而发展了学生的数学思维能力。我想思维能力是学生学习的核心要素。全景视域下的数学活动使学生得到了三个层面的充分发展。全景的数学知识浸润是学生学习中最积极的方式，也是构建知识体系的过程，这样的数学双基得到了夯实，学生的学习力也得到了提升。

全景数学灵活、丰富、多元的学习方式，激活了学生的学习力，并以综合性项目学习形式来运作，在坚持多样、综合性学习的同时，将"长线浸润式学习""定制化学习"贯穿始终。传统学习脱离生活，学生们学得苦、累、烦，甚至被剥夺了对学习的兴趣，限制了其未来自由获取知识和解决问题的能力。全景数学打破了这种"魔咒"，并坚信"学习多是在生活中自然浸润出来的"的。因此，数学学习中，教师应该带着学生们"从生活中来，再回到生活中去"。

一、横纵梳理，重建知识结构

在苏教版二年级上册书中，设计了《表内除法》这一单元，也充分印证了数学学习要"从生活中来"这一理念，原因是除法在日常生活中的广泛应用。除法是已知两个因数的积与其中一个因数，求另一个因数的运算，教学中要强调乘除法之间的联系，也要突出"逆向思维"。不同版本的教材，是在小学二年级引入除法的，都是要立足于除法的现实意义，在后续学习除法计算时，我们需要再逐步过渡到除法的数学意义，相应的也就是要突出强调"用乘法口诀求商"。然而，对于二年级的学生来说，要运用逆向思维再上升到符号操作并不容易。布鲁纳认为，数学知识的学习过程要经历"动手操作—表象操作—符号操作"三个阶段。动手操作是学生观念的发端，是对知识直观层面的感知，没有学具和实践的操作，学生的有些认识很难发生，张天艺老师在课上就放手下去让学生自己探索，充分认识到除法的便利性，以及平均分的过程和算法；表象操作则是连接动手操作和符号操作的中介，是对知识表象层面的具体又抽象的内化，在郭锦萍老师的课上，上课伊始，她让学生自主搜集信息、编写题目，从而真正完成对知识的高度抽象和概括。如果忽略动手操作直接到表象操作环节，学生很难理解其在生活中的意义；如果忽视表象操作环节，直接从动手操作上升到符号操作，学生的学习很难上升到抽象的符号水平。因而在教授"表内除法"这一单元时，我们力求以教材为基础，用系统的观点对具有内在关联性的教学内容进行分析、整合，优化单元教学结构，进而优化教学效果。教学中立足于"单元整体教学"，有序地展开对"平均分"这一知识的动作、表象、符号的同构探索过程的同时，从认识除法到实践应用，使除法的意义得以内化。

下面从"全景数学"的视角来出发思考，就是要立足于"单元整体教学"，以苏教版二年级上册"表内除法"这一单元为例，我们不仅通过教学要素来分析对开展单元整体教学的可行性，另一方面还要根据学情特点对教材的教学内容进行梳理和整合，对于单元整体教学内容的重构进行思考。

1. 注重单元教学设计理念的重要性

以往单课时进行的教学设计虽能较好地细化课堂流程、落实单个知识点，但或多或少存在一些问题，如就课论课、课时前后联系不足、缺乏整体性，课时教学目标与单元教学目标定位不清，难以真正发展数学素养。单元整体教学是当今小学数学教学关注的重要话题，是以教材为基础，用系统的观点对具有内在关联性的教学内容进行分析、整合，优化单元教学结构，从而优化教学效果。

（1）注重单元教材的分析

单元的教材分析是指教师在进入课堂之前对单元的整体知识，并充分分析学生的学习情况，为学生建立一个符合其学习情况的，更有利于其吸收知识的知识网络，促使学生可以更好地进行知识的学习。两位老师在教学设计时，都加强了对教材内容的掌握，了解了知识点的脉络，再进行融合与整理，在第一节课时初步引导学生理解除法是减法的一种简便运算，知道平均分时可以用除法来计算，即勾连了除法和减法之间的关系又沟连了除法与乘法之间的关系，初步渗透除法是乘法的逆运算。第二节课则结合乘、除法含义的学习，对简单份总数量关系的应用题进行了教学，引导学生整体感悟份总数量关系中三个量之间的内在关系的同时，再次感悟并实践已知三个数量中的两个数量就可以求出第三个数量的思想方法。这样的两个课时使本单元的知识点可以综合相通，形成更有利于学生学习的知识网络。

（2）注重学生学情的调研

教师对单元整体教学理解仍然存在着偏差，这是基于对学生的学习特点缺乏了解，忽视了学生的单元学习能力。在小学数学的教学中，教师应该以学生为学习的主体，时刻关注学生的各项学习情况，加强对学生的学情了解，我们需要针对学生学习知识的程度和阻碍，设计适合学生的单元教学方法和教学目标，促使学生更好地进行学习。

（3）注重单元学程的设计

对于低年级阶段的学生，学生的学习过程是复杂的，多方面的原因影响着学生的学习，因此，教师应该加强对学生单元学程的重视。教师需要针对学生的学习过程，进行单元学程的设计。并且要遵照深度学习的理念，将单元知识进行总结和组织，可以拓展学生深度学习方法。教师通过对单元的优化设计，这样就可以加强学生的全面发展，教师也可以借此加强自身的教学反思能力，促进教学方式的转变。

2. 关注单元教学内容重构的整体性

（1）优化单元教学整体思路

教师在进行单元教学的设计时，需要优化出设计的整体思路。在设计单元的整体思路中，这就需教师要考虑四个方面的内容。第一点，就是要确定单元主题。我想数学的单元主题可以起到优化学生得到学科素养的目的。第二点，单元学习目标的设计。可以从学习情境等方面对教材进行分析，加强解决问题的能力。第三点，对于课程资源的选择。它可以提升学生的学习效率以及学习能力。我想选择合适的课堂资源和课外资源，它可以借助各种辅助手段，这样就可以增强学生的深度学习能力，进而可以帮助学生能够更好地运用数学知识。第四点，针对单元的活动设计，可以通过学生的日常作业情况来对学生进行分析，需要加强问题解决比重。我想单元内的各个部分是相互关联又具有独立性的，张老师和郭老师这两节课都加强了对单元知识的串联，同时帮助学生更好地形成知识网。

（2）加强单元内基本课型的联系

叶圣陶先生有言："学生跟种子一样，全都是有生命的，能自己发育成长的。"因此，学生的思想应该得到教师的尊重和理解，教师才能对学生的学习进行积极引导，避免灌输式地学习从而导致学生的学习效果大打折扣。在设计数学单元整体的基本课型时，张老师和郭老师充分把学生当成一颗有生命力的种子，让其自然生长，尊重了其个体的独特性，又做到了主动连接每个单元课时的思维结构，真正编织了一张思维性结构的大网，促使学生可以更好地把"认识除法"和"运用除法"作为整体知识，加强深度记忆。

3. 尊重学生认知，设计活动链

在设计主题单元活动上，学生的认知思维模式需要得到重视，让知识从学生的思维理解转移到生活应用上，形成一个自上而下的活动链。

在这个过程中，学生们会经历发现问题、解决问题、得出结论的一个综合实践的体验，让理论的学习能够运用到解决问题的实践当中去。

二、综合应用，体会知识关联

新课程标准指出："课程内容组织，重点是对内容进行结构化整合，探索发展学生核心素养的路径。"结构化整合就是要求学生能够在脑海中形成关于这一知识点的知识网络结构，了解知识点的表象意义，深层意义和最终的实践意义，让学生经历自下而上的学习演变的体验，从而加深对知识点的逐步理解，同时也能更好地促进学生自主学习的能力，为以后的综合素养发展奠定基础。

1. 感悟单元结构

（1）横向联结

在日常数学教学中，教师不仅是要引导学生对知识点来进行联结，它从整体上建构出数学知识的教学环节，这也更要引导学生进行学习方法以及学习经验的横向联结，从而促进学习方法的迁移。

（2）纵向深入

在单元整体教学设计和实施过程中，教师也不能忽略对知识的纵向把握，也就是延伸知识的深度，培养思想的厚度，教会学生不仅要多维度地进行发散思考，更重要的是不能浮于表面，还要对知识点进行深度的挖掘，做到教的理论符合学生学的经验，从而在复杂的理论和日常的生活中架起一座连接的桥梁。

数学单元设计的依托是课程标准，目标是发展学生数学核心素养。教师要有整体的大局意识高度，做到静态研究理论，动态实践操作，动静结合，反复在研究与实践中不断改进教学方法，完善教学理念，深入了解不同年龄段，不同时代下的学生特点，树立终身学习的观点，让自己的思想紧跟时代的潮流，让课堂更接近当下的形势，对于教学方法要灵活变通，对于每单元的具体目标和重点难点也要随着学生的认知结构灵活改变，从而形成更符合学生学情的课堂，也让课堂充满自发的生命力，做到每一节课都是如生命般与众不同。

以往课堂中，无论是新授课、练习课、复习课等，大多为五个环节，即引入新课、新知探究、练习巩固、全课总结、布置作业。在全景学习的视域下，开发结构化课程内容，是培育学生核心素养的有效路径。大单元整体设计强调，根据不同主题内容进行整体综合性的教学设计，开发学科育人资源，将各种要素进行综合架构。例如：一个大单元可设计唤醒课、感悟课、建构课、梳理课、拓展课等不同的课型。

大单元整体设计往往需要多个知识点相互搭支架，从而解决问题，有利于学生数学思维的养成，有利于提高教师对教材的熟悉程度。在备课过程中，教师要站在更高的角度去俯瞰教材，设计教学内容，以单元结构化为基本准则，更系统的建构知识体系，从而编织成知识网络，使知识从零散走向关联，从割裂走向融通。

2. 统整中形成结构

以苏教版四年级上册第八单元《垂线和平行线》这一单元为例：

本单元主要教学角的认识、度量和分类，垂线和平行线的认识。角、垂线和平行线等概念是图形与几何部分最基础的知识之一，涉及了点、线、面的认识，对学生的空间观念提出了要求，是学生对于图形几何和空间感培养的一个重要的转折点。

这一单元编排了 10 道例题，进一步地抽象认识几何图形，一是安排认识线段、射线和直线的特征，整体认识它们之间的关系；二是让学生理解角的概念内涵，并从量化刻画的层面深入认识角；三是从整体认识单一的三种类型的线的特征，进入同一平面内两条直线的关系认识。这不仅是对线的认识的深化，也为后续从边的位置关系的角度研究平面图形的特征奠定了方法基础。

安排	内容	渗透或孕伏
例1	认识线段、射线与直线	两点间的距离、量线段长度
例2	认识角	画角、数角的方法
例3	认识量角器	角的大小与边长短无关
练习十三	13道练习、1个"动脑筋"、1个"你知道吗"，巩固线段、射线和直线的特征与相互之间的关系，角的度量	找规律：平面上点的个数与能画的直线的条数；探索放风筝角度与高度的关系
例4	认识直角、锐角、钝角、平角和周角	从数量的角度认识几种角之间的关系
例5	用量角器画角	
练习十四	9道练习、1个"动脑筋"、1个"动手做"、1个"你知道吗"巩固角的分类和画角	余角、补角、以及同一个角的余角、补角的关系；用一副三角板画角
例6	认识相交和垂直	
例7	认识点到直线的距离	应用生活
例8	画垂线	经过已知点画直线的垂线
例9	认识平行	
例10	画平行线	
练习十五	13道练习，巩固垂直、平行的概念及画法，1个"动脑筋"	图形中的平行与垂直；平行线之间的距离处处相等；同位角、正方形的中心
整理与练习	3个问题引导梳理，8道练习巩固认知，1个"反思评价"	内错角；折出特殊度数的角；生活应用

从表中我们可以看出，教材首先安排了线的认识，注重了学生的逻辑发展，在此基础上引出了线的位置关系，其衔接自然而巧妙，有利于学生的理解与运用。同时为了学生更好地应用，教材还出示了生活中现象，让学生在学习数学的过程中进一步体会到生活和数学的紧密联系，从而能认识到学习数学的重要性。让学生经历从抽象到具象的一个体验的过程。再让学生从生活中寻找到数学的图形几何，又让学生从具象到抽象的学习，进一步加深了学生的综合数学素养能力，能够在二者间不断地学习感悟。例如，在认识射线时，联系现实情境中探照灯的光线让学生初步体会射线的特征；认识平行线时，通过电线架、铁轨和双杠等场景图抽象出三组直线，并通过比较认识平行线的特征。因此，教

师教学时需要着重把握知识、教学与思维的结构，利用好例题与练习。

（1）立足教材编排，构建整体设计

首先，教师要在尊重教材，深入理解其编写意图、目的、意义的基础上，深入研究新课标，对教材的把握和学生学情要充分地了解，同时也不能忽略学生所在地区的特点，从而对教材内容进行相应的分类和结构化处理，让教材结合实际情况，跳出学科教学本身，使其能更好地贴近学生的发展需求。

"垂线与平行线"这部分内容的教学是属于概念与关系类的教学。因此，我们依据现有知识脉络，顺应知识发生和发展的脉络，从已有的知识和经验出发，引导建构新知，具体各课时教学内容与如下图所示。

垂线与平行线	一、认识射线、直线	线段	两点间的距离	
			量线段的长度	
		射线	认识射线	
			画法	
		直线	认识直线	
			画法	
	二、同一平面内两条直线位置关系	相交	垂直	认识垂直
				垂线的画法 → 画已知直线的距离 点到直线的距离
				解决实际问题
			不垂直	
		不相交	平行	认识平行
				平行的画法
				利用平行线的特征来检验两条直线是否平行
		图形中的线段关系	长方形边的特征	
			平行四边形边的特征	
			梯形边的关系	
			正方形边的关系	
	三、角	角的初步认识		
		角的度量	量角器	
		角的分类	锐角	
			直角	
			钝角	
			平角	
			周角	
		画角		

　　重组后精心设计数学活动线索，使学生在原有知识的基础上学习和理解新知识。课始，利用对线段的已有认识，通过把线段的一端、两端无限延长的操作，分别揭示射线和直线的概念，使学生在有限的基础上体验无限，初步感知无限长的概念。在认识射线的基础上，通过"以一点为端点，画两条射线"的操作；讲完射线后，使学生自然体会到角的两条边都是射线，从而认识角的本质的特征；在教学量角、角的分类、画指定度数的角时，教材都注意学生的操作活动，将课堂放给学生，让学生在课堂中发现问题，自主探索，得出结论，让学生体验到画角，量角的步骤，从而加深对角的认识，有利于激发学生学习的内驱力，唤醒他们对知识的探索欲，培养好奇的学习兴趣，同时也让学生的认知结构进一步地得到重组与完善。

　　运用结构的教学理念，是让学生经历数学理解的全部过程，也就是从知识结构、思维结构等方面培养了学生的知识建构以及思维能力等。一是注重概念的表征，如画图、列表和建立模型；二是鼓励猜测、假设和检验；三是强调反思，如对问题解决过程进行回顾总结；四是改变问题，如问题简化、解决部分问题等。

　　（2）把握结构核心，精准实施教学

　　《线段、射线和直线》是这个单元的起始课，运用新的眼光，完成知识的再建构，把角的知识移到后面，前面加入已学过的线段方面知识，重点放在了线的教学上，建立旧知与新知的联系，更具有连贯性。教学时，老师由已知的线段出发，接着播放灯光秀的视频，通过视频让学生对射线先初步感知，为了进一步研究射线直线，引导学生分别从线的弯直以及是否有端点这两个方面对线进行研究。初步感知射线直线的特点后，引导学生对射线以及直线进行进一步探索，如射线的一端是可以无限延长的，还举了很多生活中射线的例子让学生深刻去了解射线的特点以及它与线段的区别。在射线教结构的基础下，引导学生用学习射线的方法进一步研究直线。并且学生在画图操作的过程中，自主描述射线与直线，并通过对比交流与空间想象建立射线与线段、直线与线段、射线与直线之间的关联。练习环节中，老师选取得练习形式多样，有判断、画一画、猜一猜等有梯度，提高学生练习兴趣。

《角的度量》这节课，我们没有把重点内容放在如何使用量角器上，而是引导学生经历量角器的产生过程，了解量角器的构成。周老师的重心是从学生自己的经验出发，从"哪个风筝飞得更高"这一问题，引导学生通过摆小角的方法比较两个角的大小；再通过设置两次冲突，激发学生不断改进量角工具的需求；形成量角器后，学生再认识量角器各部分名称，学会规范量角。老师从问题出发，自然会引起大家的热烈讨论，这样可以调动大部分人的课堂参与感，每个人都能投身于课堂实践操作中，让孩子自主地进行想学，会学的过程，在孩子们的积极性被调动之后，老师在关键性地点拨，从而能达到极佳的效果，此时孩子们的学习欲望很强烈，也是印象最深刻的时候，在这个基础上教学，会达到事半功倍的效果。此时再辅以科学规范的指导，相信同学们大多数能更好地铭记于心，对正确的方法记忆时间更长，理解的意义也会更深，真正做到知行合一的学习。

小学阶段的度量教学，有必要分析清楚度量最核心的是什么，小学阶段学生们最应该掌握什么本领。教师身为教育者要时刻清楚，小学阶段的度量，我想不是单纯的技能训练，我觉得这是一块为学生做出探索的沃土，因为它给学生提供了通过自己的眼和手去认识世界的机会。不仅是度量，那些形如"想大算小"式的算理，多半会随着学生的成长淡淡隐去，而学生经历的过程有可能会长久留存。

如果关于技能操作的学习注重学生操作过程，那么整个数学的发展都会发生改变，数学可能会更加地贴近生活，也能够让大多数人把知识运用在实际生活中。学生也会尝试主动建构自己的数学体系。每个学生都会对数学知识的结构有自己的独有的想法，也有自己的数学学习方法。学生能够在数学上获得较好的体验感和成就感，可以激起对数学的探索，能够在思考中实践。

三、核心概念，形成知识串联

在苏教版六年级上册的《分数乘法》的这一个单元中，我们在教学上设计出单元整体的教学是从"大概念统领、重构体系，知识串联"这些角度来思考的，大概念的教学设计对于学生的学习有着一定的指导作用，它能够"向下"整合知识，能够"向上"联通核心素养，它还能够促进学科之间的知识技能向核心素养进行转化。大概念的逻辑对分数乘法内容进行重组，它能够从意义、算理等多角度沟通分数乘法的内在逻辑，它能够让零散的知识碎片化的知识进现结构化，它能够让学生的构建出具有生长力的体系。

通过整数和小数乘法的学习，学生对于这样的类型结构有自已一定的认识，学生已经初步学会了用加法算理来理解小数乘法的意义，学生还能够有一定的自主能力。通过分数乘法的计算，学生可以解决与它有关的问题，为学生后面的埋下伏笔。但学生在日常学习过程中，表现的状态却是不均衡的，有些学生的思维表现得很灵活，也有部分学生选择停留在某一种方法上，他们得思维是比较单一的，他们不能从整体思维来解决问题，这是教师在教学时需要注意和改进的地方。

在本单元的教学时，我们还是采用整体进入，以此来引导学生运用曾经所学的知识，能够自主探究并能够掌握分数乘法的方法，从而归纳出分数乘法的计算方法，进而能够提高学生的计算能力。本单元的内容它包括了分数乘法和利用分数乘法来解决实际问题，也就是说，教学内容的主要有这样的几个方面：分数乘法的意义、分数乘法的计算方法、分数四则混合运算、问题解决。

这一单元主要目的是让学生能够理解出分数乘法的意义，接着促使学生掌握分数乘法的计算方法，这就能够运用所学习的知识来解决一些生活中的简单问题。这是小学阶段很重要的基本技能。有关分数的知识和方法是比较抽象的，这些内容对学生的抽象思维能力的发展有着十分重要的作用；另外，这也是学生学习分数除法运算、分数四则混合运算的重要基础。

根据《新课标》的要求，我们需要结合学生的学情进行调研，对分数乘法的意义和乘法计算方法进行整合，我们根据教学的可行性，概括、提炼了大概念：

1. 分数乘法的意义是整数乘法意义的扩充。一个数乘分数是求这个数的几分之几是多少，一个数乘整数，是求这个数的几倍是多少。

2. 学生在进行分数乘法的学习中，可以借助几何直观来理解分数乘法的算理，分数乘法是把单位"1"进行平均，然后把分数单位进行累加；从本质上来说是找相同的计数单位。

3. 用分数的乘法来解决问题，是基于"求一个数的几分之几是多少，也就是利用这个数乘上几分之几"。

4. 以上的学习过程可以发展学生的运算能力和推理能力，进而培养学生的自主迁移的意识。

我想通过这些大概念的引领梳理，可以帮助学生对分数乘法单元的知识建立清晰的整体架构，这样就便于学生实现知识的迁移与许学习的深度思考。

本单元教材原有的基本结构如下，分9课时完成：

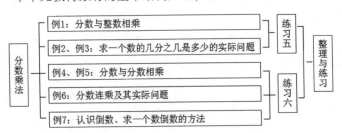

重组之后，还是9课时：

虽然顺序有所调整，第1课时是这整个单元的准备课，帮助学生系统地回顾知识，能够感悟计数单位的重要作用，帮助学生理解运算的一致性；第2课时的教学内容是例1，引导学生重点理解分数与整数乘法的计算方法；分数乘法的意义是学生在整数乘法和小数乘法意义的基础上进行扩展而得到的，它可以分为两种情况。求几个相同分数相加的和是多少，求一个数的几分之几是多少。这是整数和小数乘法意义的扩展。那么求一个数的几分之几是多少，也就是求几分之几个单位"1"是多少，在日常教学中我们习惯于采用第一种的表述。其实二者在本质上是一致的，他们都是求几个相同的数之和，我想这里的"几"它既可以是整数、小数，它也可以是分数。第3课时的教学内容是例4、例5，重点帮助学生理解和掌握分数与分数相乘的计算方法。其中教学第4课时例2时，学生能够借助学过的"求一个数是另一个数的几倍"和"求一个数的几倍是多少"的内容，知道了"求一个数的几倍是多少"需要用乘法计算。第5课时教学内容是例3、第6课时的教学内容是例6，第7课时为例7。第8、9课时是复习课，整合后将原有的"分数乘法"以及"倒数的认识"这两个单元迁移到"分数除法"这一个单元，所以我们把"倒数的认识"迁移到"分数除法"这一单元，把它作为下一单元的准备课，这样就加强了知识之间的沟通。

全景视域下的教学强调让学生能够在真实情境下学习，我们设计的"问题串"是能够围绕某一个问题进行设置出的问题组合，它以一定的问题作为探究的载体，学生的思维能力能够围绕问题而展开，教师可以根据学生的思考来调整教师的教学思路，从而能够提升学生的思维水平，帮助学生掌握基本的知识，帮助学生树立学习的信心，帮助学生深刻理解自己所学的知识。教师通过"问题串"可以将新旧知识串联起来，我想在小学数学教学中，教师可以立足于具体的教学，巧妙地应用"问题串"进行开展教学，要不断提高教学质量，进而提高学生的学习成绩。解决问题的过程是一个发现问题的过程，是探索的过程，是创新的过程。教师可以设计有意义但是不复杂的题目，进而帮助学生挖掘出问题的各个方面，并且关注问题里所涉及的数学知识和它的内在一致性。

在小学数学教材中存在有些对于抽象思维发展不成熟的，新旧知识的关联点比较多，所以，这就需要教师在教学过程中对新旧知识进行梳理，可以通过问题链的形式对学生进行一次次的追问，教学中，可以在问题的有效串联中有序向核心问题靠拢，可以最终引导学生在掌握分散的数学知识的时候架构出知识体系，进而实现课堂教学的条理性。

基于核心素养导向和学生综合素质在小学数学教学中的探究方式是我们素质教育理念的充分体现，这也是满足了学生实际学习需求的必然要求。我们在实际的教学中，要能够基于生本理念，进行研读教材，能够从不同的教学维度，探究出有效的教学方式，能够培育的学生关键能力，在灵活创新的教学策略中帮助学生系统地掌握数学知识，在生机有力的数学课堂中实现学生综合能力提升。

参考文献

陈静静.《学习共同体走向深度学习》.华东师范大学出版社，2020

孙伟良.《创建学习共同体：新时代的课堂教学改革》.现代教育出版社，2021

白倩；冯友梅；沈书生；李艺.《重识与重估：皮亚杰发生建构论及其视野中的学习理论》.《华东师范大学学报：教育科学版》，2020

纪河；朱燕菲.《继承与创新：由共同体走向学习共同体》.《中国远程教育(综合版)》，2019

杨向东.《核心素养与我国基础教育课程改革的关系》.《人民教育》，2016-10

陈静静；谈杨.《课堂的困境与变革：从浅表学习到深度学习——基于对中小学生真实学习历程的长期考察》.《教育发展研究》，2018-08

朱海龙.《和谐互助课堂：消除小学生消极沉默的路径》.《中小学班主任》，2023-10

谢玉娟.《小学数学课堂学生倾听能力的培养》.《吉林教育》，2011-02

任慧慧.《小学数学学习共同体构建策略研究》.《华东师范大学硕士论文》，2022-04